교사를 당황하게 하는 아이들 1

대인관계.태도 편

교사를 당황하게 하는 아이들 1

대인관계·태도 편

한영진·박미향·이정희·김민정 공저

학지사

추천의 글

교사가 행복해야 함께하는 아이들도 행복할 수 있습니다. 이 책은 교사들이 생활지도를 하는 과정에서 당황할 수 있는 상황을 사례별로 제시하고, 그 상황을 어떻게 헤쳐 나갈 수 있을지 해법을 제시하고 있습니다. 사례별로 차근차근 읽다 보면 생활지도에서 느끼는 교사들의 답답함이 풀려 어느새 행복한 교사가 되리라 믿습니다.

– 前 서울교육대학교 총장 **송광용**

교사들을 당황하게 하는 학생들의 다양한 문제 행동과 심리. 하지만 그 문제 행동과 심리 뒤에 숨어 있는 학생들의 아픔과 고민을 읽어 내는 상담과 생활지도의 능력이 이 시대의 교사들에게 진정 요구됩니다. 네 분의 현직 선생님들이 다양한 상담 경험을 바탕으로 학생들의 고민과 아픔을 읽어 내는 생생한 생활지도 사례를 소개한 이 책에는 교사들을 당황하게 만드는 다양한 위기의 순간을 학생들의 성장과 발달의 기회로 변화시키는 노하우가 담겨 있습니다.

– 이화여대 교육학과 교수 **오인수**

현직 교사들이 현장에서 느끼는 애로점을 해결하기 위해 애쓰고 노력한 결과물이 한 권의 책으로 나오게 되었습니다. 실제 현장의 소리이기에 그 어떤 이론서보다 더 선생님들의 마음속에 공감을 일으키고 실질적인 도움이 되리라 생각합니다.

– 새교실 편집장 **궁재범**

이 책을 보는 순간 소설처럼 쉽게 읽히면서도 놓치기 쉬운 부분을 꼼꼼하게 제시하고 있어 재미와 유익함을 겸비한 보기 드문 사례집이라고 생각했습니다. 어려운 상담기법보다는 교실 속 상황에서의 구체적인 지도 방법을 풍부한 경험과 이론적 배경을 바탕으로 쉽게 제시하고 있기에 늘 책장에 꽂아 두고 학생들의 생활지도를 위한 매뉴얼로 활용할 수 있으리라 생각되어 모든 교사에게 강추합니다.

– 고양시 화중초등학교 수석교사 **이보경**

교사를 당황하게 하는 아이를 만났을 때, 이를 슬기롭게 해결하는 것은 학급 아이들과 행복한 1년을 지내는 데 꼭 필요한 일입니다. 이 책에는 교사와 아동이 서로 마음을 맞대고 지혜롭게 문제를 해결할 수 있는 방법이 생생하게 담겨 있어 저와 같은 현장의 교사들에게 큰 도움이 될 것이라 믿습니다.

– 서울방배초등학교 교사 **김형미**

현장으로 나갈 생각을 하면 많이 생소하고 두렵기도 합니다. 이 책을 통해 교실에서 일어날 상황을 예상하고, 앞으로 만나게 될 학생들을 더 잘 이해할 수 있을 것 같습니다. 조금 더 편안하고 준비된 상태로 갈 수 있을 것 같아 든든합니다.

– 서울교육대학교 3학년 **박지은**

학습 현장에서 발생하는 다양한 문제 상황을 다루고 있어서 교수활동을 처음 하는 저로서는 학교 현장을 이해하는 데 최고의 현장지침서가 아닐 수 없습니다. 이런 책을 만들어 주셔서 매우 감사합니다.

– 청소년 커리어코치 **함동구**

개정판 서문

아이들의 건강한 성장 과정을 돕기 위한 방법과 원리를 소개하는 책들은 해마다 쏟아져 나온다. 그럼에도 불구하고 교사가 학교와 교실이란 제한된 공간에서 아이들의 다양한 행동 특성을 명쾌하게 지도하는 데는 한계가 있다.

저자들은 아이들의 행동 특성을 아이 중심에서 이해를 하고 자존감을 살려 주면서 지도할 수 있는 방법을 찾기 위해 한마음으로 고민을 했다. 이러한 취지에서 '교사를 당황하게 하는 아이들' 을 출간한 지 몇 년의 시간이 흘렀다.

그동안 이 책을 통해 아이들의 생활지도나 학습지도에 실질적인 도움을 많이 받았다는 현장의 목소리를 들을 수 있었던 것은 저자들의 기쁨이다. 어떤 이는 아이가 보이는 문제 행동이 그저 힘들게만 느껴졌었는데 이 책에서 안내하고 있는 대로 적용하니 새로운 눈으로 아이들을 바라볼 수 있는 안목이 생겼다고 했다. 또 어떤 이는 아이들의 문제 행동 특성에 대한 배경 이론을 읽으며 이해의 폭을 넓히고 나니 그동안 아이들을 자신의 틀에 맞추려고만 했던 자신의 모습이 부끄러워졌다고 했다. 어떤 이는 책에 소개한 방법대로 실천하다보니 아이들과 소통이 되며 차츰 교실 분위기가 달라져 행복했다고도 했다.

이러한 피드백을 접하면서 저자들은 생활지도로 힘들어하는 교사들에게 실질적으로 도움이 되는 책을 만들어 보고자 했던 처음의 의도가 어느 정도 충족되었다는 생각으로 보람과 자부심을 느꼈다. 아울러 그에 만족하지 않고 처음 출간할 당시와 비교해 급변한 사회 환경과 교육 정책이나 제도의 변화를 반영하는 개정판을 내야 할 필요성에 의견을 모았다.

초판 출간 이후, 생활지도 과정에 교사 자신의 편견을 적용하거나 일방적인 틀에 맞추려다 겪는 시행착오는 많이 바뀌고 있음을 느낄 수 있었다. 그렇게 하는 것은 교사 자신이 더 스트레스를 받는 일이고 결과적으로는 아이들을 더욱 힘들게 할 뿐이라는 것을 사려 깊은 교사들이 깨달았기 때문이다. 아이들의 문제 행동을 문제 행동이라 보지 않고 도와주고 채워 주어야 할 복지적인 서비스가 필요함을 인정하는 현장 변화를 보면서 참으로 다행이라는 생각이 들었다.

2판을 만들면서 처음 출간한 시점보다 새로워진 정책이나 제도상의 변경된 내용을 반영하고자 노력하였다. 특히 학교폭력 관련 문제와 뇌 과학적 관점의 아동 이해 측면에서 그랬다. 아울러 흘러간 시간만큼 축적된 저자들의 현장 경험 노하우를 좀 더 공유하는 방향으로 개정의 틀을 잡고 진행하였다.

그럼에도 불구하고 이 책에 제시한 모든 사례와 사례별 지도방안이 현장의 모든 문제를 아우른다고 보지는 않는다. 지혜로운 현장의 교사들이 이 책에 제시한 방법을 바탕으로 자신만의 노하우를 쌓아 가면서 아이들과 더불어 교실에서 행복감을 누리기를 바랄뿐이다.

아이들과 교사가 함께 성장하는 신나는 교실을 꿈꾸면서……

2013년 9월
저자 일동

서 문

가르치는 일은 누구나 할 수 있는 일이 아니기에 교단에 서기 위해서는 힘들고 어려운 준비 과정을 거친다. 교사 역할을 감당함에 있어 실제로 교사가 겪는 스트레스의 대부분은 교과지도보다 생활지도에서 온다. 이것은 현장에서 만나는 아이들이 결코 만만치 않기 때문이다. 교사교육과정에서 배운 이론을 적용하여 아이들을 이해하려고 노력해 보지만 다양한 욕구와 문제 양상을 가진 아이들을 한 가지 원리로 아우를 수 있는 방법을 찾기는 힘들다. 그런 방법을 기대하는 것은 전문가적인 자세도 아닐뿐더러 가르치는 일이 누구나 편히 할 수 있는 일이라고 오해하게 하는 안일한 자세일 뿐이다.

교사의 지도에 순응하지 않는 아이들 때문에 생활지도에서 한계를 느끼는 교사들이 종종 주고받는 농담이 있다. '학교는 아이들만 없으면 행복한 곳이다.'라는. 이 말은 교사를 당황하게 하는 여러 사례로 인해 아이들이 맑고 순진할 것이라는 이상적 기대와 결코 만만치 않은 현실의 차이를 혹독하게 경험한 이들만이 이해할 수 있는 농담이다. 이렇게 요즘 학교 현장에서는 생활지도의 한계를 느껴 고민과 탄식으로 푸념을 하다가 모든 에너지가 소진된 채 파김치가 되어 무거운 발걸음으로 퇴근하는 일도 종종 있다.

이 책은 경력의 길고 짧음을 불문하고 그러한 고민에서 결코 자유로울 수 없음을 공감한 네 명의 현직 교사들이 이 문제를 해결해 보고자 뜻을 모아서 2년여 동안 작업한 결과로 탄생하게 되었다. 교사가 전문가라면 아이들이 보이는 어떠한 문제 행동이라도 긍정적으로 이해하여 발달을 도와주려는 안목을 갖는 것이 우선되어야 한다는 데 의견이 일치한 것이다.

그리하여 교실에서 교사를 당황하게 하는 아이들의 문제 행동 사례를 수집하고, 그 행동들을 먼저, 대인관계 · 태도 영역과 학습 · 생활 영역으로 구분하였다. 그리고 각 행동 사례마다 이론서를 통해 깊이 있게 이해하고 분석한 후, 각자의 교직 경험을 적용하여 지도방안을 모색하였다. 이러한 과정을 통해 다양한 욕구를 가진 아이들이 교실에서 보이는 여러 행동을 문제아적 시각으로 보지 않고 발달적 현상으로 보았다. 설령 심각한 문제 양상을 가진 아이일지라도 병리적으로 보기보다 긍정적인 이해를 통해 소망을 가지고 기대할 만한 대상으로 보았다. 이처럼 교사 자신이 수용 영역을 넓히고, 아이들이 학교 생활을 통해 유능한 존재감을 경험하기 위한 방법적 아이디어를 궁구하면서, 교사의 생활지도 역량이 한층 업그레이드되는 보람도 맛보았다.

이 책에 흐르는 기본 원리와 중심 생각은 비록 교사를 당황하게 하는 행동을 할지라도 소중한 존재 가치로서 기대를 놓치지 않으려 한 것이다. 어떻게 하면 아이들이 자신의 문제 행동에 대한 피드백 때문에 주눅 들지 않고 유능감, 자존감을 느끼며 자신 있게 성장해 나아갈 수 있을지, 어떻게 하면 좀 더 긍정적으로 피드백을 줄 수 있을지 그 지도방안을 제시하고자 심혈을 기울였다.

이 책은 교사가 되려고 준비하는 예비교사들에게도 필독서가 되리라고 본다. 현장의 다양한 생활지도 사례를 책 속에서 접하면서 막연하게 갖고 있던 환상을 현실적 감각으로 바꾸어 교직 적응을 돕는 데 도움이 될 것이다. 또한 현장의 교사들에게는 생활지도와 관련된 개인적 경험과 가치를 바탕으로 아이들을 보는 관점을 조율하는 데 도움이 되리라고 본다. 그 밖에 아이들과 관련된 일을 하는 모든 분에게 아이들 세계에 관해 긍정적으로 이해하도록 집필하였다. 그리하여 누구나 자신감을 갖고 생활지도를 넘어 생활교육을 할 수 있도록 안내하였다.

이 책에서 제시한 사례들과 각 사례별 지도방안이 현장의 모든 문제를 아우르기에 충분하다고 생각하지는 않는다. 다만, 이 책을 읽는 모든 분이 사례별로 함께 지도방안을 구성하며, 확장 · 보완해 나갈 기틀을 마련할 수 있다는 점에서 보람을 삼고자 한다.

지난 2년여 동안 가정의 빈자리를 이해하며 늘 격려해 준 가족에게 고마움을 전하는 동시에 여러 교육활동을 통해 저자들을 엮어 준 남미숙 박사님께도 감사드린다.

끝으로, 이 책이 나오기까지 정성을 다하신 학지사 편집부의 여러 직원과 김진환 사장님께 감사를 드린다.

2009. 6.

저자 일동

이렇게 구성되었습니다!

1. 이런 녀석 꼭 있다!

교실에서 일어나는 문제 상황을 주제에 맞게 제시하였습니다.

2. 그 녀석과 나

문제 상황에서의 교사의 일반적인 반응을 제시하였습니다.

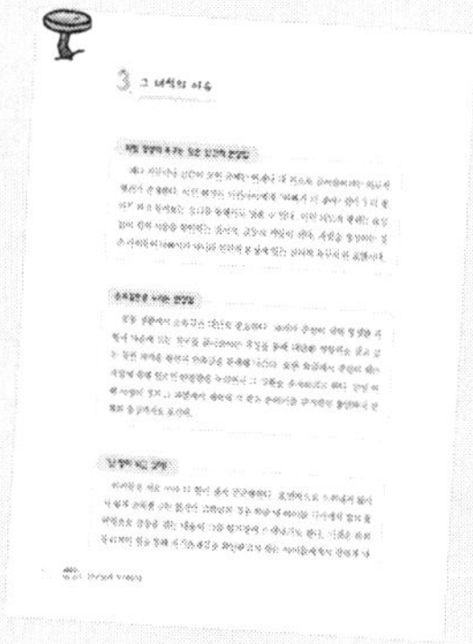

3. 그 녀석의 이유

아이가 문제 행동을 보이는 이유를 살펴보았습니다.

쌤! 이렇게도 해 봐요

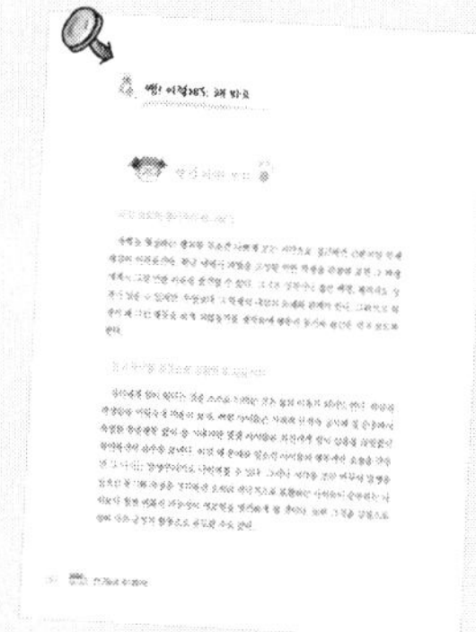

교사가 취할 수 있는 다양한 각도의 해결책을 제시했습니다.

안경 바꿔 쓰기

아이의 문제를 다양한 시각으로 접근하였습니다.

함께 세우기

반 전체 아이들과 할 수 있는 예방중심의 문제 해결 방법입니다.

그 녀석과 둘이서

문제 행동을 보이는 아이와 교사 둘이서 할 수 있는 활동입니다.

가정과 어깨 맞추기

학부모와 함께 문제 해결에 접근하는 방법입니다.

와글와글 함께

반 아이들과 할 수 있는 활동 중심의 문제 해결 방법입니다.

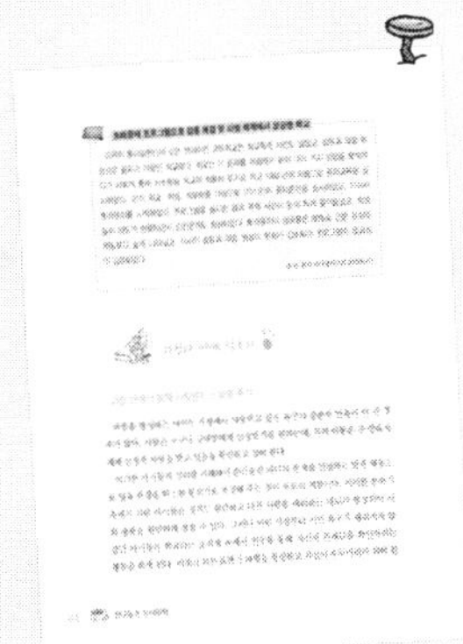

본문의 내용과 관련된 좀 더 심층적인 Tip을 제공하였습니다.

[활동지]

교사들이 활용할 수 있도록 활동지를 제시하였습니다.

차 례

contents

차 례

울통이 불통이 감싸 안기

contents

교사를 당황하게 하는 아이들 ❷ 〈학습 · 생활 편〉

❋ 아이들 이해하기

01. 아이들의 욕구 분석

02. 아이들의 강점을 발견하는 교사

❋ 공부할 때 힘든 아이

03. 숙제 · 준비물 안 챙기는 아이

04. 아무것도 안 하는 아이

05. 산만하고 충동적인 아이

06. 지나치게 오래 걸리고 늦는 아이

07. 성적에 심하게 신경 쓰는 아이

08. 조별활동에 참여 안 하는 아이

09. 수업 시간에 학원 숙제하는 아이

❋ 생활 속 별난 아이

10. 온 교실에 자기 물건이 돌아다니는 아이

11. 컴퓨터 앞에 붙어사는 아이

12. 급식 시간을 힘들게 하는 아이

13. 학교가 불안한 아이

14. 훔치는 아이

15. 위험한 곳을 돌아다니는 아이

16. 내 것, 네 것 구별이 없는 아이

17. 안 씻는 아이

18. 가출하는 아이

19. 지나치게 뚱뚱한 아이

20. 건들지 말아요, 난 사춘기라니깐요!

들어가기

들. 경우에 따라 교사의 신경을 극도로 곤두세우거나 소진시키는 아이들. 소위 말하는 '문제아'다. 그 아이들이 특정 반에 몰렸는지, 아니면 골고루 배치되었는지에 따라, 그 이전 학년의 분반작업에 대한 평가가 엇갈린다.

그 누군가가 현재 자신의 반에는 없는가? 이 책을 읽기에 앞서 현재 자신의 반에서 아이들과 생활할 때 곤란을 겪게 하는 아이가 '누구인지' 생각해 보라.

있다면 몇 명인가? 그 아이들의 어떤 특성이, 어떤 행동이 나로 하여금 힘들다고 느끼게 하는가?

그 아이들을 힘들다고 규정짓는 데 혹시 나 자신의 문제가 게입되어 그렇게 생각하는 것은 없는가?

나는 현재 어떤 방식으로 그 아이들을 대하는가? 왜 그런 방식을 사용하는가? 그 방식을 사용함으로써 나와 그 아이에게 만족이 있었는가?

없었다면, 혹은 미흡했다면 나는 어떤 노력을 하고 있는가?

학교 현장에서 교사를 당황하게 하는 그 누군가에 대해 취하는 해결책의 대부분은 교사 개인의 노력으로 끝난다. 교사 대다수는 자신의 반 아이의 문제는 자신이 떠안고 가는 것으로 여긴다. 학부모나 동료 교사와 상의하는 것이 결코 쉽지 않기 때문이다.

때로 학부모에게 아이의 문제에 대해 상의하고 싶어서 전화를 하거나 알림장에 몇 글자 적어 보내기도 한다. 그러면 학부모는 교사의 이야기를 잘 듣는 듯 보이지만 결국 아이의 문제 정도를 교사만큼 심각하게 여기지 않고 별다른 노력을 취하지 않거나 과잉반응을 보여 교사를 더 난처하게 만들 때가 많다. 심지어 무엇을 바라는 거 아니냐는 기분 나쁜 오해를 받을 수도 있다.

동료 교사와 상의를 하면 혹시나 아이의 개인 신상을 다른 교사들에게 알리는 것 같아 마음이 편치 않다. 더러 동료 교사로 확장되는 경우라도 교사모임 등을 이용하여 문제의 호소나 푸념에 그칠 때가 다반사고, 사태가 심각할 경우에는 일상적인 생활지도를 벗어나 사안 처리의 형태로만 진행되는 경우가 대부분이다.

그래서 교사들은 궁금해한다. 내가 우리 반 '누구'의 문제를 해결하려면 어떻게 하면 되는가? 내가 취하는 이 방법은 아이를 위해 정말 도움이 되는 것인가?

이 책은 그 '누구'에 대해 교사들이 당황하는 경우, 교사가 그 아이를 어떻게 바라보고 이해하며 상황을 해결할 수 있을지에 대한 도움을 주기 위해 집필되었다.

2 문제를 어떻게 보아야 할까

교사를 당황하게 하는 아이들을 볼 때, 그 문제를 교사와의 연관성에 따라 다음과 같이 크게 두 가지로 구분 지어 생각할 수 있다.

먼저, 비교적 문제를 객관적으로 바라보고 개입할 수 있는 성격이 있다. 또래관계에서 문제가 생기거나 학습 장면에서 교사를 당황하게 할 때, 또는 학생이 특수한 장애를 가지고 있을 때 등이다. 이런 문제들은 비교적 객관성을 띠고 생활지도를 하기 쉽다.

다음은 교사가 문제에 직접 관련이 되는 경우다. 미비할지라도 어떤 형태로든 교사가 문제 상황에 개입되어 있으면서 동시에 해결해 가야만 하는 것이다. 예를 들어, 교사에게 반항하는 아이를 생각해 보자. 이 경우 교사는 자신이 문제에 개입되어 있으면서 문제를 해결해 가는 입장이 된다.

물론 많은 문제가 이 두 가지 성격으로 명확히 구분되기보다는 오히려 혼재되어 나타난다. 그래서 객관적 대처가 필요한 상황임에도 불구하고 교사 스스로도 인식하지 못하는 사이에 주관성이 끼어들어 오히려 해결이 어려워질 때도 종종 있다.

어떻게 하면 교사가 당황하지 않고 평정을 유지할 수 있을까? 교사가 주관성을 배제하고, 최대한 객관적이면서 합리적으로 문제를 해결하는 방법은 없을까?

먼저 우리의 문제를 바라보는 '시각'을 살펴보자. 초록 안경을 쓰면 세상이 초록색으로만, 빨강 안경을 쓰면 세상이 빨간색으로만 보이듯이, '시각'은 문제를 바라보는 가장 기본적 틀이며 때로는 전부이기 때문이다.

교실에서 문제가 발생하였을 때 다음과 같은 시각으로 바라보면 어떨까?

안경 바꿔 쓰기

현재 나타난 문제는 오랜 기간을 통해 형성된 문제다

부모가 집에서 아이들을 꾸짖을 때, "너 학교에서 그렇게 배웠니?"라고 꾸중하는 상황을 자주 접하게 된다. 그러나 아이들은 학교에서 배우기 전에 이미 가정에서 많은 것을 배우고 입학한다.

알다시피 잠재적 교육과정과 표면적 교육과정의 영향력 비교에서는 잠재적 교육과정이 훨씬 지속적이고 월등하다. 초등학교 입학 당시에 이미 아이들의 인격은 거의 형성되어 있다.

현재 우리 반에서 말썽을 피우거나 나를 당황하게 하는 아이의 문제는 지금 발생한 것이 아님을 기억하라. 오히려 현재의 문제는 오랫동안 여러 조건에 의해 형성되어 왔음을 교사가 인정하는 것이 필요하다. 이 말은 곧 문제 해결을 위해서는 문제가 형성된 기간만큼의 시간이 걸릴 수도 있음을 뜻한다.

문제에 대해 심리적 거리를 유지하라

여기 3년 차인 교사가 있다. 그의 가장 큰 고민은 도벽이 있으며 수시로 결석하는 반 아이에 대한 것이다. 그는 젊음의 열정을 가지고 그 아이의 버릇을 고쳐 보려고 수많은 애를 썼다. 돌봐 주는 이 없는 편모가정의 상황을 고려해서 가정방문도 하고, 오후에 남겨서 개인적으로 챙겨 주기도 하며, 옷과 신발도 사 주고, 그야말로 그 아이에게 갖은 정성을 쏟았다. 그 아이가 결석하지 않고 제대로 나오면 자신이 뭔가 해냈구나 뿌듯해하였고, 며칠 결석이라도 하는 날에는 자신을 무능한 교사로 여기며 우울해지기 일쑤였다. "나는 교사인데, 이 아이 하나 변화시키지 못하고 어떻게 교사를 할 수 있다는 말인가?" 자책이 끊임없이 그를 괴롭혔다.

또 하나의 사례가 있다. 경력 25년 차인 어느 교사의 새 학급에 아주 산만하고 제멋대로인 아이가 배정되었다. 이때까지 변화시키지 못한 아이는 없었다는 자신감이 아이에게 집착하게 만들었다. 달래기도 하고, 감동을 주기도 하며, 엄격하게 대해 보기도 하고, 그간의 교직 경험을 바탕으로 할 수 있는 모든 방법을 동원해 보았지만 아이는 변하지 않았다. 마침내 그 아이의 문제는 교사의 자존감과 결부되었다. 1학기가 지나가고 2학기로 접어들자 교사는 점점 초조해졌다. "내가 경력이 25년인데, 그동안 변화시키지 못한 아이는 없었는데……." 교사의 초조감은 점차 높아졌고, 마침내 자신이 그 아이를 변화시킬 수 없다고 인정하는 순간 교사로서의 패배감은 엄청났다. 스스로 생각하기에 찬란한 훈장 같던 자신의 교직 생활이 한순간에 침몰되는 느낌을 받았고, 해가 바뀌어 새로운 학급에서 새로운 아이들을 만났지만 그는 한동안 패배감에서 벗어나기 힘들었다.

교사는 특성상 책임감이 높다. 또한 책임감이 높은 이들이 종종 교직을 선택한다. 그러나 교사가 학생의 모든 것을 책임질 수는 없다. 교사는 학생의 발달 단계에서 성숙을 돕는 존재다. 교사가 문제에 몰입하는 것이 지나쳐 자신의 존재감과 문제가 결합된다면, 이는 문제 해결을 위해서나 교사 자신을 위해서 바람직하지 않다.

즉각적 변화는 힘들 수 있다

아이의 즉각적인 변화는 힘들 수 있다. 극단적인 경우 교사가 아이와 함께하는 기간에서 변화의 기미가 조금도 없을 수 있다.

비교적 높은 교육을 받고 좋은 양심을 가진, 건실한 생활인이자 성인인 자신의 모습을 되돌아보라. 무엇에 대해 결심하였다고 금방 변화가 야기되는가? 아마 힘들 것이다. 하물며 문제를 가진 아이들은 두말할 나위도 없다.

이미 언급하였듯이 즉각적인 변화는 힘들 수 있다. 교사의 기대에 부합되는 즉각적인 변화가 일어나지 않으면, 힘든 사람은 변화가 필요한 아이보다는 변화를 기대하는 교사다. 변화는 시간을 요구한다. 인내심을 가지고 즉각적인 변화가 힘들 수 있다는 것을 받아들이자.

다양한 해결 방안을 확보하라

모든 문제에 한 가지 방법으로 적용할 수 있는 만병통치약은 없다. 하나의 문제에 하나의 해결 방안만 있는 것도 아니다. 이전에 활용하여 성공하였던 방법이라도 새로운 아이에게는 적용되지 않을 수 있다. 또 지난번에 성공했던 방법이 동일한 아이에게 효과가 없을 수도 있다. 교사가 활용할 수 있는 대처 방안을 많이 확보하면 상황마다 보다 여유 있는 입장에서 당황하게 하는 아이들을 맞이할 수 있다.

교사가 이전에 사용하였던 방법이 효과가 없으면 새로운 방법을 시도할 수 있다. 문제의 발생 시점부터 해결이라는 종점을 향해 가는 진행 과정은 충분히 다양할 수 있고, 또한 이 다양성은 교사에게 무형의 자산이 된다.

이해와 지식의 폭을 넓혀라

지식이 깊고, 이해의 폭이 넓으면 교사가 당황하는 많은 부분이 해소될 수 있다. 예를 들어 보자. 한 아이는 집에서는 가족과 떠들고 대화하며 잘 지내지만, 학교에 와서는 도무지 입을 열지 않는다. 이 아이는 선택적 함구증일 수 있다. 교사가 이 증상에 대해 알고 있다면 아이를 대할 때 무조건 답답함을 느끼지는 않을 것이며, 대처 방안을 훨씬 더 여유롭게 찾을 수 있다. 또 다른 예로 흔히 말하는 '교사와 궁합이 맞지 않는 아이'에 대해서도 성격유형론에 대한 이해를 높이면 여러 가지 면에서 갈등을 해소할 수 있다. 그러므로 이해와 지식의 폭을 넓힐 것을 권한다.

끝까지 포기하지 마라

아이의 행동이 끝까지 변하지 않을 수 있다. 더구나 요즘처럼 주변의 여러 상황들이 교사의 열정을 꺾기 쉬운 상황에서, 교사는 대충 일을 처리하고 맡은 동안만 아무 일 없이 지나기를 바라는 유혹에 빠질 수 있다. 그러나 교사가 현재 보여 주는 열의는 비록 아이에게 지금 당장의 변화는 기대할 수 없더라도 어떤 형태로든 영향을 미친다.

누가 아이들의 변화를 만들어 낼 수 있을까? 누군가가 그 아이의 인생에서 한 시발점을 만들어야 한다면, 누가 그 역할을 하게 될까? 경우에 따라 집에 가서 잠깐 보는 부모보다는 학교에서 아이와 더 오랜 시간을 보내는 교사여야 하지 않을까? 비록 끝까지 변하지 않는다 할지라도 교사가 아니면 누가 이 일을 하겠는가 하고 한번쯤 생각해 볼 일이다.

교사는 아이의 문제를 어떻게 보아야 할까

① 현재 나타난 문제는 오랜 기간을 통해 형성된 문제다.

② 문제에 대해 심리적 거리를 유지하라.

③ 즉각적 변화는 힘들 수 있다.

④ 다양한 해결 방안을 확보하라.

⑤ 이해와 지식의 폭을 넓혀라.

⑥ 끝까지 포기하지 마라.

3 문제 해결의 열쇠 찾기

즉각 비난하지 않고 판단을 유보하라

교실에서 문제가 생기면 교사는 여러 가지 형태로 반응한다. 교사의 머릿속은 평소 자신이 생각하는 판단 기제에 따라 평가하고, 판단하며, 움직일 것이다. 특히 교사가 일반적으로 생각하는 기준에서 아이의 행동이 벗어날수록 교사의 머릿속 판단 기제는 빠르게 움직인다.

그러나 이면에 다른 정보가 있을 수 있다. 예를 들면, 친구와 다툼이 잦은 아이는 장애가 있는 동생을 둔 탓에 학교에서조차 밀리기 싫어 예민하게 반응할 수도 있고, 갑자기 폭력 성향이 증가하는 아이는 부모와의 관계가 악화되어 있을 수 있다. 친구를 고자질하는 아이는 방임하는 부모 때문에 개인적인 접촉과 인정에 목마른 상황일 수도 있다.

따라서 전문적인 자세를 유지하고 적절한 지도를 하려면, 교사는 가끔은 판단을 유보하는 것이 필요하다. 이것은 교사가 개인적인 판단이나 비난 없이 아이의 행동만 조망하는 것을 말한다. 그러나 판단을 유보하는 것이 폭력적이거나 해로운 행동, 또는 부적절한 행동에 대해 동의하는 것은 아니다.

공감하라

아이의 감정을 가라앉히며 교사의 침착성을 되찾을 수 있는 가장 좋은 방법은 아이를 공감해 주는 것이다.

씩씩거리며 싸우다 교사에게 온 아이에게 야단에 앞서 '너 지금 화가 많이 났구나.' 또는 친구랑 싸우고 우는 아이에게 '너 참 속상하구나, 정말 울고 싶지?' 등과 같이 아이의 감정을 공감해 주면 상당 부분 아이의 감정이 가라앉고, 교사가 개입할 틈을 확보할 수 있다.

교사가 흔히 사용할 수 있는 표현을 제시하면 다음과 같다.

기분 좋을 때	너 기분 끝내주는구나, 짜릿하구나, 날아갈 듯하구나, 뿌듯하구나, 신나는구나 등
화났을 때	너 화나는구나, 신경질 났구나, 골치가 아프구나, 열 받았구나, 짜증 나는구나, 성질나는구나, 지겹구나 등
속상해할 때	우울하구나, 상처받았구나, 서럽구나, 외롭구나, 슬프구나, 속상하구나 등

상황에 대해 이야기하라

교사를 당황하게 하는 일이 생길 때, 교사는 두 가지 길을 선택할 수 있다. 즉, 상황을 해결할 실마리를 찾거나, 상황을 내버려 두는 것이다. 후자는 교사의 주도성을 포기하고 상황의 흐름에 맡겨(이때 교사, 아이 모두의 감정이 증폭되는 상황까지를 포함한다) 상황을 내버려 두거나 더 나아가서는 나빠지는 상황으로 원하든 원치 않든 진행시키는 것이다.

후자의 경우를 막으려면, 교사는 어떤 상황이든 교사가 주도성을 가지고 '그 상황에 대해 이야기'함으로써 분위기를 개선시킬 수 있는 힘이 있다는 것을 항상 보여 주어야 한다.

예를 들어 보자. 급식시간에 급식을 기다리며 장난을 치다 먼저 식판에 밥을 담아 가는 아이를 쳐 국과 반찬 일부가 쏟아졌다. 아이들은 옆에서 '선생님, ○○가 어떻게 했어요.'라며 웅성거리고, 교실이 시끄럽다. 바라보니 역시나 평소에 장난이 심한 녀석이다.

선생님은 어떻게 반응하겠는가?

"국이 쏟아졌네, 걸레 가지고 와 닦아라."

이 상황이 아닌 아이의 평소 모습에 주목하는 교사는 또 달리 말할 수 있다.

"또 ○○야? 좀 조심하지."

또 다른 사례를 들어 보자. 도서실에서 독촉자 명단이 왔을 때(이 경우 명단이 온 아이들은 십중팔구 교실에서도 책임감 없는 비슷한 양상을 보일 때가 많다), 교사는 이렇게도 저렇게도 말할 수 있다.

'너, 도서관에 책 반납해야 되겠네. 반납 기한이 지났다고 연락 왔어.'

또 달리 이렇게 표현할 수 있다.

'또 독촉이 왔네. 너는 왜 만날 그러니?'

이 두 표현법은 아이에게 다른 반응을 일으킬 수 있다. 첫 표현이 염려와 배려를 표현해 주는 반면, 후자는 불안감과 분노를 일으키기 쉽다. 자칫하면 문제가 해결되기보다는 증폭되거나 문제 행동이 고착되기 쉽다.

교사가 어떤 상황에 닥쳤을 때 가장 중요하게 여길 것은 성격이나 인격에 대해 이야기하지 않고, 상황에 대해 이야기하는 것이다. 이것은 여러 상황에 적용할 수 있는데,

- 칭찬하거나

– 교사의 분노를 표현하거나
– 아이에게 요구할 때나
– 아이를 비난할 때

모두 사용할 수 있다.

교사의 분노를 슬기롭게 표현하라

교사가 당황하는 상황에 부딪쳤을 때, 가장 많이 일어나는 감정은 분노다. 교사는 교사를 당황하게 하는 그 '누구'뿐 아니라 일반적인 경우조차 학급 아이들 때문에 자주 짜증나고, 괴로우며, 화가 난다.

교사의 이미지로 우리 사회에 각인되어 있는 이상적인 상은 사회적으로나 교사 스스로에게도 '스승'의 이미지다. 스승의 이미지는 인내하고 고고하며 도를 득한 경지에 있는 사람으로, 화를 내는 것은 그야말로 결정적인 순간에 무언가를 얻기 위해 내는 거룩한 분노다. 그러므로 일상적 상황에서 화를 내거나 짜증을 표출한다는 것은 있을 수 없다.

그러나 정말 훌륭한 교사는 화를 내지 않아야 하는가? 하루에도 몇 번씩 속을 부글부글 끓게 하는 아이들을 대하면서 교사가 선택할 수 있는 유일한 반응 양식은 화를 참기만 하는 것인가? 아니면 참다못해 폭발하는 것인가? 아니면 화를 폭발하고, 그러한 경험이 깊어 갈수록 인격 파탄이 되는 듯한 자괴감과 자책감에 빠지는 것인가?

교사를 당황하게 하는 사례를 만날 때 교사도 분노를 표현할 수 있다. 단, 모욕을 주지 않고 화난 감정을 전달해야 한다. 다음과 같은 공식을 따라 말해 보자.

난 [목적어] 을/를 [동사: 들으니, 보니, 느끼니 등] → [감정 용어 사용] 하다.

- 자신이 목격하고, 느끼며, 기대하는 것을 말로 설명한다.
- 나라는 표현을 사용하면 아이들을 비난하고 감정을 증폭시키는 것을 피할 수 있다.
- 감정을 솔직하게 표현하고, 요구를 분명하게 밝혀라.

원칙에 맞게 예를 들어 보자. 교무실에 갔다 오는데, 멀리서 왁자지껄한 소리 중에 익숙한 음색들이 떠다니는 걸로 보니 우리 반이 틀림없다. 과연 도착해 보니 교실은 그야말로 떠들썩하고 난장판이다.

"왜 이렇게 떠들어, 조용하지 못해!" 라고 화난 목소리로 소리치기보다,

"난 이렇게 시끄러운 모습을 보면 화가 무지 나." 라고 얘기하는 것이 낫다.

또 다른 예를 들어 보자. 미술 수업이 끝나기 무섭게 색종이를 조각조각 찢은 두 아이의 장난으로 교실 바닥이 엉망이 되었다.

○ 색종이를 이렇게 작게 찢다니. (상황 묘사)
- 이걸 보고도 선생님이 화가 안 나겠니? (내 감정 표현)
- 교실 바닥을 더럽히면 어떡하니? (규칙 알리기)
- 빨리 비를 가져와 쓸어야겠다. (행동 제시하기)

체육 수업을 시작해야 하는데, 가장 늦게 나온 여자아이 2명이 신발을 느릿느릿 갈아 신으며 도무지 서두르는 게 없다. 순간적으로 야단을 치고 벌을 주고 싶은 충동이 있을 수 있으나 이렇게 표현할 수 있다.

○ 시간에 늦었는데도 빨리 갈아 신지 않고 있으면 (상황 묘사)
- 선생님이 화나는 것 알지? (내 감정 표현)
- 친구들이 줄 서서 기다리고 있잖아. (상황 묘사)
- 빨리 갈아 신고 와서 줄 서라. (행동 제시하기)

이처럼 교사가 화났음을 표현하고 교사가 기대하는 것을 분명히 밝히는 것이 좋다.

어려운 상황이 와도 쉽게 포기하지 마라

옛말에 '선생 똥은 개도 먹지 않는다.'는 말이 있다. 그만큼 교사의 속이 들끓고 있다는 뜻이다. 교사에게는 강한 인내심이 필요하다. 쉽게 포기하면 안 된다.

저학년을 담당하게 되면 육체적으로 지치기 쉬운 반면, 고학년을 맡게 되면 아이들과의 심리전에서 밀리지 않으려는 신경전 때문에 정신적으로 쉽게 지치는 현상을 자주 보게 된다.

교사는 그 '누구'들 이상으로 참고 견딜 준비가 되어 있어야 한다. 대부분의 그 '누구'들은 어떤 상황이 발생하면 남 탓이라고 변명하거나, 교사의 지시나 지도를 따르지 않는다. 그 이면에는 '나는 별 볼 일 없는 사람이니까 선생님도 날 포기하세요.'라는 무언의 압력을 교사에게 행사한다고 볼 수 있다.

교사의 속을 긁는 사건이 하루에도 여러 번 계속 일어나고, 바라는 변화가 즉시 일어나지 않을 때, 교사는 포기하고 싶은 생각이 굴뚝같은 것이 사실이다. '내가 왜 선생을 하는가? 누가 이 직업을 편하다고 속 모르는 소리를 하고 있는가?' 때로 신세 한탄도 하고 푸념도 하는 것이 사실이다.

그러나 쉽게 포기하지 말자. 결국 포기하지 않는 쪽이 변화를 일으키는 것이다.

02

아이들 들여다보기

1 우리 아이들, 왜 알아야 할까

1학년은 엄마가 된 다음에 가르치면 좋다는 말을 들은 적이 있는가? 자신의 아이를 키워 본 교사들의 공통적인 이야기는 반 아이들의 미숙함에 대해 관대한 마음을 갖게 된다는 것이다. 아이를 키우면서 아이에 대해 더 자세히 알게 되고, 그 '앎'이 반 아이들을 가르치는 데 도움을 준 것이다.

6학년을 예로 들어 보자. 6학년은 이미 많은 학교에서 교사들이 선호하지 않는 학년이 되었다. 여러 이유가 있지만 결정적으로 아이들이 교사의 마음을 어렵게 하기 때문이다.

6학년 아이들은 자신들이 최고 학년이 되었으므로 자기들이 다 큰 줄 알고 잘난 척한다. 표정은 뚱하고, 만사가 귀찮다는 얼굴이며, 저학년 때는 서로 가고 싶어서 안달이던 '심부름'도 대놓고 귀찮아한다. 사춘기가 제대로 온 아이들은 눈에 더 띈다. 교실에서 파벌을 만들어 자기네들끼리 상처를 주고받고, 교사에게 대들거나 신경을 긁어 놓기도 한다. 자기네들은 교사에게 인사도 잘 안 하면서 아래 학년 애들이 인사 좀 안 했다고 데려다가 혼을 낸다. 이미 중 · 고등학교 일진들과 연결된 아이들도 있고, 학년 안에서도 일짱이 있어 거들먹거리며 다닌다. 그 일짱을 추종하는 무리들은 더 가관이다. 이런 아이들을 누가 맡고 싶어 할까?

반면 6학년을 선호하는 교사들도 있다. 아이들과 어느 정도 말이 통하니까 재미

있고, 다양한 수업 기법의 적용도 가능하며, 학교 생활의 노하우가 쌓여 아이들이 눈치껏 알아서 하는 것도 많다. 6학년을 가르쳐야 제자가 생긴다는 말이 그냥 나온 말이 아니어서 제자 만들기 재미도 쏠쏠하다.

이렇듯 요즘 6학년 아이들이 가지고 있는 다양한 특성을 교사들이 파악하고, 그것을 있는 그대로 받아들인다면, 6학년을 바라보는 시각은 좀 더 긍정적일 수 있지 않을까?

'앎'이 '이해함'을 수반하고, '이해함'은 모든 사랑의 근원이 될 수 있다. 내가 현재 가르치는 아이들을 진심으로 사랑하는 교사가 되는 첫걸음은 그 아이들을 아는 것이다. 이러한 아이들에 대한 '앎'을 넓히기 위하여 학년별 아이들의 특성을 살펴보자.

2 학년별 아이들의 특성

아동기를 다룬 학자들의 연구는 체계적이기는 하지만, 학년별 아동의 특징을 알아보는 데는 아쉬운 면이 있다. 정작 교사들이 가장 궁금해하는 것은 내가 가르칠 학년 아이들의 특성이지만 체계적으로 연구되고 정리된 내용을 찾기란 쉽지 않다.

다음에 교사의 경험으로 체득한 학년별 아이들의 특징을 저 · 중 · 고학년으로 정리해 보았다. 비록, 이론적 검증은 되지 않았지만, 수많은 교사의 다양한 경험적 검증이 이루어진 내용이므로 아이들을 이해하는 기초 자료로 사용하는 데 무리가 없을 것이다.

학년별 아동의 특징은 크게 몸, 생각, 생활 특징으로 나누어 제시하였다. 아이들의 발달은 개인차가 있으므로 저학년 특징에 기술된 내용이 중학년에게도 나타날 수 있음을 유념해야 한다. 또한 모든 아이가 여기에 해당되는 것은 아니다.

저학년

자리에 가만히 앉아 있는 게 고마운 1학년

1학년 아이들은 초등학생이 되었다는 기쁨과 함께 잘하겠다는 열의, 낯선 것에 대한 긴장에서 오는 피로를 동시에 가지고 있다. 대부분 오전 수업에 점심을 먹고 바로 집에 가는데도, 집에 가면 곯아떨어지고, 심지어 코피를 쏟는 아이들도 있다는 걸 보면 1학년 아이들의 고초를 이해하고도 남는다.

1학년 아이들은 천진난만하고 순수한 행동으로 교사를 기쁘게 한다. 그와 동시에 유치원 때의 습관을 버리지 못해 교사를 힘들게 하기도 한다. 오죽하면 1학년 1학기의 주요 학습 목표는 '제자리에 가만히 앉아 있기'라는 우스갯소리가 있겠는가? 따라서 일단 교사의 눈높이를 1학년에 맞게 낮추어야 한다. 그래야 교사도 아이들도 덜 피곤하다.

학교 생활에 감 잡은 2학년

2학년은 비로소 초등학생이 되는 시기다. 1학년 때는 학교 생활 전반의 틀을 교사가 일일이 잡아 주어야 하지만, 2학년이 되면서는 익숙해져 '척'하면 '착'하고 알아듣는 기특함을 보여 주기도 한다.

교사에게 인정을 받고 싶어 하는 마음이 크기 때문에 작은 칭찬 한마디에도 쉽게 동기화되어 열심히 활동하는 모습을 볼 수 있다.

저학년의 몸 특징

이갈이를 한다.

앞니가 빠진 아이들은 너무나 귀엽다. 학교에서 이가 빠지면 당황할 법도 한데, 의외로 아이들은 재미있어 한다. 하나라도 흔들리면 계속 손가락으로 흔들고, 빠진 이는 꼭 선생님께 들고 나와 보여 준다.

자기 몸을 자신의 뜻대로 잘 가누지 못한다.

소근육 운동이 발달하는 시기지만, 아직은 미흡하며 개인차가 크다. 달리기 시합을 하면 꼭 한두 명은 털퍼덕 넘어진다. 줄넘기의 경우 줄을 앞으로 넘기는 것과 동시에 뛰어넘는 것을 어려워해서 힘들어하는 아이도 있다. 따라서 가위질, 줄 긋기 같은 섬세한 동작을 반복적으로 연습하는 것이 필요하다.

움직이는 것을 좋아한다.

대체적으로 몸을 움직이는 것을 좋아하여 교사가 가르쳐 주는 율동이나 간단한 손 동작을 즐겁게 따라 한다.

쉽게 피곤해한다.

에너지가 많아 쉴 새 없이 움직이다가도 금방 피곤해한다. 그러므로 적절한 휴식이 필요하다.

저학년의 생각 특징

책 읽기를 좋아한다.

모든 아이가 책을 즐겨 읽는 것은 아니지만, 많은 아이가 책에 흥미를 가지고 있다. 책 속의 예쁜 그림에 흥미가 있는 경우도 있고, 이야기 자체를 좋아하기도 한다. 교사가 책을 읽어 주는 것도 좋아해서 의외로 집중을 하고 잘 듣는다.

상상의 세계에 빠져 있다.

상상의 나래를 활짝 펴 스스로가 만화 속 주인공이 되어 보기도 하고, 스토리를 만들기도 한다. 그래서 놀 때에도 '너는 ○○ 해. 나는 ×× 할게.'라는 말을 심심찮게 하기도 한다.

미술 표현 활동을 즐긴다.

다양한 미술 표현 활동에 즐겁게 참여한다. 놀라운 집중력을 보이거나 의외의 창의적인 작품으로 교사를 깜짝 놀라게 하는 아이도 있다. 반면 시간 안에 활동을 다 마치지 못하여 스트레스를 받거나 스스로 못한다고 생각하여 의욕이 적은 경우도 있다. 그렇지만 중 · 고학년에 비하면 자신의 능력과 상관없이 대체적으로 미술 표현 활동을 좋아하는 편이다.

집중력이 부족하다.

집중력이 부족하여 설명을 제대로 듣지 못하는 경우가 많다. 그러다 보면 자꾸 질문을 하게 되는데, 교사의 인내심을 시험하는 단계까지 가기도 한다. 딴짓을 하는 일도 비일비재하다. 2학년이 되면 1학년 때보다는 집중력이 늘지만 아이들마다 개인차가 심하기 때문에 교사가 어려움을 겪는다.

교사는 '왕' 이다. 그래서 인정받고 싶어 한다.

이 시기의 아이들에게 있어서 교사는 '왕'과 같은 존재다. 교사의 말이라 하면 팥으로 메주를 쑨다고 해도 믿을 만큼 순진한 구석이 있다. '왕' 같은 교사에게 잘 보이고 싶은 건 당연한 일이다. 쉬는 시간마다 찾아와서 자신에게 있던 일을 미주알고주알 이야기하고, 심부름도 자부심을 가지고 열심히 한다.

수업 시간에 자신의 경험을 이야기하기 좋아한다.

수업 시간에 자신의 경험과 관련된 이야기가 나오면 너도나도 말하느라 정신이 없다. 수업의 진행은 전혀 고려하지 않는 듯 신나게 이야기를 한다.

'초등학생' 이라는 것에 자부심을 가진다.

1학년은 '유치원생'과 비교하는 것에 대해 매우 자존심 상해 하고, 2학년은 '1학년' 같다는 말에 자존심 상해 한다.

높임말을 어려워한다.

높임말을 어려워해서 '~했다요' '~한다요'와 같이 이상한 높임말을 종종 한다.

저학년의 생활 특징

뭐든지 교사에게 자주 물어본다.

사사건건 물어본다. 심지어 쉬는 시간에 화장실 다녀와도 되냐고 여러 명의 아이들이 번갈아 찾아와서 교사를 지치게 만든다.

◎ 질문이 많다.

호기심이 많기 때문에 그만큼 질문도 많다. 호랑이는 왜 '호랑이'라고 부르냐는 등의 답하기 어려운 질문을 하는 경우도 종종 있다. 대답하기 힘들 때라도 교사는 상냥하게 답을 주기 위해 노력해야 한다. 질문에 짜증 내며 답하면 아이들은 정말 궁금한 것이 생겨도 질문을 못하게 된다.

◎ 작은 일도 꼬박꼬박 이른다.

친구를 이르는 것에 주저함이 없다. 교사보다도 더 엄격한 잣대를 가지고 친구를 이르는 일이 비일비재하다.

◎ 일일이 구체적으로 일러 주어야 한다.

아직 학교 생활에 미숙하기 때문에 알아서 하는 것이 많지 않다. 뭐든지 일일이 설명해 주지 않으면 질문 폭탄을 맞을 준비를 해야 한다.

◎ 거짓말을 아무렇지 않게 한다.

너무도 천진난만한 얼굴로 아무렇지 않게 거짓말을 할 수 있다. 자신의 잘못이 드러나는 것이 두려워 거짓말을 하는 경우도 있고, 원하는 것을 얻기 위해 거짓말을 하기도 한다.

◎ 별거 아닌 일로 싸우고 금방 다시 친해진다.

자기중심적이기 때문에 작은 일이 순식간에 싸움으로 이어진다. 장난감을 가지고 다투기도 하고, '미안해'라는 말을 안 했다고 다투기도 한다. 친구의 실수를 실수로 받아들이기 어려워한다. 울고불고 싸우고 나서도 언제 그랬냐는 듯 금방 다시 친해져 교사에게 웃음을 줄 때도 많다.

◎ 칭찬에 약하다.

칭찬을 좋아하여, 교사의 칭찬 한마디에 태도가 순식간에 달라지기도 한다. 그래서 '○○이 바른 자세로 잘 앉았구나!'라는 말이 '○○, 너 똑바로 앉아!' 보다 더 효과가 있다.

자기중심성이 약해진다.

1학년 때는 자기중심성이 강하여 모둠 활동을 통한 경쟁은 큰 의미가 없다. 그러나 2학년 때는 자신의 소속에 대해 의식하기 시작하고, 또래관계가 형성되어 따돌림 현상이 생기기도 한다.

속상한 일을 점차 말로 표현한다.

1학년 때는 싸우거나 속상한 일이 있을 때 징징거리면서 표현하는 아이가 종종 있다. 그러나 2학년이 되면 점차 징징거림이 줄어들고, 차분히 말로 자신의 생각을 표현하는 데 익숙해진다.

중학년

말이 통할까 말까 3학년

어느 정도 자라서 말이 통하기 시작하고, 교사의 말을 절대적으로 받아들일 만큼 순수해서 교사의 입장에서는 다른 학년에 비해 비교적 수월하다. 그러나 가르쳐야 할 과목 수가 갑자기 늘어나고 교과도 어려워지면서 새롭게 가르쳐야 할 것이 의외로 많아진다. 아이들 간의 개인차도 커져서 어떤 아이는 말이 잘 통하는데, 어떤 아이는 도무지 이해하지 못하는 일도 생겨 교사의 세심한 배려가 필요하다.

쉬운 4학년, 편안한 4학년?

교사들 사이에서는 4학년은 3학년보다도 더 편안한 학년이라는 말을 심심찮게 한다. 아이들이 말귀도 잘 알아들어, 조직적인 학급 운영이 가능하며, 교사에게 비교적 순종적이기 때문이다. 그러나 개인차가 점점 더 크게 벌어지고, 교과 내용이 급속도로 어려워지면서 공부에 자신감을 잃는 아이들이 많아지기 때문에 결코 쉽지만은 않다. 사춘기가 시작되는 아이도 있어서 합리적으로 학급을 운영하지 않으면 아이들의 반발에 부딪힐 수 있다. 아이들의 선택을 존중하고 아이들을 신뢰하는 교사의 모습을 보여 주어야 한다.

중학년의 몸 특징

신체발달에서 개인차가 뚜렷해진다.

키나 몸무게에서 차이가 벌어져 아이들의 자아개념에 영향을 미친다. 키가 친구들에 비해 많이 작거나, 몸이 뚱뚱해서 위축되는 아이들이 생기기 때문에 교사의 관심이 필요하다. 4학년 정도 되면 성숙한 여자아이들은 가슴이 나오고 초경을 하기도 한다. 급속한 성장으로 성장통을 앓는 남자아이들도 있다. 개인차는 학습에도 영향을 미쳐 잘하는 아이와 못하는 아이 사이에 수행 속도에 따른 시간 차이도 커진다.

중학년의 생각 특징

지식을 배우는 즐거움을 알고, 독서량이 늘어난다.

3, 4학년은 이전에 비해 새로운 내용이 많이 제시된다. 갑자기 어려워진 내용으로 힘들어하기도 하지만, 아이들은 기본적으로 지식을 얻는 것에 흥미를 보인다. 좋아하는 영역이 생겨 그 부분에 관련된 책만 집중적으로 읽기도 한다.

공부를 힘들어하는 아이가 많아진다.

공부해야 하는 과목과 학습량이 많아지고 수준이 급격히 높아지면서 저학년에 비해 상대적으로 학습이 부진한 아이들이 늘어난다. 스스로를 공부 못하는 아이로 판단하고 학습에 흥미를 잃어버리는 경우도 있다.

발표할 때 다른 사람을 의식하기 시작한다.

자신이 발표하는 내용을 교사와 친구들이 어떻게 생각할지 판단하여 발표하기 때문에 저학년 때보다 발표하는 아이들이 점점 줄어든다. 그러나 인정받고 싶은 욕구도 크기 때문에 역할극을 할 때나 틀릴 염려가 없는 것을 발표할 때는 더 적극적이 되기도 한다.

인정받고 싶어 한다.

교사나 친구들로부터 자신만 인정받고 싶어 한다. 그래서 다른 사람이 인정을 받으면 샘을 내거나 스트레스를 받기도 한다.

남녀의 차이가 드러나고 그것을 느낀다.

남녀가 손을 잡는 활동에 대해서는 노골적으로 불만을 표시하며, 남녀가 좋아하는 활동(예: 남자는 운동이나 오락, 여자는 외모 꾸미기)의 차이도 뚜렷해진다. 이성과도 동성처럼 편안하게 놀다가, 어느 순간이 되면 좋아하는 이성에 대한 호감을 드러내기 시작한다.

중학년의 생활 특징

글자가 춤을 추기 시작한다.

수업 시간에 필기할 내용이 많아지고, 저학년에 비해 교사나 부모의 바른 글씨 쓰기에 대한 강조가 약해지면서 점점 글씨가 춤을 추기 시작한다. 이전에 또박또박 글씨를 정성껏 쓰던 아이도 언제 그랬냐는 듯 금방 성의 없는 글씨로 바뀐다.

새로운 일에 열심이다.

새로운 일을 재미있어하며 열심히 한다. 교사의 일을 도와주는 것도 즐거워하여 너도나도 심부름을 하겠다고 손을 번쩍 든다.

비판적인 시각이 생긴다.

4학년이 되면 비판적인 시각이 생겨 어른이 비합리적으로 행동하는 것에 대해 반감을 가진다. 자신이 하나의 인격체로 존중받기를 원한다.

모둠 활동이 활발해진다.

경쟁심이 생기고 집단에 대한 소속감이 강해진다. 따라서 다른 모둠과의 경쟁에 이기기 위해 자신의 역할을 열성적으로 하는 등 모둠 활동이 활발해진다.

친구관계의 중요성이 커진다.

친구관계의 중요성이 커져 마음이 맞는 아이들끼리 모인 무리가 생긴다. 내 친구가 다른 아이와 가까워지면 큰 배신감을 느끼며 불안해하는 경우도 있다. 4학년이 되면서 학교 안팎에서 눈에 띄게 몰려다니는 아이들도 생긴다.

경쟁심이 뚜렷해진다.

자아개념이 생기면서 다른 사람과 자신을 비교하며 경쟁의식이 생긴다. 교사의 눈에는 별일 아닌 일에도 경쟁을 하며 친구를 이기고 싶어 하는데, 때로는 이것이 과하여 다툼이 일어나기도 한다.

타인의 상황을 이해하기 시작한다.

자기중심적으로만 생각하던 아이들이 타인의 상황이나 생각을 이해하기 시작한다. 친구와 싸웠을 때 친구의 입장을 설명하면 충분히 이해할 수 있다.

남자아이들 사이에 눈에 보이지 않는 서열이 생긴다.

4학년 정도가 되면 남자아이들 사이에 눈에 보이지 않는 서열이 생긴다. 주로 힘에 따라 정해지는데, 꼭 실제로 싸우면서 정해지는 것은 아니다. '의리'의 개념도 생겨서 우리 학교, 우리 반 친구들을 감싸고, 다른 학교 아이들은 견제하기도 한다.

고자질이 줄어든다.

친구를 이르는 것이 없어지지는 않지만 점점 줄어든다. 고자질이 문제 해결에 가장 좋은 방법은 아니라는 사실을 깨달은 것이다. 또한 고자질을 함으로써 친구들의 눈총을 받는다는 것을 알게 된다.

드디어 사춘기 시작! 5학년

부모와 교사가 두려워하는 무서운 사춘기가 5학년 정도면 시작된다. 물론 개인차가 있어서 아이들에 따라 다르지만, 어쨌든 5학년이 되면 반 이상이 사춘기의 특징인 2차 성징을 보인다. 교사를 대하는 아이들의 눈빛이 달라지면서 교사는 학급을 운영하는 데 어려움을 겪기도 한다.

대표적으로 겪는 문제는 무리 지어 다니는 아이들 사이에서 일어나는 문제다. 학급 아이들이 여러 집단으로 나뉘고, 집단 안에서 또는 집단끼리 일종의 알력이 생겨 상처를 주고받는다. 때로는 소위 일짱이 교실에 있어 교사의 권위에 도전하고, 다른 아이들을 심판하여 교사의 학급 운영을 어렵게 하기도 한다.

나는 혼자 다 컸어요. 6학년

6학년은 학교의 왕이다. 신체가 빠르게 변화하면서 키도 훌쩍 크고, 생각도 뚜렷해지며, 최고 학년의 지위를 차지하고 있으니 우쭐해진 것일까? 아이들은 스스로 '다 컸다'고 생각하고 어른 대접을 받기를 원한다. 물론 어린이보다는 성숙했으나, 어른의 수준에는 미치지 못하기 때문에 교사의 눈에는 우스울지 모른다. 그렇다고 어린애 다루듯이 하면 반발심이 생겨 학급 운영이 힘들어진다. 어른 대접을 해 주되, 머릿속에는 교사로서 아이보다 우위에 서야 함을 기억하자. 아이들의 감정에 똑같이 휘말리지 않고 어른의 입장에서 문제를 바라볼 수 있어야 평정심을 유지할 수 있다.

고학년의 몸 특징

2차 성징을 겪으면서 몸이 급격히 변화한다.

2차 성징을 겪으면서 신체가 급격히 변화하기 때문에, 그에 대한 관심이 많지만 교사에게 대놓고 물어보지는 못한다. 대신 자기들끼리 정보를 공유하거나 인터넷을 활용하는데, 이 과정에서 자신의 몸을 부끄러워하는 등의 잘못된 가치관을 갖게 되는 경우도 있다.

개인차가 심하기 때문에 자신의 발달을 다른 친구와 비교하여 고민하는 아이도 생긴다. 가슴이 크다고 어깨를 구부정하게 하고 다니는 아이도 있는 반면, 가슴이 안 나올까 봐 고민하는 아이도 있다.

남녀의 운동 능력 차이가 두드러진다.

남녀의 운동 능력 차이가 두드러져서 체육 시간에 같은 기준으로 똑같은 활동을 하기가 어려워진다. 특히 여자아이들은 생리가 시작되면서 체육을 기피하는 경우도 있어 교사를 난감하게 한다.

음악 시간에 노래 부르게 하기가 힘들다.

변성기가 와서 어릴 때처럼 높은 음을 소화하기가 힘들어지는 경우도 있고, 동요를 유치하다고 생각하여 별 관심을 보이지 않기도 한다. 그래서 음악 시간에 교사 혼자 원맨쇼를 한다고 느낄 정도로 반응을 이끌어 내기가 힘들다.

고학년의 생각 특징

학력 차이가 커지고 공부에 대한 부담도 많아진다.

4학년까지는 그런대로 좇아가던 아이들이 5·6학년이 되면 교과목 수업을 따라가지 못하여 허덕거린다. 그러면서 학력의 차이가 명확하게 나타난다. 물론 초등학교 때까지 공부는 부모가 등 떠밀며 시키느냐 그렇지 않느냐의 영향도 크기 때문에 단정할 수 없으나, 공부를 못하는 아이들은 이미 수학이나 영어에서 큰 실패감을 가지게 되어 의욕 자체가 없는 경우가 대부분이다.

이전까지는 가정에서 공부에 대해 별로 신경을 쓰지 않았더라도, 고학년이 되면 어느 집이나 이제는 공부할 때라고 생각을 하여 잔소리가 늘어난다. 사교육에서는 아이들을 철저히 서열화하여 공부를 시키는데, 그러다 보면 자연히 공부에 대해 스트레스를 받기 마련이다. 시험 결과가 나오면 "엄마한테 죽었다!"라고 하며 한숨을 쉬기도 한다.

발표도 안 하고, 모르는 것도 안 물어본다.

친구들의 시선 때문인지 발표를 안 하는 아이들이 많아진다. 정말 발표를 좋아하는 몇 명만 스스로 손을 들어 발표할 뿐 다른 아이들은 1년 내내 가만히 있기 일쑤다. 자신이 모르는 것을 창피한 것으로 여겨 몰라도 아는 척 그냥 넘어갈 때도 많다.

아무것도 아닌 일에도 벌컥 화를 낸다.

사춘기에 들어서면 아이들은 감정 조절에 서투르기 때문에 벌컥 화를 내는 일이 많아진다. 친구들끼리 잘 놀다가도 아무것도 아닌 일에 씩씩거리며 화를 낸다.

매사에 심드렁하다.

자신의 기준으로 유치한 것에는 별 관심을 보이려 하지 않는다. 스티커를 걸고 게임을 하면 열심히 하는 아이들도 있지만, 그런 것쯤은 이미 졸업했다는 듯 유치하다고 여겨 대충대충 하고 만다.

학원에 다니느라 지친 아이들도 매사에 의욕을 보이지 않는다. 이래도 좋고 저래도 좋다는 식으로 눈을 깔고 몸을 걸상에 기댄 채 교사를 심드렁하게 쳐다본다. 이런 아이들을 동기화시키는 것은 쉬운 일이 아니다.

사회에 관심이 생긴다.

사회에서 일어나는 여러 가지 일에 관심을 보인다. 교사가 뉴스에서 본 것을 말하면 여기저기서 그에 대한 여러 사실과 자신의 생각을 표출하는 것을 쉽게 볼 수 있다. 역사 의식도 생겨 6학년 1학기 사회 시간에는 눈을 반짝이며 수업을 듣는 아이들이 많다.

외모에 신경을 많이 쓴다.

어른처럼 꾸미는 것을 세련된 것으로 여겨 그렇게 꾸미고 학교에 오는 아이들이 생긴다. 미니스커트가 유행이면 팬티가 보이지 않을까 할 정도로 짧은 치마를 입고 오는 아이들이 한두 명씩은 꼭 있다. 그렇지는 않더라도 대부분 자신의 외모에 대해 관심이 생겨 옷과 머리를 가꾸는 데 많은 시간을 보내곤 한다.

성(性)에 대한 관심이 많아진다.

성에 대한 관심이 많아져 교사에게 대놓고 물어보거나 야한 동영상을 보는 아이들도 생긴다. 영화를 보여 주면 주인공들이 별 뜻 없이 하는 포옹에도 "헐~" 하며 변태 같다는 둥 이래저래 말이 많다. 심지어 남자아이들끼리 성행위를 흉내 내며 놀기도 한다.

이성 친구에 대해 진지하다.

아직은 어린 아이처럼 보이기도 하지만, "누구는 몇 반의 누구와 사귄다더라." 하는 이야기를 심심찮게 들을 수 있다. 그만큼 이성에 대한 관심이 많고 표현도 적극적이다. 특히 여자아이들은 남자아이들보다 이성 친구에 대해 빨리 눈을 뜨고, 더 진지하기 때문에 고민이 많다.

주로 친구와 고민을 나눈다.

이 시기의 아이들은 성적, 외모, 이성 친구, 가정의 문제 등 나름대로의 고민이 많다. 이러한 고민을 나누는 대상은 주로 친구다. 교사나 부모에게 말하는 경우는 드물다. 그래서 따돌림 문제가 생겨도 교사와 부모가 뒤늦게 알게 되고, 대처 역시 늦어진다.

교사와 친구처럼 지내고 싶어 한다.

스스로가 다 컸다고 생각해서인지 교사와 친구처럼 지내고 싶어 한다. 교사가 자신들의 코드를 이해하면 친밀감을 느끼고 친구 대하듯 자신의 고민을 털어놓는다. 그러나 이런 느낌이 과해지면 '친구 선생님'의 말은 안 들으려는 경향이 나타날 수도 있다. 교사는 아이들을 편안하게 대하되, 상황에 따라 합리적인 권위자로 행동할 필요가 있다.

교사의 불공평에 항의한다.

학급마다 교사의 칭찬을 유독 많이 받는 아이들이 있게 마련이다. 고학년이 되면 아이들의 시각이 비판적이 되면서 그런 것들을 '편애'라고 생각하기도 한다. 더불어 공평하지 않다고 느끼는 것에 대해 민감하게 반응한다. 교사가 불공평하다고 느끼면서부터 아이들의 반항은 합리화되어 다양한 양상으로 나타난다. 그렇기 때문에 교사는 학급에서 이루어지는 모든 활동에 대한 객관적 기준을 아이들에게 제시할 필요가 있다. 칭찬하거나 꾸중할 때 그 이유를 이해할 수 있게 말해 주어야 아이들이 수긍을 한다.

고학년의 생활 특징

학교폭력 때문에 불안해한다.

3 · 4학년도 학교폭력에 대한 불안감이 있다. 이 불안감은 고학년이 될수록 더 커

진다. 5학년의 경우, 6학년 앞을 지나칠 때 눈이라도 마주치면 찍힐까 봐 걱정하고, 조금이라도 튀는 행동을 하면 혹시 찍히지 않을까 불안해한다.

최고 학년이라고 으스댄다.

5학년 때는 안 그러던 아이들도 6학년이 되면 거들먹거리기도 한다. 자신들이 최고 학년이고 아무도 자신들을 못 건드린다는 생각으로, 아래 학년 아이들이 뭔가를 잘못하면 그것을 꼬투리 삼아 버릇이 없다는 둥 흠을 잡기 일쑤다.

끼리끼리 몰려다닌다.

주로 여자아이들 사이에 많이 일어나지만, 최근에는 남자아이들 사이에도 많이 보이는 현상이다. 중학년 때까지 친한 친구들끼리 함께 다니는 정도였다면, 고학년이 되면 어깨에 힘이 들어간 상태로 다른 친구들을 견제하며 함께 몰려다닌다. 교실 안에서 패가 나뉘어 스타일이 다르다며 서로 으르렁거리기도 하고, 여러 반에 걸친 패거리들이 있어 학교를 주름잡기도 한다.

혼자 있는 것을 즐기는 아이들이 생긴다.

왕따를 당하는 것은 아닌데 줄곧 혼자 있는 아이들이 눈에 띈다. 점심시간에 음악을 듣거나 책을 읽으며 혼자 시간을 보내는데 별로 외로워하지도 않는다. 이들은 자신의 세계가 확고한 아이들이다.

남자아이들 사이에 눈에 띄는 서열이 생긴다.

싸움 실력, 힘 등을 기준으로 서열이 생긴다. 서열이 높은 아이에게는 두려움 때문에 함부로 대하지 않으며 급식을 더 주는 등 나름대로 대접을 해 준다. 요즘에는 공부를 잘하는 아이들이 깡도 있고 힘도 있는 경우가 많아 교사의 큰 골칫거리가 되기도 한다.

부모와의 관계가 소원해진다.

어릴 때는 부모에게 종알종알 학교에서 있었던 일을 말하던 아이들이, 사춘기가 오면서 자기 방에 틀어박혀 안 나오고 학교에서 어떤 일이 있었는지 절대 부모에게

이야기하지 않는다. 반항을 하는 아이도 생겨 부모가 놀라서 학교에 상담을 요청하는 경우도 있다. 이 시기의 아이는 자신의 생각을 논리적으로 말할 수 있기 때문에 부모도 그 내용을 존중하고 대화로 문제를 풀어 나가려고 노력해야 한다.

온라인에서 싸움이 일어난다.

요즘 아이들은 메신저와 미니홈피를 통해 활발히 친구들을 만난다. 문제는 이 과정을 통해 상대방에 대한 안 좋은 감정을 여과 없이 드러내고 싸우는 일이 생긴다는 것이다. 그리고 이런 싸움은 오프라인까지 이어져 새로운 싸움의 빌미가 되기도 한다.

남자아이와 여자아이

남자아이와 여자아이는 어떤 면에서 차이를 보일까? 레너드 삭스(2007)에 따르면 남녀는 여러 면에서 분명한 차이가 있으나, 그것은 '고등'이나 '열등'의 문제가 아니라 그냥 차이일 뿐이라고 설명한다.

	남자아이	여자아이
청각	덜 민감하기 때문에 목소리가 커야 잘 알아들음	민감하기 때문에 조용해야 집중에 도움이 됨
시각	망막에 M세포가 많음(M세포: 사물의 위치, 방향, 속도에 관심이 집중됨, 차가운 색을 좋아함)	망막에 P세포가 많음(P세포: 사물의 생김새에 관심이 집중됨, 따뜻한 색을 좋아함)
그림	단조로운 색을 이용하여 움직이는 무언가를 그림	다양한 색을 이용하여 대상을 그림
길 찾기	방위, km 등의 절대적인 거리를 활용하여 길을 찾음	눈에 보이는 건물을 표지판으로 삼아 길을 찾음
감정 표현	나이가 들어도 감정과 연관된 뇌 부위와 언어를 관장하는 뇌 부위가 잘 연결되지 않아 감정을 표현하기 어려움	나이가 들어 성숙해지면서 감정과 연관된 뇌 부위와 언어를 관장하는 뇌 부위가 잘 연결되어 자신의 감정을 말로 잘 표현함
공감 능력	나이가 들어야 발달함	어릴 때부터 발달함
친밀감	함께 활동을 하면서 친밀감을 느낌(예: 축구, 농구 등)	정서적인 교감이 있어야 친밀감을 느낌(예: 대화)
자신에 대한 평가	자신을 과대평가하기 때문에 모험적인 활동을 두려워하지 않음	자신을 과소평가하는 경향이 있어 모험적인 활동을 두려워함
공격성	공격적이기 때문에 그것을 표출할 기회가 필요하며, 아침에 싸워도 오후에는 사이좋게 같이 놀 수 있음	덜 공격적이지만 싸우면 관계는 끝장나고 뒤끝은 몇 년이 갈지 모름
스트레스 상황	스트레스 상황에서 수행 능력이 향상됨	스트레스 상황에서 수행 능력이 저하됨
소근육 발달	소근육을 관장하는 소뇌가 늦게 발달하여 가위질, 글씨 쓰기를 어렵게 여김	소뇌가 일찍 발달하여 가위질, 글씨 쓰기 같은 세밀한 활동을 잘함
일 처리의 동시성	한꺼번에 한 가지 일을 집중하여 처리함	한꺼번에 여러 일을 동시에 처리함
체계화 능력	체계화 능력이 발달하여 사물이 어떤 구조로 움직이느냐에 대한 이해를 잘함	체계화 능력이 남자아이에 비해 덜 발달하여 사물의 움직임에 대한 이해가 부족함

남자아이의 뇌와 여자아이의 뇌는 발달 순서, 시간, 속도 면에서 차이를 보인다. 예를 들면, 언어나 소근육 운동과 연관된 뇌의 부위는 여자아이가 약 6년 정도 빨리 발달하고, 공간 기억과 관련된 뇌의 부위는 남자아이가 약 4년 정도 빨리 발달한다. 그러다가 30세 정도가 되면 남녀 모두 뇌의 모든 영역에서 완전한 성숙기에 도달하기 때문에 학습에서의 차이가 없어진다.

이것은 어린아이들을 이러한 성별의 차이에 맞추어 다르게 교육하는 게 필요하다는 것을 시사한다. 예를 들면, 많은 교사가 남자아이의 그림을 보고 온통 검정, 회색, 파란색뿐이라고 다양한 색을 사용할 것을 종용한다. 그건 남자아이로서 당연한 것인데도 말이다. 남자아이는 남자아이대로 여자아이는 여자아이대로 차이를 받아들이고 그에 대한 교육이 이루어진다면 모두가 행복하게 교육을 받을 수 있을 것이다.

출처: 레너드 삭스(2007). 남자아이 여자아이. 아침이슬.
EBS 다큐프라임 아이의 사생활 제1부 남과 여(2008. 02. 25.).

03

생활지도에서 생활교육으로

1 현장에 대한 심층적 이해

교실에서 흔히 있을 수 있는 몇 가지 사례를 제시한다. 다음 이야기를 읽고, 어떻게 상황을 해결하는 것이 좋을지 생각해 보자.

사례 1

순이는 철이를 째려보았다. 철이를 볼 때마다 화가 풀리기는커녕 부아가 더 치민다. 얼마 전 순이는 철이와 싸웠는데, 화가 난 철이가 순이를 벽으로 밀치는 바람에 순이의 다리가 긁혀 상처가 났다. 이 일로 철이는 선생님께 야단을 맞았고, 선생님께서는 이 일을 학급회의 안건으로 올리셨다. 학급회의 결과, 철이는 '운동장 휴지 줍기 10일'을 벌로 받았다.

10일이 훨씬 지났지만 순이는 아직 상처가 완전히 낫지 않아 걸을 때마다 여간 불편한 게 아니다. 그래서 철이를 볼 때마다 화가 나는 것이다. 게다가 휴지줍기를 하는 동안 철이는 '미안하다' 소리를 한 번도 순이에게 하지 않았다. 그런데 철이는 휴지줍기로 벌을 다 받았다면서 순이를 볼 때마다 혀를 날름거린다.

순이는 속이 상했다. '내 다리는 아직 다 안 나았는데, 쟤는 봉사활동 다했다고 저렇게 뻔뻔스러워. 에잇! 저 뻔뻔한 얼굴 좀 안 봤으면 좋겠어.'

사례 2

훈이는 용수가 싫다. 틈만 나면 자기를 괴롭히는 용수가 선생님 앞에서는 전혀 다른 아이로 변해 매우 싹싹하게 군다. 그런 용수를 선생님이 인정하시기 때문이다.

학급 짱인 용수는 자기 기분이 안 좋을 때면 곧잘 훈이에게 시비를 걸어 결국에는 서로 치고받고 싸움을 하고 만다. 그런데 문제는 그다음에 벌어진다. 친구들이 일러서 선생님 앞에 가면, 그때부터 용수의 모습은 백팔십도 다르게 변한다. 아주 천연덕스럽게 서글서글하고 시원시원한 아이로 바뀌는 것이다.

"선생님, 제가 훈이랑 싸웠습니다. 죄송합니다. 제가 잘못했습니다. 다음부터 조심하겠습니다."

선생님은 그런 용수를 아주 예뻐하시는 것 같다. 우리 반 골통인 정규는 싸우고 나면 항상 남 탓이라 우기는데, 용수는 자기가 했다고 바로 시인하고, 잘못했다는 소리를 아주 공손하게 하기 때문이다.

훈이는 용수가 한 번 선생님께 제대로 혼이 나면 속이 시원해질 것 같다. 번번이 교묘하게 자신을 괴롭히는데, 항상 선생님의 '다음부턴 좀 조심해야지.' 하는 말로 끝나는 상황이 묘하게 억울하다. 시비를 먼저 건 것도 용수고, 나를 때린 것도 용수인데, 선생님 앞에 서면 왠지 나만 아주 말썽꾸러기로 보이는 것 같다. 분명 나도, 용수도 함께 꾸중을 듣긴 하는데, 그냥 뭔가 억울하고 공평치 않게 느껴진다.

사례 3

나는 정규 엄마다. 우리 정규는 학교에서 자주 싸운다. 그럴 때면 맞은 아이의 부모가 선생님께 민원을 제기하고, 그때마다 교실에 가 선생님 앞에서 다른 부모에게 머리를 조아리며 미안하다고 사죄하였다. 그런데 집에 돌아와 정규의 이야기를 가만히 들어보면, 정규만 그 정도로 잘못한 것은 아니다.

생각해 보면 항상 정규는 필요 이상의 욕을 듣는다. 1학년 때 한 번 어떤 아이와 싸워 그 아이가 코피를 흘린 것이 계속 '싸움하는 아이' 로 꼬리표가 달린 것 같다. 덩치도 크고 행동도 큰 편이기에 친구들 사이에서 분쟁이 생기면, 항상 우리 정규 때문이라고 애들도, 엄마들도 이야기한다.

정규가 잘했다는 것은 아니지만, 번번이 정도 이상으로 모든 게 정규 탓만으로 돌려지니 솔직히 나도 매번 학교 가는 게 달갑지 않다. 우리 정규가 잘한 것은 아니지만, 정규가 한 일이 항상 부풀려져 처리되는 것이 싫다. 이 상황을 누군가에게 토로하고 싶은데, 답답한 내 마음을 이해해 줄 사람이 있을까?

앞의 세 사례의 공통점은 관련 당사자가 모두 만족스럽지 않다는 것이다.

사례 1의 경우, 순이의 피해가 아직 남아 있음에도 불구하고, 공식적인 절차를, 그것도 학급회의에 부치는 외형상 아주 민주적인 절차를 거쳤기에, 순이가 여전히 피해 중인 것에 대해 어느 누구도 눈여겨보지 않는다. 특히 철이는 순이에게 피해를 준 당사자임에도 자신의 행동에 대해 책임지거나 사과하지 않는다. 자신은 벌을 받았기에 자신의 책임은 끝났다고 생각한다. 학급 친구들도 순이 건에 대해 철이는 받을 벌을 다 받았다고 생각한다.

정작 이상한 것은 순이에게 아직도 피해가 남아 있다는 것이고, 또 순이에게 발생한 피해임에도 불구하고, 이 일의 해결 과정 어디에도 순이의 의견은 존중되지 않는다는 것이다. 순이가 원하는 것은 철이의 진심어린 사과였다. 그러나 선생님도, 학급회의 때도 순이가 무엇을 원하는지 아무도 물어 주지 않았고, 철이는 선생님께 야단을 듣고, 학급회의를 통해 벌을 받았다.

사례 2의 경우, 가해행동을 하는 용수의 관심사는 피해를 당하는 훈이가 아니다. '이리 와' 라는 선생님의 목소리가 들리면, 용수의 머릿속은 온통 혼날 것에 대비해 준비를 하고 있다. 책임을 어떻게 전가하고, 방어 전략을 어떻게 짤 것인지 순간적으로 그쪽으로만 머리가 돌아간다.

용수는 자신이 훈이에게 어떤 피해를 주었고, 그 문제에 대해 어떻게 책임질 것인가를 생각하지 않는다. 오직 벌을 주고 어떤 처벌을 내릴지 그 권한을 쥔 선생님께 초점이 가 있다. 선생님께 들켰기에 집에 연락이 갈 게 뻔하고 문제를 키워 봤자 자신에게 좋은 것은 없다, 선생님이 벌을 주니까 선생님께 잘 보여 가급적 쉬운 벌을 받고, 선생님께 본인의 이미지만 잘 관리하면 된다는 생각뿐이다.

사례 3의 경우, 흔히 잘못한 쪽은 어떤 반응도 할 수 없다고 생각한다. '잘못한 주제에 감히~' 라는 시선으로 바라보는 것이다. 하지만 잘못했다고 해서 모든 처리 과정에 조금의 발언권도 없는 것은 아니다.

벌도 그렇다. 수용할 만한 벌이 있고, 아무리 잘못했더라도 받아들이기 힘든 벌이 있다.

이 모든 상황의 기저에는 우리가 생각하는 '정의의 개념'이 깔려 있다. 우리는 흔히 잘못된 행위의 결과로 발생한 피해만큼, 그 피해에 준하는 동량의 벌을 부여하는 것이 당연하고, 그것이 정의의 실현이라 생각하는 문화 속에 살고 있다. 이른바 '응보적 정의' 개념에 기초한 사회 질서다.

응보적 정의에서는 분쟁 해결의 당사자는 갈등 관련 당사자가 아니다. 제3자가 사회적 정의의 이름으로 등장해 갈등 해결 과정을 주도한다. 피해의 회복에 관심이 있기보다 피해를 준 사람에게 피해에 준하는 처벌을 하는 것에 관심이 있다. 그러다 보니 정작 피해를 당한 사람의 욕구나 피해 상황에 대한 회복은 뒷전으로 밀려나는 아이러니가 발생한다.

학교 역시 응보적 정의 관점에서 크게 벗어나지 않는다. 분쟁이 일어나면, 해결 과정에서 주로 상호작용하는 관계는 교사와 피해를 당한 아이(부모)라기보다는, 교사와 피해를 준 아이(또는 부모) 간이다. 초점도 주로 처벌 수위의 높고 낮음이나 형평성이며, 절차를 제대로 밟아 이행했는지에 있다. 그러다 보니 정작 피해를 받은 아이는 무엇을 바라며, 이 상황에서 피해의 회복을 위해 무엇을 원하고, 피해를 준 아이는 자신의 행동 결과에 대해 어떻게 책임지며, 성장 과정에 있는 이 아이들이 어떻게 다시 관계를 회복할 것인지는 관심이 적다. 이 상황이 증폭되면, 학교폭력 사안 처리에서 가장 문제가 되는 '피해자의 인권은 사라지고, 가해자의 인권만 남아 있는 상황'이 되는 것이다.

2 왜 생활교육인가

오래전부터 학교현장에는 교사의 업무를 교과교육 영역과 생활지도 영역으로 이분화해 왔다. 한쪽은 교육이고, 한쪽은 지도로써 상대적으로 교사 업무의 고유성으로 인식된 것은 교과교육이었으며, 생활지도는 상대적으로 교사 업무의 하위 개념으로 지내 왔다.

생활지도의 상당 부분을 차지하는 분쟁 상황이 발생하면, 교사는 당연히 개입해서 그 상황을 해결해 주어야 하며, 그것이 생활지도에서 교사가 해야 할 고유의 업무라고 생각한다. 실제 초등교사의 하루를 생각하면 생활지도의 대부분을 차지하는 행위는 바로 '재판관과 문제 해결사' 역할이다.

학교는 '서로 다른' 아이들이 와서 함께 배우고 생활하는 장소로서 당연히 갈등이 발생한다. 아이들은 함께 지내며 무수한 관계의 문제를 만든다. 아이들이 겪는 다양한 갈등의 양상은 사소하기도 하지만 때론 심각하기도 하다. 이 갈등은 그동안 생활지도의 이름하에 교사가 개입하여 해결해 주어야 하는 교사의 업무로만 인식되어 왔다.

그러나 관점을 달리 해 보자. 관계문제는 교과교육과는 또 달리 건건마다 다양한 요소와 무수한 변수가 있다. 그래서 어떤 관점과 안목으로 접근하느냐에 따라 아이들을 한 단계 더 성숙시킬 수 있는 좋은 배움의 기회다. 교사가 개입하여 문제를 처리하면, 갈등 요소 자체는 해결될 수 있을지라도, 아이들은 스스로 배우며, 성숙할 수 있는 여러 기회를 잃게 된다.

바로 이 지점에서 우리는 교사의 역할에 대해 생활지도로 끝낼 것인지, 생활교육의 단계로 나아갈 것인지 선택해야 한다.

관계문제는 장기적 안목과 전문성이 필요하기에, 교사 스스로 먼저 생활교육을 한다는 개념을 가지고 접근하면, 아이들의 생활을 바라볼 때 다른 관점과 각도로 접근할 수 있다.

3 회복적 정의에 기초한 생활교육

사람이 살아가는 곳은 관계가 형성되며, 인간관계 속에서 갈등은 어쩌면 필연적인 현상이다. 학교 역시 다양한 성장 배경에서 자란 서로 다른 아이들이 모인 곳으로 갈등이 빈번하게 발생한다.

아이들 사이에 상존하는 갈등의 문제를 관계가 깨진 것으로 보고, 갈등 결과를 처벌로써 해결하기보다 서로의 관계를 회복하기 위해 무엇을 할 것인지 초점을 두는 것이 '회복적 정의' 에 기초한 생활교육이다.

이재영(2013)에 따르면, 회복적 정의의 특성은 다음과 같다.

잘못된 행위는 사람 간의 관계의 훼손을 가져오고 그로 인해 발생한 피해는 필요를 발생한다. 그리고 그 필요는 누군가가 채워야 하는 필요임으로 책임을 수반한다. 그리고 그 책임의 핵심은 피해를 회복하고 잘못된 것을 바르게 만드는 것을 통해 이루어질 수 있다. 이것이 회복적 정의가 가정하는 전제다. 이 전제를 바탕으로 바라보면 회복적 정의는 다음의 세 가지 원칙을 갖게 된다.

첫째는 회복이다. 잘못된 행위로 인해 발생한 피해를 최대한 회복하는 것이다. 이 피해는 피해자가 겪은 물질적, 심리적, 시간적 피해만을 의미하는 것이 아니다. 가해자도 피해의 대상이 될 수 있고, 이 사건을 경험하는 가족공동체와 지역공동체도 피해의 대상이 될 수 있다. 한 사건으로 인해 발생한 피해를 최대한 회복하는 것이 회복적 정의가 강조하는 가장 중요한 원칙이다.

둘째는 책임이다. 책임은 주어지는 것이 아니라 스스로 지게 될 때 그 목적에 가장 부합하게 된다. 가해자로 하여금 처벌이 무서워서가 아니라 자신의 행위가 미치는 영향을 직시함으로써 자발적 인정과 책임을 느낄 수 있는 기회가 주어져야 하는 이유이기도 하다. 회복적 정의는 가해자를 봐 주자는 온정주의와는 차이가 있다. 자발적 책임의 힘은 바로 자신이 한 행동의 결과와 영향을 정확히 이해하는 것에서 출발한다. 따라서 책임을 진다는 것을 처벌을 달게 받겠다는 것보다 더 중요한 자신이 야기한 피해를 정확히 이해하겠다는 것을 의미한다. 사실 제3자로부터 받는 처벌보다 자신으로 인해 발생한 피해를 직접 듣고 인정하는 것만큼 힘든 처벌도 없다.

셋째는 참여다. 회복적 정의에서 말하는 정의를 이루는 주체는 처벌권을 가진 권력이나 힘이 있는 제3자가 아니다. 정의를 필요에 대한 적절한 대응으로 이해한다면, 그 필요를 가장 잘 나타내는 사람도 당사자이고, 가장 잘 대응해 줄 수 있는 사람도 바로 당사자들이다. 당사자들이 직접 문제 해결의 주체로써 참여할 수 있는 기회를 제공받음으로써 스스로 지킬 수 있는 약속을 하고, 그 책임을 무한히 지는 것이다. 또한 어떤 사건으로 직간접적인 영향을 받는 공동체의 참여를 통해 범죄를 개인의 선택과 비행의 문제로 바라보는 것이 아니라 연대적 책임을 갖는 공동의 이슈로 바라보게 만든다. 결국 어떤 사건이 발생해서 공동체가 깨지는 것이 아니라 오히려 공동체가 해결에 함께 참여함으로써 공동체성이 강화되는 것이다.

[출처: 이재영(2013). 학교폭력에 대한 회복적 접근. 좋은 교사 학교폭력대안마련을 위한 연속토론회자료집 3. pp. 5-6.]

4 회복적 대화를 통한 문제 해결의 실례

회복적 정의의 개념을 어떻게 생활교육에 적용할 것인가? '회복적 생활교육은 이렇게 하면 됩니다.' 하는 정형화된 형식은 없기 때문에 상황과 변수에 따른 교사의 창의성이 요구된다.

이제부터는 실제로 아이들의 분쟁 상황에 맞닥뜨릴 때, 교사가 취할 수 있는 입장과 방법을 한 예로 제시하겠다. 가장 큰 전제는 '서로 간에 억울함이 없게 하는 것'이다. 그리고 이 상황이 해결되었을 때, '서로의 관계가 회복되어야 하는 것'이다. 또 하나는 교사의 역할이다. 교사는 상황 해결의 주도자가 아니라 조력자로 나서는 것이다. 교사가 할 일은 '갈등 당사자들이 해결할 수 있도록 구조화하는 것'이다.

구조화의 절차는 다음과 같다(이것은 하나의 보기에 불과하다). 중요한 것은 매 단계마다 당사자들의 동의를 얻는 것이다.

① 이 시간에 지킬 규칙 정하기

(예: 다른 사람이 말하는 것이 끝날 때까지 끼어들지 않고 경청한다.
이야기할 때는 선생님의 허락을 얻는다.
이야기가 끝날 때까지는 자리를 벗어나지 않는다.
여기서 나온 말은 바깥에 소문내지 않는다 등)

② 있었던 일 말하기

(피해를 받은 아이가 피해를 준 아이에게 자신에게 있었던 일을 말하기
피해를 준 아이는 그 말을 그대로 받아 자신이 어떻게 했는지 말하기
– 서로가 있었던 상황을 주거니 받거니 서로 확인하기)

③ 어떻게 해결할 것인지 서로 의논하기

(해결책을 브레인스토밍 후, 서로의 이견을 좁히고 합의할 수 있는 해결책에 도달하기)

④ 해결 결과를 어떻게 유지할 것인지 추후 상황에 대한 논의

⑤ 마무리하기

(더 하고 싶은 말, 지금 느낌 등을 말하기)

단계에 따른 구체적인 표현은 다음과 같다. 편의상 A는 피해를 받은 아이, B는 피해를 준 아이로 한다. 지면 제약상 조금 더 간략하게 넘어 가는 부분도 있다. 실제 상황은 교사의 창의성에 따라 얼마든지 변용 가능하다.

A	교사	B
	이 자리에 와서 고맙구나. 먼저 이 자리에서 지킬 규칙을 정했으면 좋겠는데, 괜찮겠니?	
네		네
	선생님은 다음 네 가지를 제안해 1. 다른 사람이 말할 때 끼어들지 않기 2. 하고 싶은 말이 있을 땐, 선생님께 발언권을 얻고 말하기 3. 이 자리에서 한 이야기는 나가서 소문내지 않기 4. 중간에 맘에 들지 않는다고 나가지 않기- 끝까지 자리 지키기 동의할 수 있겠니? 그리고 이것 말고 정할 새로운 규칙이 있을까?	

서로 순서대로 말하면 좋겠어요. 나머진 동의해요.

네, 동의해요. 그러면 괜찮을 것 같아요.

서로 순서대로 말하자는 의견이 나왔어. B가 의견을 냈는데, A가 동의할 수 있겠니?

네

그럼, 우리가 합의한 규칙은 이 다섯 가지야.(순서대로 1~5까지 읽어 준다.) 이제 시작해 볼까? 먼저 A부터 이야기하자. 무슨 일이 있었는지 이야기해 줄래?

급식 시간에 B가 내 팔을 쳐 국이 바닥에 쏟아졌어요. B 때문이라고 바닥의 국을 치워 달라고 했더니, B는 막 인상을 쓰며 자기는 날 친 게 아니라고 못 치워 준다고 그래요. 옆에 애들이 B가 날 친 게 맞다고 하니까, 재수 없다면서 나를 확 밀쳤어요. 그 바람에 책상에 긁히면서 벽에 부딪쳐 내 다리가 확 긁혔어요. 보세요. 이 상처! 보건 선생님이 약 발라 주시면서 상처 부위가 너무 커 2주는 지나야 딱지가 떨어지겠다고 했어요.

그렇구나. 상처가 보이네.
(A의 상황을 공감해 주되, 지나치게 A편을 들면 곤란하다.)
B야, 방금 네가 무엇을 들었는지 선생님에게 이야기해 줄래?

급식 시간에 제가 A의 팔을 쳐, A의 국이 바닥에 쏟아졌어요. 저보고 치워 달라고 했는데, 제가 아니라고 못 치워 준다고 했어요. 옆에 아이들이 제가 자꾸 쳤다고 하니까 제가 A를 밀쳤어요. 그래서 A 다리에 상처가 났고, 보건선생님 말로는 상처가 나아서 딱지가 떨어지기까지는 2주가 걸릴 거래요.

A야, B가 네 말을 그대로 말하는 게 맞니?

네, 맞아요.

방금은 A의 상황을 들었으니, 이제 B가 너에게 일어났던 상황을 말해 볼까?

실은 급식 줄에서 C랑 장난을 치고 있었어요. 그래서 솔직히 지금도 제가 A를 쳤는지 잘 모르겠어요. 아까도 그래요. 갑자기 A가 제 팔을 확 잡아채고 바닥을 닦으라고 그러니 당황했어요. 뭐가 뭔지 당황했는데, 옆에 아이들까지 가세했으니 정말 짜증이 났어요. 그래서 순간적으로 A를 밀치게 되었어요.

그랬구나. 이번엔 A가 방금 들은 B의 이야기를 말해 볼까?

B가 C랑 장난을 치고 있어서, 내 팔을 친 것을 솔직히 아직도 잘 모르겠다고 하네요. 제가 B 팔을 잡아채서 바닥을 닦으라고 해서 당황했고, 옆 친구들도 B에게 뭐라 그래서 화가 나서 날 밀쳤대요. 그런데 지금 이 이야기를 하니 아까 생각이 나서 다시 화가 나요. 아까 진짜 아팠거든요.

그랬구나. 네 다리를 보니 정말 아팠겠다. 우리가 있었던 일을 서로 이야기했어. 지금 그 상황을 다시 이야기하니 기분이 어떤지 이번엔 B부터 이야기해 볼까?

아깐 사실 화가 나서 A의 다리가 보이질 않았어요. 전 누가 확 잡아채는 것은 딱 질색이거든요. 그런데 지금 A다리를 보니 좀 미안해요.

전 B가 딱 잡아떼는 게 보기 싫었어요. 이제 보니 C랑 장난을 치고 있었네요. 상황은 이해가 되는데, 그렇다고 내 다리 다친 게 없어지지는 않아요.

그렇지. 일이 발생한 사정이야 어쨌든, 일의 결과는 그대로 있지. 이 문제를 어떻게 해결하면 좋을까?
먼저 서로에게 원하는 걸 이야기해 보자. A부터 상대에게 원하는 걸 이야기하고, B가 이야기한 다음, 각자 의견에 대해 서로 이야기해 보자.

전 B가 제게 진심으로 '미안하다' 고 사과하면 좋겠어요. 그리고 제 치료비를 B가 물어 줬으면 좋겠어요.

저는 A에게 미안해요. 어쨌든 제 잘못이거든요. 그런데 좀 물어보고 행동했으면 좋겠어요. 전 누가 저를 갑자기 확 잡아채는 것은 딱 질색이에요. 제가 잘못했더라도 그냥 팔을 살살 두드리고 이야기하면 좋겠어요.

우리가 방금 서로 상대에게 원하는 것을 이야기했지. 그럼 그걸 들어 줄 수 있는지 한번 이야기해 보자. B야, A가 말한 두 가지를 할 수 있겠니?

사과할게요. 제가 잘못한 거거든요. "미안해. 정말이야. 널 상처 나게 한 것은 내 잘못이야. 많이 아팠지? 정말 미안해" 그런데 A야, 치료비를 물어주는 것은 곤란해. 집에 얘기했다가 엄마에게 맞을지도 몰라. 혹시 내가 아침마다 너랑 같이 보건실에 같이 가면 안 되겠니? 보건실에서도 치료해 줄 수 있잖아?

A야, B가 한 사과 받아들일 수 있겠니? 그리고 보건실로 아침마다 너를 데리고 갈 수 있다고 하는데, 받아들일 수 있겠니?

네, B가 제게 한 사과 받아들일 수 있어요. 아침마다 보건실에 같이 가는 것, 좋아요. 제가 원한 것은 제 다리가 잘 낫는 거예요. 생각하니 저도 같은 경우라면 엄마에게 안 알리고 싶을 거예요.

그럼 A가 원한 것은 해결이 되었다고 봐야 하니? 그렇게 이해해도 되니?

네, 제가 원한 것은 이제 해결되었어요.

그럼 B가 원한 것을 이야기해 보자. B는 확 잡아채는 것을 싫어하기 때문에 설사 B가 잘못한 경우라도, 팔을 살살 두드리며 이야기해 달라는 데 그렇게 해 줄 수 있겠니?

막상 또 비슷한 상황이 되면 어떨지 모르겠는데, 지금은 그럴 수 있을 것 같아요. 다음엔 살살 두드리며 B에게 이야기할게요.

A가 막상 또 그런 상황이 되면 어떨지 자신할 수 없지만, 지금으로서는 살살 두드리며 이야기할 수 있을 것 같다는데, B야, 네가 원한 것이 해결된 거니?

네, 지금 저 정도 수준으로 얘기해도 전 만족해요. 괜찮아요.

그럼 오늘 우리가 모인 문제는 해결이 된 것 같은데, 혹시 아직 해결되지 않은 것 있으면 누구든 얘기해 줄래?

저는 선생님이 내일 아침에 아이들에게 제가 일부러 A를 친 게 아니라 C랑 장난치다 몰라서 A를 친 거라고 알려 주면 좋겠어요. 물론 제가 A를 벽에 밀친 것은 잘못한 거지만, 처음부터 그럴 의도는 아니었다는 것을 반 애들이 알면 좋겠어요.

그렇구나. B의 이 의견에 대해 A는 동의할 수 있겠니? 내일 아침 아이들에게 선생님이 상황을 설명해도 될까?

B 이야기만 하면, 저만 예민한 아이가 될 것 같아요. B가 저를 양호실에 데려주기로 했으니까, 그냥 싸운 후에도 이렇게 사이좋게 다닐 수 있다는 얘기도 같이 넣어서 얘기해 주면 좋겠어요. 그러면 전 괜찮아요.

A의 의견도 넣어 아이들 앞에서 말해달라는데, 이 의견에 대해 B는 동의할 수 있겠니?

네, 괜찮아요. 저는 좋아요.

음~ 이제 마무리해도 좋을 것 같은데, 혹시 지금 하고 싶은 이야기가 더 있니? 오늘 느낌이나 소감, 다른 생각 등 말이야. B부터 이야기해 볼까?

저는 솔직히 남으라고 했을 때, 얼마나 야단맞게 될까 겁이 덜컥 났었어요. 그런데 이렇게 얘기로 풀어 가니 좋아요. A에게 진짜 미안한 마음도 들고요. 다음부터는 좀 조심해야겠어요.

저도 비슷해요. B를 야단치면 될 것을 왜 저까지 남아야 하나 생각했어요. 그런데 이 시간을 통해 B가 진심으로 제게 사과하니까 참 좋아요. 다리 상처도 덜 아픈 것 같고요. 저도 다짜고짜 움직이는 제 모습을 반성해요. 안 싸워도 될 일을 괜히 제 급한 행동으로 싸우게 만들었어요.

그래, 시간을 내어 주어 고마워. 이야기한다고 수고했어. 조심해서 집에 가렴. 내일 아침 웃는 얼굴로 만나자.

(※ 아이들 간의 대화를 강조하기 위해, 기타 부모에게 연락하는 문제 등은 대화 과정에서 생략하였다.)

보다시피 교사의 역할은 해결자가 아니라 조정자다. 초점은 아이들이 해결 과정의 주체가 되며, 관련 당사자들의 관계가 회복되는 것이다. 시작은 조정자가 하지만, 해결 과정이 진행될수록 당사자들 간에 상호작용이 늘어나면 좋다. 본인들이 문제 해결의 주체로 나서는 것을 반영하기 때문이다.

5 회복적 대화를 통한 문제 해결에 대한 부언

앞에 제시한 사례는 심각한 것이 아니었기에 대화모임을 통해 결정된 것을 계속 지키게 하는 추후 과정에 대한 논의는 생략되었다. 그러나 학교폭력 등과 같이 심각한 사례는 아이들뿐 아니라 해당 학부모들까지 연관되어 있기에 추후 과정에 대한 논의를 집어넣는 진행 과정이 신뢰를 얻을 수 있다.

사안이 심각할 경우에는 대화모임을 진행한 다음 결정된 내용에 대해 동의서를 받는 절차를 거치는 것이 필요하다. 동의서는 서명을 받은 후 세 부로 사본을 만들어 학교, 피해 입은 학생, 피해를 준 학생 측이 가진다.

다음 활동지는 오랜 기간 아이들 간에 누적된 갈등 관계가 표면화된 뒤, 갈등 관련 당사자들이 모두 모여 대화모임을 가진 뒤 동의서를 받은 예다.

회복적 정의에 입각한 생활교육 방법이 모든 갈등 상황에 들어맞는 유일한 해결책은 아니다. 또 이것이 회복적 생활교육이라고 주창할 만한 정형화된 형식은 없다. 앞에서 제시한 원리를 중심으로 해서 방법적인 문제는 교사의 창의성에 근거해 펼쳐 가면 된다. 회복적 생활교육의 핵심은 아이들 개개인을 소중히 생각하고 존중하며 관계 중심의 회복을 가져오는 교사의 관점 변화다. 즉, 아이들 사이에 분쟁이 일어났을 때 제3자인 교사가 해결자가 아니라 아이들 자신을 회복의 주체로써 인정하는 것이다. 문제를 일으킨 당사자들이 교사의 중재 대화를 통해 관계를 회복하고 잠재력을 발휘하여 한 단계 더 자라도록 도와주는 것이 생활교육의 핵심이다.

[활동지 3-1]

일시: 20○○년 ○월 ○일(○) 장소: ○○학교 ○학년 ○반 교실

A와 B는 다음의 내용에 동의합니다.

1. A는 B의 이름을 부르거나 아는 체를 할 때 야한 말로 부르지 않는다.
2. A는 장난으로라도 B를 때리지 않는다(무시당하는 느낌이 많이 든다).
3. A는 B에게 일체의 신체접촉, 특히 가슴과 성기를 만지지 않는다.
4. A는 B에게 욕하지 않는다.

20○○년 ○월 ○일

사인 ____A____(당사자의 서명),
____A″____(당사자 학부모의 서명)

____B____(당사자의 서명),
____B″____(당사자 학부모의 서명)

중재(조정)자: ____C____(서명)
(※이 자리에 함께 참여한 다른 사람들이 있으면 함께 이 란에 서명을 받기도 한다)

추수확인 및 지도		날짜	확인
	1회		
	2회		
	3회		

친구들과 투덕투덕

04

파벌을 만드는 아이

이런 녀석 꼭 있다!

파벌을 만들며 스릴을 즐기는 아이

석희네 반에는 강순이가 중심이 되어 몇몇 아이들이 '귀걸이파'라는 이름을 짓고 모두들 귀걸이를 달고 다닌다. 암호도 '귀걸이 바꿨니?'를 줄여서 '귀바!'로 만들고 쉬는 시간에 "야, 귀바!" 하고 소리치면 일시에 화장실로 모인다.

석희는 귀걸이파가 훨씬 힘이 있어 보여서 예전에 속했던 '조폭마누라파'에서 지금의 귀걸이파로 옮겼는데, 처음엔 환영해 주는 것 같았으나 점점 예전에 속했던 '조폭마누라파'의 비밀을 털어놓으라는 압력을 받아 마음이 편치 않다.

쉬는 시간이 되면 혹시 석희를 빼놓고 따로 모임을 가질까 봐 촉각이 곤두선다. "야, 귀바!"라는 소리가 들려서 얼른 화장실로 가려고 하면 "야, 뭘 봐!" 하며 따돌리려 하여 민망해진 것이 한두 번이 아니다.

석희는 후회가 된다. 차라리 그냥 '조폭마누라파'에 있을 걸 괜히 옮겨서 저쪽에서도 배신자란 말을 듣고 이쪽에서도 이용만 당하는 것 같고…….

선배 흉내 내기

B 초등학교는 담 하나를 사이에 두고 중학교와 붙어 있다. 어느 날 중학교의 S라인파와 깻잎머리파가 맞짱을 뜬다는 소문이 들렸다. 그런데 B 초등학교 6학년 중에서도 양쪽 파에 연결된 아이들이 있었다. 그 아이들은 그날 싸움 장소에 나갔다가 마침 순찰 중이던 배움터 지킴이에게 들켰다. 곧 담임교사에게 인계되고 사정을 알아보니 마침 초등학교 6학년 아이들 중에도 중학생 흉내를 내어 저희끼리 파벌을 만들려고 계획하는 참이었다. 다행히 골이 더 깊어지기 전에 계획을 막을 수 있었는데, 담임으로서는 매우 긴장이 되는 상황이었다.

2. 그 녀석과 나

너희! 그렇게 말했어도
편 가르기를 하는 애들이 있는
것을 알고 있다! 당장 해체하지
않으면 혼날 줄 알아!
너희가 파벌을 조성한다고
애들이 다 말했어. 그동안
했던 일을 다 적어 와!
비밀로 할 테니까
너희가 알고 있는
파벌 짓는 애들 이름을
다 적어 내! 걔네들이 한 일도
모두 적어!
옳지 못한 일로
학급 분위기를 해치는 행동을
한 것에 대해 너희 부모님을
만나 봐야겠다.
부모님 모시고 와!

3. 그 녀석의 이유

파벌 형성의 욕구는 모든 인간의 본성임

예나 지금이나 인간이 모인 곳에는 언제나 내 편으로 끌어들이려는 의도적 행위가 존재한다. 이런 현상은 어린아이에게 "아빠가 더 좋아? 엄마가 더 좋아?" 하고 물어보는 심리를 통해서도 엿볼 수 있다. 이런 의도적 행위는 끊임없이 힘의 이동을 확인하는 것이며, 갈등의 씨앗이 된다. 파벌을 형성하는 것은 아이들이 나빠서가 아니라 인간의 본성에 있는 심리적 욕구의 한 표현이다.

소속감으로 누리는 안정감

공동 생활에서 소속감은 대단히 중요하다. 자기가 중심이 되어 형성한 파벌에 마음에 드는 친구를 끌어들이는 과정을 통해 대단한 영향력을 갖고 있는 듯한 착각을 하면서 만족감을 확대해 나간다. 또한 학급에서 중심이 되는 파벌에 속해 있으면 안정감을 누리면서 그 상황을 유지하려고 한다. 만일 어떤 사정이 생겨 그 파벌에서 제외될 것 같은 분위기를 감지하면 불안하여 신체화 증상까지도 보인다.

'난 짱이 되고 싶어!'

아이들은 서로 누가 더 힘이 센지 궁금해한다. 표면적으로 드러내지 않아서 쉽게 눈치챌 수는 없지만 고학년의 경우 학급 내 아이들 사이에서 힘의 불균형으로 갈등을 겪는 내용이 가끔 일기장에 드러나기도 한다. 이것은 특히 물리적인 힘을 통해 자기존재감을 확인하고자 하는 아이들에게서 강하게 나타난다. 자기를 중심으로 형성된 모임에서 짱이 된다는 것, 거기에서 희열을 느끼고 싶어 하는 것이 아이들의 심리다.

의견의 불일치로 반대편을 조성함

학급에서 파벌을 형성하게 된 계기는 아주 사소한 데서 찾을 수 있다. 예를 들면, 토론 시간에 반대 의견을 주장해서 감정적으로 서로 안 좋은 상황이 되었을 때다. 수업이 끝났어도 그때의 감정이 그대로 남아 편 가르기를 한다. 반대 의견을 주장했을 뿐인데 마치 자기를 비난하거나 반대한 것으로 오해하여 파벌을 형성하는 것이다.

어른의 행위를 모델링 함

어려서부터 가족과 친족 내에서 파벌을 형성하는 것을 무의식중에 내면화한 경우를 들 수 있다. 부모 세대의 형제자매들이 명절에 모임을 가지면 친밀도에 따라 여러 양상이 나타난다. 즐거운 분위기 속에서도 어떤 가족에게는 더 큰 친밀감을, 어떤 가족에게는 불만을 표하거나 은근히 따돌리는 것을 보고 내면화하였다가 친구들 사이에서 흉내 내는 것이다.

공공의 적 만들기

파벌 형성의 시초는 공공의 적 만들기에서 시작된다. 학급에서 밉상인 아이를 따돌리고 싶을 때, 주동자는 그 아이의 특정한 행위, 외모나 말을 공공연히 비난한다. 그에 동조하는 아이들을 끌어들이고 그 아이들이 모여서 몇 마디 붙이기 시작하면 얼마 지나지 않아 그 아이는 나쁜 아이가 되어 버린다. 파벌을 만든 아이들은 그 아이를 공공의 적으로 만들어 자신들의 행위를 미화한다.

쌤! 이렇게도 해 봐요

안경 바꿔 쓰기

파벌 형성의 동기부터 생각하기

파벌을 형성하는 행위를 무조건 나쁘게 보는 시각으로 접근하면 근본적인 문제 해결이 어려워진다. 학급 내에서 파벌을 조성할 만한 학생을 관찰해 보면 그 학생에게서 그럴 만한 이유를 발견할 수 있다. 그것은 성적이나 집안 배경, 체격과도 상관이 있을 수 있지만, 무엇보다 그 학생의 내면의 문제와 관계가 있다. 그러므로 학생이 왜 그런 행동을 하게 되었을까를 생각하여 행동의 동기와 원인을 먼저 찾도록 한다.

힘의 욕구를 강점으로 인정한 후 지도하기

자신에게 힘이 있다는 것을 스스로 느끼는 것은 삶의 이유가 되기도 한다. 학급의 학생들을 머릿속에 떠올려 보자. 어떤 아이들은 사회적 규칙과 질서에 잘 순응하여 특별한 돌출행동 없이 잘 지내지만 몇몇 아이들은 자신에게 힘이 있음을 끊임없이 확인하면서 하루를 보낸다. 이럴 때 문제를 일으킨 아이들의 행동에만 초점을 맞추면 그 아이는 말썽꾸러기로 낙인찍힐 수 있다. 그러나 시각을 조금 바꾸어 말썽을 일으킨 동기와 과정을 생각하면 오히려 적극적으로 표현하는 아이들이 순응하는 아이보다 훨씬 변화의 가능성이 엿보임을 발견하게 될 것이다. 또한 그것을 강점으로 삼아 다른 긍정적 활동으로 유도할 수도 있다.

함께 세우기

학기 초에 파벌 형성 문제를 예방 차원으로 강하게 다루기

앞의 '안경 바꿔 쓰기'에서 파벌을 형성하는 아이들의 내부에 있는 동기와 원인을 살펴보았다. 이제는 파벌에 대해 '좋다, 나쁘다'의 이분법적인 접근을 떠나 그러한 경향이 있을 것을 미리 알고 학급 규칙에 반영하는 것이 바람직하다. 학급 규칙을 세울 적절한 시기인 학년 초나 학기 초에 파벌 형성 예방에 대해 단호하고 확실하게 강조한다.

파벌 형성 예방 교육하기

- 하지 말아야 할 행동
  - 친구를 향해 손가락질을 하지 않기
  - 친구가 지나갈 때 귓속말을 주고받지 않기
  - 친구의 말을 의도적으로 무시하지 않기
  - 비방하는 문자 보내지 않기
  - 악플 달지 않기
  - 다른 사람의 아이디를 도용하여 문자 보내지 않기
  - 확실한 근거가 없는 말은 전하지 않기
  - 편 가르기를 하려는 행동이나 말을 하는 아이를 교사에게 알려 주기

규칙 정하기

- 서로 파벌을 형성하여 문제를 일으켰을 때 벌칙의 예
  - 반대편 아이들과 먼저 악수하기
  - 반대편 아이들을 일주일간 업어 주기
  - 반대편 아이들의 가방을 일주일간 들어 주기
  - 반대편 아이들에게 높임말 쓰기

  * 이 벌칙은 실제로 행하는 데 목적이 있기보다는 자존심을 건드리는 엄격한 규칙으로 파벌 형성의 조짐을 단절하는 데 의미가 있다.

그 녀석과 둘이서

왜 파벌을 만드니? 네 생각을 말해 봐

6학년 아이들에게 파벌 형성에 대한 질문을 한 적이 있다. 남자아이들은 주로 패를 지어 몰려다니면서 자기네 마음에 안 드는 친구가 있으면 서로 괴롭히다가 싸움을 하여 편을 형성하게 되고, 여자아이들은 시비를 걸거나 안 좋은 소문을 퍼뜨려서 따돌려 놓다가 편을 가르는 경향이 있다고 말하였다. 싸움을 하든 소문을 퍼뜨려서 따돌림을 하든, 그 근저에 자리 잡은 갈등을 애초에 어떻게 처리하는가가 중요하다. 파벌을 은근히 조장하려는 아이에게 다음과 같은 코칭 질문을 활용하여 아이에게서 교사가 기대하는 생각을 이끌어 내 보자.

교사: 넌 친구들과 적극적으로 어울리고 있구나! (인정하기)
교사: 혹시 우리 반에서 소외되는 아이들이 누가 있는지 알고 있니?
학생: 아니요.

교사: 너도 모르는 모양이구나. 그럼, 누가 알고 있을까? 이틀 정도 시간을 줄게. 혹시 누가 소외되고 있는지 알아보고 알려 주겠니? (변명을 하더라도 일단 믿어 주고 다음 기회를 기다린다.)

학생: 예

(이틀 후)

학생: ○○, ××가 아이들이랑 몰려다니면서 △△나 □□ 같은 애들을 괴롭혀 그 아이들이 힘들어하는 것 같아요.

(교사는 아이의 말을 들어 가면서 다음과 같이 말해 준다.)

교사: 잘 파악하고 있구나. 그 문제를 어떻게 했으면 좋을지 네 생각을 듣고 싶구나.

교사: 그대로 두면 우리 학급에 어떤 영향이 미칠지 생각해 보자.

교사: 학급 분위기 화합을 위해 너는 어떤 행동을 할 수 있을까?

⋮

교사: 대단한 결단이구나. 쉽지 않았을 텐데……. 그렇게 생각해 주니 참 고맙다. 네가 든든하고 믿음직스럽다. (인정하기)

교사: 그렇게 실행하려고 할 때 방해가 되는 것은 없을까? 그것은 어떻게 해결할 수 있지?

교사: 좋아. 어쩜 그렇게 훌륭한 생각을 할 수 있었지? 선생님과 함께 주고받은 이야기를 다시 한 번 정리해 볼래?

아이들이 모인 어느 곳에서나 파벌 형성과 관련된 갈등으로 문제가 있기 마련이다. 미국의 학교들도 우리와 마찬가지로 학생들의 파벌 문제로 고심을 하던 중에 또래중재 프로그램을 실시하여 갈등과 파벌 형성의 문제를 감소시킨 사례가 있었다. 또래중재 프로그램은 또래가 직접 중재에 참여하도록 하는 것이 핵심 내용이다.

다음 이야기를 읽어 보자.

또래중재 프로그램으로 갈등 해결 및 파벌 해체에서 성공한 학교

미국의 롱아일랜드에 있는 브라이언 고등학교는 학교폭력 사건도 많았고, 갈등과 파벌 형성으로 골치가 아팠던 학교였다. 학교는 이 문제를 해결하기 위해 여러 가지 방법을 모색하다가 사회적 중재 시스템을 학교에 적용해 보기로 하고 1983년에 처음으로 중재교육을 실시하였다. 먼저 학교, 학생, 학부모를 대상으로 20시간의 중재훈련을 실시하였고, 이어서 또래중재를 시작하였다. 프로그램을 실시한 결과 폭력 사건이 눈에 띄게 줄어들었고, 학생들의 태도가 변화되면서 인간관계도 향상되었다. 또래중재의 성공률은 86%로 전문 중재의 75%보다 높게 나타났고, 서서히 갈등과 파벌 형성의 문제가 감소되어 프로그램의 효과성이 입증되었다.

출처: 한국 아나뱁티스트센터(KAC)

가정과 어깨 맞추기

가정 안에서 듬뿍 사랑받는 느낌을 주기

파벌을 형성하는 아이는 가정에서 사랑받고 싶은 욕구가 충분히 만족이 안 된 경우가 많다. 사람은 누구나 상대방에게 인정받기를 원하는데, 특히 아동은 주 양육자에게 인정과 사랑을 받고 있음을 확인하고 싶어 한다.

이러한 아이들의 심리를 이해하여 순간순간 자녀의 존재를 인정하는 말과 행동으로 양육 환경을 따스한 분위기로 조성해 주는 것이 부모의 역할이다. 이러한 분위기 속에서 자란 아이들은 성격도 원만하고 다른 사람을 배려하는 태도가 형성되어 사회 생활을 원만하게 잘할 수 있다. 그러나 어린 시절부터 이런 욕구가 채워지지 않았던 아이들은 학교라는 조직체 속에서 친구를 통해 자신의 존재감을 확인하려는 행동을 하게 된다. 이것의 외부 표현이 파벌을 형성하고 자신이 우두머리가 되어 힘을 행사하면서 존재감을 확인하고자 하는 것이며, 이는 주위 친구들에게서 인정을 받고 있음을 확인하고자 하는 것이다.

따라서 파벌을 형성하려는 아동이나 이미 형성하여 힘을 행사하는 아동은 그 부모를 면담하여 이러한 심리를 이해시키고 가정의 양육과 교육 분위기를 바꾸도록 해야 한다.

와글와글 함께

반대파와 화해하기

파벌의 리더와 대화하여 성공하기는 여간 쉽지 않다. 고학년의 경우 파벌을 이끄는 리더는 자기를 따르는 또래에 대한 의리를 매우 중시하기 때문이다. 이때 교사는 파벌 형성에 관여한 모든 아이를 모아 놓고 해결책을 찾는 방법을 아이들에게 맡기는 것이 더 낫다. 그러나 이때 반드시 주의할 일은 그들이 좋은 결정을 내릴 것을 확신한다는 믿음을 보이는 일이다. 즉, 그들을 인정해 주는 것이다. 파벌을 형성하였던 일에 대해 질책하려는 모임이 아니라 그 행위에 대해 스스로 평가하도록 하여 바람직한 결과를 얻도록 환경을 조성해 주어야 한다.

반대편과 함께 모이면 분위기가 경직되어 서로 긴장하기 때문에 처음엔 간단한 게임을 하여 분위기를 부드럽게 하는 것이 좋다. 일단 분위기 조성을 한 후엔 리더(중재자)를 앞세워 사회를 보도록 하고 교사는 자리를 뜬다.

또래 중재 과정과 중재자의 역할(중재 활동의 구체적 내용)

1단계: 소개 및 일반 규칙 만들기

- 상대방의 말 막지 않기
- 서로 존중하는 마음으로 함께 있기

2단계: 서로의 입장 교환하기

- 순서에 따라 자신의 입장을 이야기하기
- 상대방이 말하는 동안 방해하거나 평가하지 말기
- 상대방의 말을 끝까지 경청하기

3단계: 해결책 찾기

- 가능한 해결책을 모두 나열하고 대화와 토의를 통해 상승의 결과를 유도하기
- 중재자는 결정권을 갖지 않기

4단계: 합의하기

- 쌍방이 만족할 수 있는 공정하고 실행 가능한 합의여야 함
- 구체적이고 체계적일수록 좋음

또래 중재자의 선발 기준

- 중재자가 다른 학생들에게 존중받는가?
- 공평하고 정직하다고 인정을 받는가?
- 자신의 생활 속에서 갈등 해결 기술을 사용하는가?
- 다른 사람의 비밀을 잘 지켜 줄 수 있는가?
- 편견을 갖지 않는가?
- 또래 중재를 위해 기꺼이 시간을 할애할 준비가 되어 있는가?
- 평화적 분위기 조성에 헌신적인가?
- 성별, 성적, 외모, 다문화 등의 조건으로 사람을 차별하지 않는가?

이와 같은 기준에 의해 고학년뿐만 아니라 중학년까지도 훈련 범위 안에 포함시켜서 학생 자신과 학교 분위기가 변화되도록 할 수 있다.

[활동지 4-1]

중재동의서

________ 는 다음의 내용에 동의합니다. (당사자의 이름) ________ ________ ________ ________ 사인 ________ (당사자의 서명)	________ 는 다음의 내용에 동의합니다. (당사자의 이름) ________ ________ ________ ________ 사인 ________ (당사자의 서명)

중재자

____

____

____

____

추수지도

날짜: ________ 결과: ________

[활동지 4-2]

중재관찰자 체크리스트

날짜		당사자 이름		중재자	

1단계 도입

______ 중재자는 자기 자신과 참석자 모두를 소개했는가?

______ 중재자는 중재가 무엇인지 설명했는가?

______ 중재자는 기본 규칙에 관한 구두 동의를 얻었는가?

______ 중재자는 비밀성에 대해서 언급했는가?

______ 중재자는 진행하기 전 질문이 있는지 물어보았는가?

2단계 진술하기

______ 중재자는 이 단계를 설명했는가?

______ 중재자는 각 사람이 말한 후에 그 이야기의 내용을 바꿔 말했는가?

______ 중재자는 감정단어를 사용하여 느낌을 반영하였는가?

______ 중재자는 두 번째 갈등 당사자에게 "기다려 줘서 고맙다"는 말을 했는가?

______ 중재자는 기본 규칙을 강화했는가?

______ 중재자는 공평하게 중립을 지켰는가?

3단계 문제 이해하기

______ 중재자는 이 단계를 설명했는가?

______ 중재자는 각자에게 이야기할 수 있도록 갈등 당사자들을 격려했는가?

______ 중재자는 바꿔 말하기와 느낌의 반영을 했는가?

______ 중재자는 적당하고 자유로이 생각대로 대답할 수 있는 질문을 했는가?

______ 중재자는 논쟁점을 요약했는가?

______ 중재자는 각 갈등 당사자의 요구들을 요약했는가?

4단계 대안 모색하기

______ 중재자는 이 단계를 설명했는가?

______ 중재자는 브레인스토밍하는 법을 설명했는가?

______ 중재자는 생각에 대한 비평과 평가를 지연하도록 했는가?

______ 중재자는 각각의 논쟁점이 발표되도록 확실히 했는가?

______ 중재자는 참여자에게 미래에 초점을 맞추도록 했는가?

5단계 해결

______ 중재자는 서로에게 각각의 가능한 해결책을 평가하도록 했는가?

______ 중재자는 동의의 핵심을 요약했는가?

______ 중재자는 갈등 당사자들을 격려했는가?

______ 중재자는 갈등 당사자들에게 양쪽의 요구가 일치하도록 초점을 맞췄는가?

______ 중재자는 합의가 구체적이고 균형 잡힌 것인지 확인했는가?

______ 중재자는 마지막 합의서 작성 전에 동의 내용을 큰 소리로 읽었는가?

6단계 출발

______ 중재자는 추수지도를 설명했는가?

______ 중재자는 양식과 평가서를 기록하게 했는가?

______ 중재자는 참여자들에게 확약하고, 격려하며, 축하하고, 감사표현을 했는가?

이 과정에서 무엇이 잘 되었는가? 또는 무엇이 개선될 수 있겠는가?

출처: 한국아나뱁티스트센터 갈등중재자료.

05
친구와 싸우는 아이

이런 녀석 꼭 있다!

싸움꾼 동건이

복도에 들어서는 순간, 우리 반에서 들려오는 큰 소리에 놀라 급하게 교실로 뛰어 들어 갔다. 그리고 싸우고 있는 두 아이를 서로 떼어 놓아야 했다.

"동건아, 또 무슨 일이니?"

"민식이가 먼저 제 팔을 쳤단 말이에요."

"아니에요. 전 그냥 지나가다 부딪친 거예요."

"아니, 네가 내 팔을 쳤잖아!"

오늘도 동건이는 아침부터 친구가 자기를 쳐서 어쩔 수 없었다며 변명을 늘어놓는다.

친구가 건드렸다고 싸우고, 자기 앞에 끼어들었다고 싸우고, 체육할 때 반칙했다고 싸운다. 이렇게 동건이는 친구가 자기에게 한 조그마한 잘못을 참지 못하고 욕하며 싸우려고 달려든다. 하루도 싸우지 않고 넘어가는 날이 없으니, 내가 없을 때 동건이와 싸우다 누구라도 다칠까 봐 조마조마하다.

"선생님, 동건이가 또 ○○와 싸워요."

매일 메아리처럼 들려오는 이 소리에서 벗어날 순 없을까?

2. 그 녀석과 나

그만하지 못해!
넌, 만날 쌈박질이니?
쟤는 왜 저렇게 분노로
가득 차 있는 걸까?
무엇이 저 아이를 그렇게
만들었을까?
내가 없는 사이에
싸움이라도 하면 어쩌지?
저러다 누가 다치기라도 하면
안 될 텐데…….
재 때문에 잠깐 교실을
비우기도 불안하다.
재 때문에 학교 다니기
겁난다고 다른 학부모들이 난리다.
저 행동을 바로잡아야 할 텐데…….
이렇게 계속된다면 무능력한
선생님으로 비칠 텐데…….
무슨 수를 써야겠다.

3. 그 녀석의 이유

부모의 행동이 모델링이 됨

친구를 때리고 싸우는 아이들의 경우, 그들의 부모를 보면 행동의 원인을 찾기 쉬울 때가 있다. 아이가 친구와 싸우거나 잘못을 했을 때, 부모는 벌로 아이를 똑같이 때리는 것이다. 이때의 때리는 행동은 사전에 아이와 약속된 매가 아니라 부모의 화난 감정을 마구잡이로 표출하는 것을 말한다.

이렇게 부모의 공격적인 방식을 보며 자란 아이는 또래와의 관계에서도 공격적인 행동을 먼저 취하게 된다.

너무 엄격한 부모일 경우

부모가 너무 엄격하여 아이를 억압하면 자기보다 약한 사람에게 공격적인 행동을 해서 대신 분풀이를 하는 경우도 있다. 이런 아이는 평소에 얌전하다가 갑자기 화를 내거나 공격적인 행동을 한다.

너무나 엄격한 부모에게 억압되었던 것을 학교에 와서 친구나 교사에게 쏟아 내는 것이다. 이런 일을 부모에게 전하면, 부모는 가정에서의 모습과 너무나 다른 자녀의 모습에 놀라기도 한다.

부모의 과잉보호로 자란 경우

저학년의 경우 어릴 때부터 부모의 과잉보호로 '자신이 최고'라고 생각한다. 이런 식으로 자란 아이는 학교에서 자기 마음대로 되지 않으면 공격적인 행동을 하기도 한다. 또한 아이가 다른 아이들에게 공격적인 행동을 하였을 때 따끔하게 혼내지 않고 다시 아이를 감싸기 때문에 이런 행동이 사라지지 않고 계속 반복된다. 그리고 어떤 때는 무섭게 혼내다가 어떤 경우엔 그냥 넘어가는 부모의 일관적이지 못한 태도도 이런 행동을 더욱 강화시킨다.

공격적인 행동을 할 때 요구를 들어줬을 경우

부모나 교사가 아이의 공격성을 강화시키는 경우도 있다. 즉, 평소에는 관심을 보이지 않다가 아이가 공격적인 행동을 할 때 관심을 보이고 요구를 들어주었다면, 아이는 관심을 얻거나 자신의 요구를 관철하기 위해 공격적인 행동을 할 수 있다.

특히 어렸을 때, 무언가를 잘했거나 얌전히 있을 때는 관심을 보이지 않고 원하는 것을 들어주지 않다가 소리를 지르거나 물건을 발로 차는 등 공격적인 행동을 하였을 때 원하는 것을 들어주는 것을 경험한 아이는 그 행동이 강화되어 계속될 가능성이 많다.

과도한 스트레스 때문에

요즘 아이들은 학원이나 과외 등으로 과도한 스트레스를 받는 경우가 많다. 친구들과 어울려 마음껏 놀지 못하고 충분히 여유를 가지지 못하기 때문에 스트레스를 고스란히 안고 다닌다. 그렇기 때문에 자신을 불쾌하게 하는 조그마한 행동에도 너그럽게 넘어가지 못하고 지나치게 반응하거나 폭력으로 표출한다.

폭력적인 비디오나 게임에 많이 노출된 경우

폭력적인 비디오, 게임, TV 등에 많이 노출된 아이일 경우 공격적인 행동을 할 수 있다. 특히 폭력을 미화하여 다루는 영화나 TV 프로그램, 여과 없이 아이들에게 보급되는 폭력적인 게임이 많아졌는데, 이러한 것들에서 간접적으로 경험하며 보고 배운 폭력적인 행동들을 거리낌 없이 실제로 해 보는 아이들이 있다.

분노를 표현하는 방법을 모르는 경우

아이들 중에는 화가 났을 때 어떻게 표현할 줄 몰라 무조건 때리는 행동이 앞서는 아이가 있다. 이런 아이들의 경우에는 반드시 화가 났을 때 그것을 효과적으로 표출하는 방법을 가르칠 필요가 있다.

쌤! 이렇게도 해 봐요

안경 바꿔 쓰기

혹시 내가 모델링이 되고 있지는 않는가

교실에 유난히 다툼이 많다면 한 번쯤은 교사 자신의 행동을 되돌아볼 필요가 있다. 아이들 간의 싸움이 발생하였을 때 어떻게 해결했는지 생각해 보자. 혹시 소리를 지르거나 또 다른 공격적인 방법으로 대응하지는 않았는지 생각해 보라.

싸움이 없는 평화로운 학급을 만들기 위해선 교사가 먼저 공격적인 언행을 삼가야 한다.

화를 가라앉히는 모습 보이기

툭하면 친구를 때리고 모든 문제를 싸움으로 해결하는 아이가 학급에 있으면 교사는 많은 스트레스를 받게 된다. 이 아이 때문에 다른 아이들이 피해를 입는 것을 생각하면 마음이 편치 않다. 하지만 교사가 마음의 평정을 찾지 못하면 결코 그런 아이들을 도울 수가 없다. 그러므로 교사 스스로 화가 나는 상황을 슬기롭게 넘기기 위한 다음과 같은 몇 가지 방법을 가지고 있어야 한다.

- ○ 잠시 눈을 감는다.
- ○ 마음속으로 숫자를 센다.
- ○ 뒤로 돌아 심호흡을 한다.
- ○ 마음속으로 '나는 선생님이다. 선생님이다.'를 외친다.

교사가 화를 가라앉히는 모습을 본 아이는 자신의 공격적인 행동에 대하여 어떻게 대처해야 하는지를 은연중에 배우게 될 것이다. 그러므로 교사는 아이들이 보는 앞에서 의도적으로 마음을 가라앉히는 동작을 하거나 "선생님은 지금 너무 화가 났지만 화를 가라앉히는 중이란다."라고 말하는 것도 필요하다.

아낌없이 칭찬하기

매일 혼나고 꾸짖음을 받는 반과 칭찬을 많이 받는 반을 비교하면 어떤 반이 싸움이 더 적을까?

두꺼운 외투를 벗긴 따스한 햇볕 이야기처럼 아이들의 싸움을 줄이는 데 교사의 꾸짖음 대신 따스한 칭찬이 더 효과적일 수 있다.

'오늘 다른 반은 친구와의 싸움이 있었는데 우리 반은 친구와 싸우지 않고 사이좋게 지내서 선생님은 우리 반이 너무나 자랑스럽구나.' '선생님은 오늘 영철이가 민재를 도와주는 모습을 보고 감동을 받았단다. 역시 우리 반이야.'와 같은 칭찬을 많이 하면 아이들은 교사의 칭찬을 받아 좋을 뿐만 아니라, 교사를 실망시키지 않기 위해 노력하는 모습을 보일 것이다. 그러므로 교사 스스로가 학급 아이들이 잘한 것이 있다면 놓치지 않고 칭찬하는 습관을 가져야 한다.

함께 세우기

폭력이 없는 '평화의 반' 선포식 하기

학년 초에 우리 반에서는 절대 다른 친구를 때리거나 싸우는 등의 폭력이 있어서는 안 된다는 것을 확실히 밝힌다. 그리고 그것을 다짐하기 위하여 학급 전체 구성원이 폭력이 없는 '평화의 반' 선포식을 갖는다.

구성원 전체가 다짐을 한 후에는 푯말 같은 것을 붙여 '우리 반은 폭력이 없는 평화의 반입니다.'라는 글귀나 '평화의 반'이라는 표찰을 만들어 교실 문 앞에 붙이도록 한다.

더불어 '평화의 반'을 나타내는 표어나 포스터를 그리도록 하여 게시하면 더욱 좋다. 포스터 위에 학급 전체가 서명을 한 후 붙일 수도 있다.

싸움 발생의 메커니즘 알려 주기

아이들에게 싸움이 어떻게 발생하게 되는지를 알려 주고 싸움이 발생하지 않게 하기 위해서 어떻게 대처해야 하는지를 알려 주면 싸움이 많이 줄어드는 것을 볼 수 있다.

싸움 발생의 메커니즘

1단계	상황 발생
2단계	확인
3단계	다시 확인
4단계	상황 설명
5단계	자신의 반응행동 결정

☞ 싸움의 이유는 2~4단계가 생략되고, 1단계와 5단계가 동시에 발생하기 때문이다.

이와 같이 싸움이 생기는 이유는 확인하고 설명하는 단계가 생략된 채 상황 발생과 동시에 자신의 반응행동을 결정하기 때문이다. 그러므로 아이들에게 어떠한 상황이 벌어졌을 때 반드시 확인하고 설명하는 절차를 거칠 수 있도록 상황 발생 대처법을 가르치도록 한다.

상황 발생 대처법

① 단계_ B: **확인한다.**
(너 왜 나 쳤어?)

⬇

② 단계_ A: B의 질문에 대해 **다시 확인한다.**
(내가 너 언제 쳤어?)

⬇

③ 단계_ B: 상황 설명
(너가 방금 지나가면서 나를 쳤잖아.)

⬇

④ 단계_ A: 다음과 같은 표현으로 **사과한다.**
(일이 그렇게 돼서 미안해.)

⬇

⑤ 단계_ B: **자신의 반응행동 결정**
(A의 행동에 대해 내가 어떻게 반응할까?)

(※주의점-①, ② 단계에서는 감정을 누그러뜨리고 어투를 조심하게 가르친다. ④ 단계에서 단순히 '미안해'라는 표현은 A에게 심리적 저항감이 있기 때문에 사용하지 않는다.)

상황 발생 대처법은 한 번 지도했다고 습득되는 것이 아니기에 단계를 외우도록 하고 상황이 발생했을 때마다 앞의 단계에 따라 반복적으로 지도하도록 한다.

학급에서 친구와 싸웠을 경우 적용하는 벌칙 정하기

'평화의 반'을 선포하였더라도 학교 생활을 하다 보면 교실에서 크고 작은 싸움이 생길 수 있다. 그러므로 싸움이 생겼을 경우를 대비하여 싸움을 했을 때 어떤 벌칙을 받을 것인지 정하는 것이 필요하다. 예를 들면, 싸움을 했을 경우 '일주일 동안 학급을 위해 청소 등의 봉사하기' '좋은 글귀가 나오는 글을 쓰고 사인 받아 오기' 등을 정할 수 있다.

싸움이 발생했을 경우

교실에서 싸움이 발생했을 경우 가장 먼저 교사가 취하여야 할 행동은 감정적으로 반응하지 않는 것이다. 대부분의 교사는 싸우는 행동을 했다는 사실에 화가 나서 먼저 고함을 치고 화를 내는 경우가 많다. 하지만 만성적으로 싸움을 하는 아이들에게 교사의 이러한 행동은 아무런 영향을 주지 않는다. 오히려 고함치는 교사의 화만 고조될 뿐이다.

절대 감정적으로 대응하지 않기	
1단계	일단 멈추고 진정하기(타임아웃 활용)
2단계	싸움에 대한 서로의 입장 말하기
3단계	싸움의 결과를 따져 보기
4단계	문제 해결을 위한 대안 제시하기
5단계	최선의 선택을 하고 실천하기

출처: 한국청소년상담원. 바른 행동의 길 다지기, p. 58 재구성.

일단 멈추고 진정시킨다

일단 아이가 마음을 가라앉힐 수 있도록 시간과 공간을 확보해 준다(타임아웃 활용). 마음이 진정될 때까지 천천히 심호흡을 하거나, 교실 밖이나 구석에 있게 한다.

싸움에 대한 서로의 입장을 말하게 한다

감정이 어느 정도 가라앉았다면, 각자 자신의 입장을 충분히 말로 표현한다. 이때 교사는 어느 편도 들어서는 안 되며, 사실을 확인하는 간단한 질문을 제외하곤 아이들 스스로 자신의 입장을 충분히 이야기하도록 하게 해야 한다. 보통 화를 적절한 말로 표현하지 못하는 아이들이 물리적 폭력이나 언어적 폭력을 사용하기 때문에 교사는 아이가 자신의 입장이나 화가 난 이유를 잘 설명하지 못하더라도 다그치지 말고 잘 들어 줘야 한다.

싸움에 대하여 서로의 입장을 이야기할 때는 다음의 내용을 지키도록 한다.

- ○ 양쪽 모두 말할 기회를 갖는다.
- ○ 말할 때 '너' 대신 '나'로 시작한다.
- ○ 상대방이 말하는 도중에 끼어들지 않는다.
- ○ 상대방의 말을 예의 바르게 경청한다.

한 아이가 한 말을 다른 아이에게 반복시켜서 상대방의 입장에서 다시 한 번 생각해 보게 하는 것도 좋다. 또한 감정이 너무 고조되어 있거나 언어 표현력이 떨어지는 아이는 글로 표현하게 한다.

싸움의 결과를 따져 보게 한다

자신이 한 행동(때리는 행동) 때문에 생긴 결과를 따져 보게 한 후, 실제로 어떤 이득이 있었으며 어떤 손해가 있었는지 비교해 봄으로써 싸움이 문제 해결에 전혀 도움이 되지 않고 문제를 더욱 악화시켰음을 인식시킨다. 그리고 그 상황에서 싸우는 행동 외에 다른 행동을 할 수는 없었는지 이야기해 본다.

문제 해결을 위한 대안을 제시하게 한다

자신의 입장을 충분히 밝혔으면 문제를 어떻게 해결해야 할지 대안을 생각해서 각자 해결책을 찾아보게 한다.

교사는 아이들이 정말 어떻게 해결해야 할지 모를 때만 도와주고, 절대 개입하지 않는다. 아이들이 문제 해결에 집중할 수 있도록 다섯 가지 해결책을 생각해 보라고 한 후 잠깐 자리를 비우는 방법도 있다.

최선의 선택을 하고 실천하게 한다

제안된 여러 가지 해결책을 하나씩 검토해 가면서 둘 다 받아들일 수 있는 효과적인 해결책을 선택한다. 교사는 이 단계에서 다음과 같은 질문을 할 수 있다.

"너희가 이 방법을 선택했다면 어떤 일이 생길까?"
"너희가 선택한 방법은 어떤 좋은 결과와 나쁜 결과를 가져올까?"
"너희 모두에게 가장 좋은 선택은 무엇일까?"

일단 결정되면 "우리는 이 결정에 동의하고 따르겠습니다."라고 말하고, 동의의 의미로 악수를 하거나 약속이 정해진 종이에 서명을 하게 한다.

이와 같은 원칙을 가지고 교사가 싸움을 해결하면 교사 스스로도 화를 가라앉힐 수 있고, 아이들도 자신의 입장을 모두 설명했으므로 억울한 마음이나 분노가 더 이상 쌓이지 않게 될 것이다.

싸움을 해결할 충분한 시간이 없을 경우

아이들의 싸움이 발생하였을 경우 지금까지 설명한 방법으로 해결하기에 충분한 시간이 없을 때가 많다. 이럴 때는 싸움일지를 작성하게 하여 싸움의 상황을 명확히 하고 해결책도 함께 생각해 본다([활동지 5-1] 참조).

싸움일지 활용법

- 싸움일지를 쓰게 한 후 친구와 서로 바꿔 읽게 한다. 그러면 친구가 왜 자기에게 그런 행동을 했는지 그 이유를 읽고, 자신이 오해했던 부분이 있기도 했었다는 것을 알게 된다.
- 그다음 교사가 판단해서 둘이 함께 이야기하게 하거나, 각자 따로 불러 이야기한 후 화해를 주선한다.
- 두 아이가 쓴 싸움일지를 각각 복사하여 교사가 확인을 한다.
- 복사한 싸움일지를 서로 교환하여 각각 두 아이의 부모에게 보내고, 부모 확인을 받아오게 한다. 이렇게 하는 이유는 학교에서 생긴 분쟁에 대해 부모로 하여금 자기 아이뿐 아니라 다른 아이의 입장도 이해할 수 있게 하기 위해서다. 또한 쓴 과정을 읽어 봄으로써 자녀를 이해할 수 있고, 집에서 아이를 지도할 때 도움을 줄 수도 있다. 덧붙여 자녀의 분쟁에 대해 교사가 공정한 판정을 했다는 것을 알릴 수도 있다.

싸움으로 모든 문제를 해결하는 아이를 돕는 방법

마음을 가라앉히는 방법을 가르친다

언제 주로 화가 나는지, 화가 날 때 자신이 주로 어떤 행동을 하는지, 그 행동이 어떤 결과를 가져오는지 등 자신이 화나는 상황과 대처 방법을 살펴보는 시간을 갖는다. 그런 후에 화가 날 때 효과적으로 자신을 다스리기 위해 어떻게 마음을 가라앉히고 대처할 것인지에 대해 함께 생각해 본다. 아이가 화를 가라앉히는 방법을 제시하지 못할 경우 교사가 적극적으로 마음을 가라앉히는 방법을 가르칠 필요가 있다([활동지 5-2] 참조).

마음을 가라앉히는 방법

○ **심호흡하기**

교사가 직접 시범을 보여서 숨을 천천히 들이쉬고 내쉬는 방법을 가르친다. 촛불이 앞에 있다고 생각하고 촛불이 꺼지지 않도록 숨을 내쉬도록 한다.

○ **눈앞에 그리기**

마음속에 매우 편안한 장면을 그려 보도록 한다. 예를 들어, 햇볕이 비추는 한가로운 목장에 소들이 풀을 뜯고 있는 모습 등을 상상하면서 심호흡을 한다.

○ **마음속으로 숫자 세기**

마음속으로 숫자를 천천히 세도록 한다. 10까지 세어도 마음이 가라앉지 않으면 천천히 계속 반복한다.

도움이 되는 혼잣말을 가르친다

마음을 가라앉힐 때 도움이 되는 혼잣말을 스스로 할 수 있도록 가르친다. 자신만의 말을 만들 수도 있다.

○ 괜찮아.
○ 편하게 생각하자.
○ 침착해지자.
○ 심호흡을 하자.
○ 이런 일로 나는 열 받지 않을 거야. 내가 누군데.
○ 난 할 수 있어.

화가 나는 상황에서 소리를 지르거나 친구를 때리는 상황을 보여 준 후 똑같은 상황에서 스스로에게 말하는 방법을 사용하여 어떻게 대처하는지 시범을 보여 준다. 교사가 시범을 보인 후에는 아이가 직접 해 보도록 한다.

그러나 화가 너무 나서 분노가 가라앉지 않고 때리고 싶은 충동이 계속 들면 자리를 떠나도록 하며, 해소되지 않은 분노는 베개나 샌드백 등을 치는 행동으로 대신한다.

계속해서 연습하고 확인한다

「멋지게 '화' 이기기」([활동지 5-3]) 활동지를 나누어 준 후 화가 났을 때 어떻게 했는지에 대하여 적어 보고 함께 이야기 나누는 시간을 갖는다. 활동지를 작성하면서 자신의 화나는 상황을 되돌아볼 수 있고, 이를 반복하다 보면 화에 대처하는 과정을 조직화하는 데 도움이 된다.

아이가 화가 나는 상황을 잘 대처하였다면 놓치지 말고 그에 대한 칭찬이나 적절한 보상을 주는 것도 잊지 말아야 한다([활동지 5-3] 참조).

리더 역할 시키기

싸움을 자주 하는 학생에게 학급의 아이들을 이끌어 가고 모범을 보여야 하는 '질서 반장' 등의 역할을 시키면 자신이 모범을 보일 필요성과 함께 자신의 역할에 대한 자긍심으로 문제 행동이 줄어들기도 한다.

또한 심부름을 자주 시키거나 이야기를 자주 나눔으로써 자신이 교사에게 인정받고 있다는 느낌을 가질 수 있게 한다.

가정과 어깨 맞추기

싸움을 자주 하는 아이를 지도할 때 교사 혼자만의 힘으로 해결하기 힘든 경우가 있다. 이러한 경우는 주로 원인이 가정에 있을 때가 많으므로 부모와 협력하여 해결해 나가야 할 것이다. 부모와의 상담 시 다음의 내용을 참고하여 이야기할 수 있다.

싸움을 자주 하는 아이들을 보면 부모의 관심과 사랑을 갈망하는 아이들이 많다. 그러므로 자녀가 싸움을 자주 한다면 너무 엄격하게 대하지는 않았는지, 형제간에 편애를 하지는 않았는지 등을 되돌아보고 더 많은 관심과 사랑을 아이가 느낄 수 있도록 노력해야 한다.

또한 자녀가 과도한 스트레스를 받아 그 스트레스를 폭력성으로 표출하는 것은 아닌지도 살펴볼 필요가 있다. 만약 그렇다면 스트레스 상황을 줄여 주고, 스트레스를 적절히 해결할 수 있는 방법을 마련해 주어야 한다.

마지막으로 무엇보다도 중요한 것은 부모의 역할이다. 부모가 평상시에 아이 앞에서 과도한 화를 내거나 폭력적인 행동을 보이지 않도록 노력해야 한다.

와글와글 함께

싸움이 없는 평화로운 학급을 위해 서로 칭찬하고 도와주는 등의 활동을 항상 실시한다.

칭찬 세례

이 활동은 한 명의 칭찬 주인공이 있고 나머지 친구들이 돌아가면서 이 아이에게 칭찬의 말을 해 주는 것이다. 창의적 체험활동 시간 등을 이용하여 한꺼번에 할 수도 있고, 아침 시간을 이용하여 하루에 한 명씩 칭찬 주인공을 정하고 칭찬을 하는 것도 좋은 방법이다.

칭찬을 하면서 칭찬 주인공에게 악수를 하거나 머리를 쓰다듬는 행동을 하면 칭찬의 내용이 더 진지해지고 칭찬 주인공에게 좀 더 의미 있는 활동이 된다.

속삭임 공책

속삭임 공책은 친구 간에 서로 이야기를 주고받는 공책이다. 각자 자신의 이름이 적힌 공책을 일정한 공간에 놓아두면 아이들이 그 친구에게 하고 싶은 말을 남긴다. 그 친구의 칭찬도 적을 수 있고, 싸우고 난 후 사과의 글도 남길 수 있으며, 때론 친구에게 부탁하는 말을 쓰기도 한다. 이 활동이 보다 활발히 이루어지려면 교사의 속삭임 공책도 만들어 아이들이 자유롭게 적게 하고, 교사도 아이들의 속삭임 공책에 하고 싶은 말들을 가끔씩 적어 준다. 그리고 아침 자습으로 '속삭임 공책' 적는 날을 정해 서로의 속삭임 공책에 글을 남기는 시간을 별도로 마련하여 운영하기도 한다. 이때 자신의 모둠 친구들이나 정해진 친구의 속삭임 공책은 의무적으로 쓰게 한 후, 원하는 친구의 속삭임 공책을 쓰게 한다.

A: 속삭임 공책

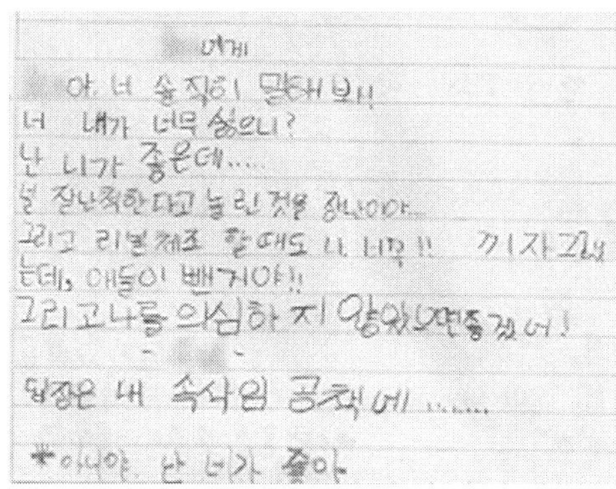

B: 속삭임 공책 내용

[활동지 5-1]

싸움일지

학년 반 이름:

년 월 일 요일

1. 누구와 무슨 일이 있었는지 쓰세요.

2. 내가 했던 행동은 무엇인가요? 내가 한 행동을 순서대로 쓰세요.

3. 지금 생각해도 꼭 그렇게 했어야 했나요?(아니라면 아닌 이유를, 만약 그렇다고 생각한다면 그 이유를 자세히 함께 기록하세요.)

4. 내가 정말 친구에게 원했던 것은 무엇이었나요?

5. 다음에 이런 경우가 생긴다면 나는 어떻게 행동할 것인지 쓰세요.

6. 지금 현재 그 친구에게 하고 싶은 이야기가 있다면 다음 빈칸에 쓰세요.

선생님 확인: ____________ 부모님 확인: ____________

[활동지 5-2]

화낼 때의 나

● 나는 언제 주로 화가 나나요? 최근 화가 났던 상황을 떠올려 보고 언제 화를 냈는지 써 보세요.

나는 이럴 때 화가 나요	화를 느끼는 정도
________________때 화가 난다.	0 1 2 3 4 5
________________때 화가 난다.	0 1 2 3 4 5
________________때 화가 난다.	0 1 2 3 4 5

● 화가 났을 때 나의 모습을 떠올려 보고 그때의 모습을 표현해 보세요.
나의 표정, 머릿속, 마음속, 팔, 다리 등은 화가 났을 때 어떤 모습인가요?

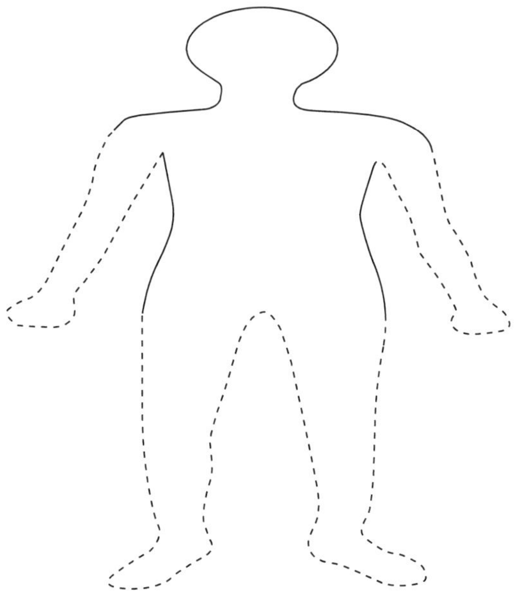

- 화가 나는 상황에서 내가 주로 하는 행동은 무엇인가요?

- 그 행동에 대한 결과는 무엇인가요?

- 결과에 따른 나의 생각이나 느낌은 어떤가요?

[활동지 5-3]

멋지게 '화' 이기기

학년 반 이름:

1. 오늘 나를 화나게 하는 상황이나 문제는 무엇이었나요?

2. 화가 났을 때의 나의 신체적 변화나 생각에는 어떤 것이 있나요?

3. 화를 가라앉히기 위해 무엇을 했나요?
나의 몸을 이완시키기 위하여 한 것 :

내가 한 혼잣말 :

4. 화난 상황을 효과적으로 해결하기 위한 행동에는 어떤 것이 있을지 적어 보세요.

5. 내가 행동으로 옮길 수 있는 가장 효과적인 방법에는 어떤 것이 있을까요?
(실행에 옮기기 전 어떤 걸림돌이 있을지도 잘 생각해 보세요.)

6. 자, 그럼 계획한 것을 실천해 보세요.

멋지게 '화'를 이기는 과정

화가 났다. → 나의 긴장을 풀자. → 화를 가라앉히는 말을 하자. → 가장 효과적인 방법으로 문제를 해결하자.

06

욕을 많이 하는 아이

이런 녀석 꼭 있다!

욕을 밥 먹듯이 하는 희정이

학년 초가 되면 대부분의 아이는 새로운 선생님과 친구들에게 적응하느라 매우 긴장된 시간을 보낸다. 하지만 우리 반 희정이는 예외였다.

새 학년이 되어 자리를 배정하고 이제 본격적으로 이야기하려는 순간, 어디에서 "씨발" 하는 소리가 들리더니 연이어 "그만하랬잖아, 이 바보야." 하는 소리가 들렸다. 순간 모두 나의 눈치를 살폈고, 분위기는 순식간에 싸늘해졌다.

놀라서 쳐다보았더니 희정이란 아이였다. 하지만 욕을 한 당사자인 희정이는 아무렇지도 않은 듯 종합장에 열심히 그림을 그리고 있었다. 조금 전 씩씩거리거나 짜증을 냈던 모습은 온데간데없이 아무 일 없었다는 듯 자기 할 일만 하고 있었다.

반 아이들의 눈빛은 온통 내가 어떻게 행동할지 쳐다보고 있었다.

"희정아, 앞으로 나와. 지금 너 민수에게 뭐라고 한 거니? 욕한 거지?"

"아니에요. 그냥 민수가 저를 괴롭혀서 하지 말라고 했을 뿐이에요."

"선생님이 듣기엔 그냥 말한 게 아니라 욕을 한 것 같은데."

"아니에요. 그냥 그만하라고만 했어요."

이렇게 시작된 희정이와의 만남은 작은 사건에 불과했다. 희정이는 반 아이들에게 걸핏하면 화를 내며 욕을 하는 아이였다. 특히 체육 시간에는 유달리 심했다. 자신이 속한 팀이 다른 아이 때문에 경기에 지거나, 자신에게 패스를 잘 못한 친구가 있을 경우 그 아이는 희정이의 욕을 진탕 들어야 했다.

욕 또한 여러 형태로 다양했다. 사정이 이러하다 보니 아이들은 희정이를 은근히 겁냈다.

욕하는 것이 너무 일상이 되어 자신이 한 말이 욕인지도 모르는 욕쟁이 희정이를 과연 어떻게 해야 할지…….

2. 그 녀석과 나

욕은 그 사람의 얼굴이란다. 만약 선생님이 너처럼 '이××야', '씨×'이라고 욕을 한다면 넌 선생님을 존경할 수 있겠니?
그냥 두면 다른 아이들이 따라 하겠지. 그러니 본보기로라도 따끔하게 혼을 내 줘야지.
저렇게 욕하는 것을 집에서도 아실까? 욕의 내용을 적어 보내 부모님 확인을 받아 오도록 해야겠다.
감히 선생님 앞에서 욕을 하다니.
도대체 집에서 뭘 배워서 욕을 저렇게 한담. 가정에 문제가 있는 건가?

3. 그 녀석의 이유

모방에서 비롯된 욕

욕하는 아이들을 살펴보면 가정에서 그 원인을 발견할 때가 많다. 부모나 형제 등 가정의 누군가를 통해 욕을 자연스럽게 습득한 것이다. 자신은 욕을 하지 않는데 누구한테 배웠는지 모르겠다고 말하는 부모도 있지만, 그 부모를 자세히 살펴보면 운전 중이거나 어른들끼리의 대화에서는 욕하는 모습을 어렵잖게 볼 수 있다. 비록, 아이와의 대화에서는 욕을 안 했다 하더라도, 부모의 모습을 항상 지켜보는 아이는 무의식중에 부모의 욕을 듣고 따라한다.

한편 욕이나 비속어가 나오는 텔레비전, 인터넷, 영화, 비디오, 게임, 음악 등의 매체에 노출되었을 때 아무런 여과 없이 따라 하는 경우도 많다.

관심을 끌기 위해 사용되는 욕

다른 부정적인 행동과 마찬가지로, 욕을 하는 행동도 부모나 교사, 또는 다른 사람으로부터 관심을 끌기 위한 수단으로 사용되는 경우가 있다. 평상시에 관심을 보이지 않다가 욕하는 모습에 당황하며 관심을 표시하는 부모와 교사를 경험하면 욕을 관심 끌기의 수단으로 이용하는 것이다.

특히 어린아이의 경우, 아무 뜻도 모르고 다른 사람을 모방하여 욕을 했는데 그것에 대해 다른 사람들이 큰 관심을 보였다면 그 행동이 강화되기도 한다. 예를 들어, 공공장소에서 욕을 할 때 부모가 창피하여 관심을 가지고 잘 대해 주고 원하는 대로 해 주었을 때 아이는 욕을 고치지 않고 계속 사용하게 된다. 원하는 것을 얻기 위해 욕을 사용한 경험이 있으면, 자신이 원하는 대로 되지 않을 때 욕을 하는 경우가 많다.

또래와 어울리기 위한 수단

예전에는 학급에서 몇몇 아이들만 욕을 할 뿐 대부분 욕을 하지 않았다. 하지만 요즘 고학년의 경우 한두 가지 욕을 안 하는 아이를 찾아보기가 힘든데, 이는 욕이 아이들을 서로 연결해 주는 매개체로서 기능하기 때문이다.

많은 아이가 또래와 어울리기 위해 욕을 하고, 욕하는 행동이 잘못되었다고 생각하기보다는 멋있다고 여기는 경우가 많다. 어느 모범생에게 왜 욕을 하냐고 묻자, 그 아이에게서 돌아오는 대답은 '친구들과 어울리려면 어쩔 수 없어요. 욕을 하면 멋져 보여요.'였다.

쌤! 이렇게도 해 봐요

함께 세우기

해서는 안 되는 말을 분명히 하기

학기 초에 규칙을 명확히 한다. 규칙의 내용은 욕이나 놀리는 말, 욕은 아니지만 상대방을 기분 나쁘게 하는 말, 유행하는 말 중 바람직하지 못한 말 등은 용납하지 않는다는 것이다. 그리고 아이들이 분명히 알 수 있도록 칠판이나 게시판에 적어 둔다.

이때 아이들은 "선생님 ○○○도 욕인가요? ○○도 하면 안 되나요?"라고 하면서 끊임없이 물어본다. 그럴 때 일일이 대답해 줄 수 없고 어떤 때는 대답하기에 애매할 때도 있다. 이 경우를 대비해서 '의심스러운 말(애매한 말)도 절대 입 밖에 내지 않는다.'라는 규칙을 정하면 편리하다.

좀 더 명확한 것을 원하는 교사라면 아이들에게 종이를 나누어 준 후 종이에 자신들이 욕이라고 생각하는 것을 적게 하고, 이 내용을 모아 정리한 후 아이들에게 이와 같은 말은 사용할 수 없다는 것을 공지한다.

왜 욕설을 사용하면 안 되는지 설명하기

해서는 안 되는 말을 분명히 말한 후 그 이유를 설명해 주는 것이 필요하다. 말은 사람의 마음을 비추어 주는 거울로, 말을 통하여 그 사람의 됨됨이를 가늠할 수 있다는 것을 설명한다. 또 어떤 말을 듣느냐에 따라 사람은 힘을 얻을 수도, 상처를 받고 좌절할 수도 있음을 알린다.

아이들은 의외로 자신이 하는 말이 다른 사람에게 상처를 줄 수 있다는 것을 모르는 경우가 많다. 이때 예화나 설명보다 시각적 자료를 사용하면 효과적인데, 『물은 답을 알고 있다』라는 책이 활용하기에 좋다. 이 책에서는 물을 얼려 결정을 찍어 보여 주는데, 예쁜, 아름다운, 평화와 같은 말 위에 놓여 있던 예쁜 물의 결정과 망할 놈, 전쟁 등과 같은 말 위의 일그러진 결정이 대비되어 사진으로 제시되어 있다. 이렇게 물조차도 어떤 말인가에 따라 모양을 달리하는데, 사람의 경우는 어떨지 생각해 보도록 한다.

실험으로 알아보는 말의 힘

욕이 우리에게 얼마나 좋지 않은 영향을 주는지 말로 설명하는 것도 좋지만 아이들과 함께 실험을 통해 체험해 보면 더 강한 교훈을 줄 수 있을 것이다. 말의 힘을 느낄 수 있는 실험을 제시하면 다음과 같다.

【실험】은 두 개의 비커나 유리컵에 물을 넣고 양파를 올려놓는다. A에는 학급의 아이들에게 좋은 말(잘 자라라, 싹이 참 예쁘네, 사랑해 등)을 하도록 하고, B에는 듣기

싫은 말(짜증나, 싫어 등)을 하도록 한다. 시간이 지날수록 A, B의 양파가 어떻게 변하는지 관찰하도록 한다.

대체 용어 가르치기

욕은 화가 나거나 하고자 하는 일이 잘 안 될 경우에 습관적으로 하는 경우가 많다. 그러다 보니 아이들이 욕을 하는 양상은 여러 욕을 번갈아 쓰기보다는 몇 개의 욕을 반복하는 경우가 많다. 이 경우 욕을 대체할 만한 적절한 말을 모르기 때문에 계속해서 반복하는 경우도 많다.

이를 해결하기 위해 아이들이 대체 용어를 알 수 있도록 하는 시간을 마련하는 것도 좋은 방법이다. 국어 시간이나 도덕 시간 등을 이용해 덜 공격적이며 문제가 되지 않는 대체 언어를 자유롭게 찾아보도록 하는 시간을 가진다.

욕이나 부정적인 말 대신 '말도 안 돼' '췟' '이런' '설마' '너무해' 같은 표현은 어떤가? 또는 아이들이 자기만의 말을 만들도록 한 후 가장 마음에 드는 것을 골라 욕 대신 사용하도록 한다.

전체를 대상으로 할 경우에는 욕은 아니지만 상대방을 기분 나쁘게 할 수 있는 말에 더 치중하여 지도하고, 욕을 하는 아이를 대상으로 할 경우에는 개별적으로 자신이 많이 하는 욕을 다른 언어로 대체하는 것을 연습시키는 것이 좋다.

실례로, 아이들이 '짜증나'라는 말을 너무 많이 사용해서 그 말이 하고 싶을 때 '자장면'이라고 말하도록 했더니 처음엔 재미로 열심히 '자장면'이라고 하다가 나중에는 자연스럽게 이 말을 쓰지 않는 것을 발견한 적이 있다.

욕에 대한 학급 규칙을 정해 놓고, 일관되게 적용하기

학기 초 학급회의 시간에 욕이나 상대방을 기분 나쁘게 하는 말 등을 할 경우, 어떤 벌칙을 적용할 것인지에 대해 협의한다. 저학년은 교사가 정할 수도 있지만, 고학년은 학급 전체 아이들의 의견을 모아 벌칙을 정하도록 한다.

이때 중요한 것은 한 번 정한 규칙을 일관되게 꾸준히 적용하는 것이다. 그래서 학급에서 절대 욕이 용납되지 않으며, 욕을 하면 그에 따른 벌칙을 받는다는 인식을 명확하게 하는 것이다.

그 녀석과 둘이서

침착하게 대응하기

욕하는 아이를 발견했을 때 절대로 감정적으로 반응하지 말아야 한다. 욕을 많이 하는 아이들의 경우 대개 해소되지 않은 분노 형태의 감정이 가득할 때가 많으므로 이런 아이들에게 교사도 똑같이 감정적으로 대하는 것은 전혀 도움이 되지 않는다. 그러므로 우선 침착하게 아이를 대한다.

공감하기

욕을 하는 아이들 대부분이 욕한 자신의 잘못보다 다른 사람의 행동에 더 화를 내거나 상대방이 먼저 잘못해서 어쩔 수 없었다는 이야기를 자주 한다. 그러므로 1차적으로 필요한 것은 교사의 공감이다. 욕을 할 정도로 화가 난 아이의 마음을 충분히 공감해 주도록 한다. 그런 후에 화가 났더라도 욕을 하는 것은 옳지 않은 것이며, 다른 행동방식을 선택할 수도 있음을 알려 준다.

대안 찾기

아이들은 화난 감정을 표출하기 위해 욕을 하는 경우가 많다. 화가 치밀어 오를 때 어떤 식으로 해결할지 모르기 때문에 자신의 머릿속에 잠재된 욕을 무의식적으로 쓰는 것이다.

욕을 하고 싶을 때, 욕을 뱉지 않을 대안을 찾도록 한다. 분노가 가라앉도록 잠깐 그 자리를 떠나거나 욕이 아닌 언어로 분노를 표현하는 것 등은 좋은 방법이다.

한편 친구들로부터 욕을 들었을 경우 똑같이 욕을 하는 것이 아니라 다른 말로 되받아칠 수 있는 방법을 가르쳐 준다. 예를 들어, '바보라고 한 사람이 바보인 거야.' '너 무슨 고민이라도 있니?' '내 이름을 기억 못 하는 거니?' 등 적절하게 받아칠 수만 있다면 분명 상대 아이도 더 이상 욕을 안 하게 될 것이다.

자신의 행동에 대한 대가 치르기

욕을 했을 경우 '다음부터 절대 욕하지 마.'라는 식으로 좋게 타이르는 것으로 끝나기보다는 반드시 자신의 행동에 대한 대가를 치르게 하는 것이 좋다. 다음에 제시된 것과 같이 반드시 사과를 하고 벌칙으로 대가를 치르게 한 후 '행동 지키기 약속'을 작성하도록 한다([활동지 6-1] 참조). 또한 잘했을 경우 적절한 보상을 주는 것도 잊지 말아야 한다.

	벌칙 받기	
욕을 한 사람에게 정중한 사과의 글을 쓰고 직접 사과하기 →	예 · 하루 동안 글로 의사소통을 하도록 하기 · 점심시간에 나가 놀지 못하고 교실에 남아 있기 · 욕했던 친구에게 다른 친구들이 보는 앞에서 칭찬하기 · 보상으로 주어진 스티커 떼기	→ '행동 지키기 약속' 작성하기

가정과 어깨 맞추기

욕하는 아이들을 보면, 그 원인을 가정에서 찾을 때가 많다. 또한 아무리 학교에서 지도한다 하더라도 가정에서 뒷받침하지 않는 아이는 지속적인 바른 언어 생활이 힘들다. 그러므로 욕하는 아이가 있다면 부모의 언어 생활을 되돌아볼 수 있도록 바른 언어 환경을 제공해 달라는 가정통신문을 보내 가정의 협조를 얻거나 부모와 상담한다.

가정통신문 예시

○○○ 부모님께

말은 그 사람의 마음을 비추는 거울이라고 합니다. 그리고 말을 통하여 그 사람의 됨됨이를 가늠해 보기도 하죠. 지난 3개월 동안 ○○을 지켜보면서 ○○의 언어 생활이 바르게 형성되지 않은 것을 발견했습니다. 학교에서 나름대로 지도해 보겠지만, 가정에서도 함께 지도해 주신다면 더욱 큰 효과가 있을 것 같아 이렇게 글을 올립니다.

첫째, 부모님의 언어 생활을 되돌아봐 주세요.

혹시 자녀의 올바르지 못한 언어 습관이 부모님의 영향을 받은 것은 아닌지 한번 되돌아봐 주세요. 텔레비전을 보거나 운전 중에 무의식적으로 욕을 한 경우가 없었는지 살펴보시고, 아이가 보는 앞에서는 절대로 욕을 하지 않도록 해 주세요.

둘째, 주위의 언어 환경을 살펴봐 주세요.

또한 아이들이 TV나 영화에서 영향을 받은 건 아닌지 주의 깊게 살펴보십시오. 만약 그런 경우라면 아이와, 매체와 욕의 연관성에 대해 대화를 나눠 본 후 욕을 그만둘 것인지 아니면 프로그램을 그만 볼 것인지 둘 중 하나를 선택하게 해야 합니다.

셋째, 아이가 욕을 한 경우에는 즉시 고쳐 주세요.

자녀가 욕을 한 경우에 미루지 말고 즉시 고쳐 주세요. 자녀의 잘못된 행동을 고쳐 줄 때는 공공장소라면 다른 사람이 없는 조용한 공간으로 이동한 후에 아이의 잘못에 대하여 분명하게 말해 주십시오.

넷째, 자녀가 바른 언어를 사용할 경우에는 아낌없이 칭찬해 주세요.

자녀가 욕이 아닌 바른 언어를 사용할 경우 놓치지 말고 칭찬해 주세요. 대부분 많은 부모가 잘못했을 경우에만 집중하고 잘했을 경우에는 지나치기 쉬운데, 반드시 잘했을 경우에도 놓치지 말고 칭찬해 주어야 좋은 언어 생활이 강화됩니다.

다섯째, 바른 언어를 사용하는 친구들과 어울릴 수 있도록 해 주세요.

평소에 자녀가 쓰지 않던 말이나 욕을 한다면 현재 어떤 친구들과 어울리고 있는지 살펴봐 주세요. 고학년이 될수록 부모보다 또래와의 관계가 중요시되므로 그 영향력 또한 매우 큽니다. 자녀가 욕을 하는 친구들을 사귀는 것을 알게 되었을 때 무조건 못 만나게 하거나 친구를 비방한다면 오히려 아이의 반발을 살 수 있으므로 자녀가 왜 그 친구와 어울리는지에 대하여 충분한 이해와 공감을 해 준 후 부모가 진정 무엇을 걱정하고 있는지에 대하여 차근차근 이야기해 주도록 하세요.

와글와글 함께

학급구성원 간에 존댓말 쓰기

EBS에서 욕('욕해도 될까요?')에 대한 다큐가 방영되면서 학생들의 욕의 사용 및 욕이 학생들의 뇌에 미치는 영향들이 쟁점화된 적이 있다. 그리고 인성교육 시범학교에서 학생들이 존댓말을 사용함으로써 학생들 사이에 다툼이 줄고 서로 존중하고 배려하는 모습을 많이 보이고 있음을 보고하고 있다. 그러므로 학급에서도 학생 서로 간에 존댓말을 사용한다면 학생 간에 서로 존중하는 문화가 형성되고 이에 따라 다툼도 줄어들 것이다.

듣고 싶은 말로 모둠 이름 정하기

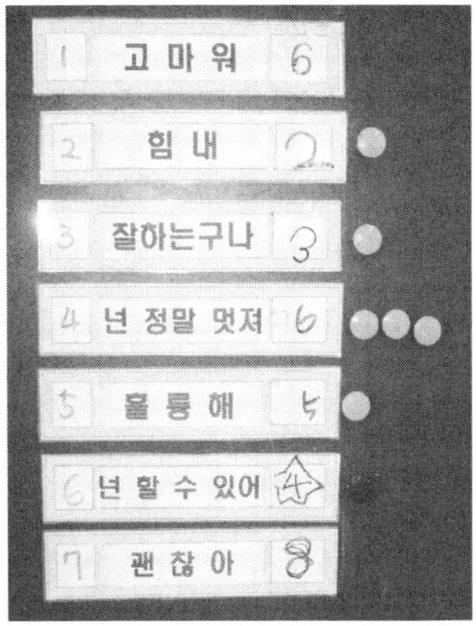

요즘 많은 학급에서 모둠 활동을 하고 있는데, 학급에 따라 다양한 모둠 이름을 볼 수 있다. 모둠 이름을 만들 때 아이들이 많이 했으면 하는 말로 정해 보는 것도 좋을 듯하다.

모둠 이름을 정하기 전에 다른 사람에게 듣고 싶은 말이나 들었을 때 힘이 되는 말 등을 조사한다. 조사한 말 중 가장 선호하는 말을 모둠의 수만큼 선정한 후 각 모둠에서 원하는 이름을 서로 의논하여 정하도록 한다.

이렇게 모둠 이름을 정하여 칠판에 붙여 놓으면 시각적 효과는 물론 서로의 모둠 이름을 부르면서 자연스럽게 좋은 말을 배우는 기회를 가질 수 있다.

스마일 카드 활용하기

이 활동은 4학년 이상의 아이들에게 적합한 활동으로, 학급 부서 중 질서나 생활을 담당하는 부서에게 맡기면 유용하다. 월요일이 되면 모든 아이에게 스마일 카드 3장씩을 나누어 준 후 일주일 동안 생활하면서 욕을 하면 질서 담당 부서(예: 경찰특공대)의 아이들에게 카드를 한 장씩 뺏기게 된다.

카드를 모두 뺏긴 아이는 반성문을 쓰거나 학급에서 정해진 벌칙을 받게 되며, 질서 담당 부서(다른 색의 카드를 나누어 줌)의 아이가 욕을 했다면 한 번에 2장의 카드를 뺏기게 한다. 이때 의도적으로 평소에 욕을 많이 하는 아이를 질서 담당 부서에 배정하면 지켜보는 반 아이들에 의해 이 아이의 욕이 급격히 줄어드는 것을 보게 된다. 토요일에 남은 카드를 스티커로 교환하고, 한 달에 한 번 스티커를 많이 모은 아이에게 교사가 '바른말 고운말'상을 준다.

우리의 언어 실태 조사하기

학생들이 사용하는 바르지 못한 말이나 어른들은 모르고 그들끼리만 아는 언어들을 스스로 기록하게 한다. 각각의 말이 의미하는 뜻이나 사용되는 상황을 기록하고, 잘 모르면 모둠끼리 조사해 오게 한다. 그중에서 자신이 싫어하는 말을 두세 가지 골라 쓰게 한 후 통계를 내어 자주 사용되는 비속어 목록을 만들고 듣기 싫은 말의 순위를 뽑아 제시한다.

아름다운 사전 만들기

책을 읽거나 생활을 하면서 들으면 기분 좋은 말, 들으면 힘이 되는 말들을 기록하여 학급 게시판에 붙인다.

일주일에 한 번 정도 시간을 내어 학급 게시판에 좋은 말을 많이 붙인 학생에 대한 칭찬을 하도록 한다. 고학년의 경우에는 이것을 엮어서 '아름다운 사전'을 만들어 학급문고에 비치한다.

아름다운 장소 만들기

교실 한쪽에 '아름다운 장소'를 마련한다.

아름다운 장소에는 별도의 책상과 의자, 필기도구, 국어사전, 학습지를 놓아 둔다. 욕을 한 아이는 '아름다운 장소'에 가서 왜 욕을 하였으며, 그 상황에서 욕을 대신하여 다른 행동을 할 수 없었는지 스스로 반성하며 학습지를 작성하도록 한다.

나를 가꾸는 아름다운 장소
내가 한 말:
왜 그런 말을 했나요?
그 상황에서 욕을 대신하여 어떤 행동이나 말을 할 수 있었을까요?

월별 아름다운 인사말 나누기

한 달 동안의 특별한 인사말을 정해서 사용할 수도 있다.

예를 들어, 3월에는 "사랑합니다" 4월에는 "행복하세요" 5월에는 "존경합니다." 등으로 정할 수 있다. 형식적인 인사말이 아닌 진심을 담은 인사말은 학생들에게 더욱 의미 있게 느껴진다. 또한 아름다운 인사말을 주고받는 사이 학생과 교사의 관계가 좀 더 친밀해질 뿐만 아니라 교실의 분위기도 조금씩 여유로워지고 따뜻해지는 것을 느낄 수 있다.

친구들에게 하루 동안 높임말 쓰기

욕을 하는 것이 발견되면, 즉시 그 아이에게 벌칙으로 같은 반 친구들에게 높임말을 사용하게 한다.

예를 들어, '다음 시간은 무슨 시간이에요?'
'지우개 좀 빌려 줄 수 있나요?'

5분간 칭찬하기

욕을 하는 아이에 대하여 학급에서 벌칙으로 상대방에게 5분간 칭찬하도록 한다. 칭찬을 하다 보면 상대방의 기분도 풀리고, 욕을 한 아이도 칭찬의 기쁨을 맛보게 될 것이다.

침묵의 하루 보내기

욕을 많이 한 아이는 하루 동안 말을 하지 않고 친구들의 언어 생활을 잘 관찰하게 한다. 그러면서 친구들의 말 중에서 고운 말이나 좋았던 말 등을 관찰하여 관찰기록지에 적어 본다([활동지 6-2] 참조).

[활동지 6-1]

행동 고치기 약속

나, (   )는   월   일부터   월   일까지 다음의 사항을 지킬 것을 엄숙히 약속합니다.

• 앞으로는 절대로 친구들에게나 부모님, 선생님께 욕을 하지 않을 것입니다.

• 욕을 하고 싶은 경우에는 욕이 아닌 다른 말로 나의 생각을 표현하겠습니다.

만약 다시 욕을 했을 경우에는 다음과 같은 벌을 받겠습니다.

1.

2.

담임 (   )는 (   )가 욕을 하지 않고 학교 생활을 했을 경우 다음과 같이 칭찬하겠습니다.

년   월   일

이 름: (인)

선생님: (인)

부모님: (인)

[활동지 6-2]

고운 말을 쓰는 친구가 좋아요

학년 반 이름:

● 하루 동안 말을 하지 않으면서 친구들이 하는 말을 잘 관찰하고 들어 보세요. 그리고 친구들이 한 말 중에서 고운 말이나 듣기에 좋았던 말을 아래에 적어 보세요.

친구 이름	친구가 한 말

● 하루 동안 친구들이 말하는 것을 들으면서 느꼈던 점을 적고 앞으로의 다짐도 적어 보세요.

07

돈거래 하는 아이

이런 녀석 꼭 있다!

어린이 고리대금업자 민철이

계단 구석에서 민철이와 수호가 심각하게 이야기하는 모습을 보게 되었다. 수호는 민철이의 말에 쩔쩔매고 있었다.

"너희 이 구석에서 뭐 하고 있니?"

다가가 계속 물어보자 마지못해 민철이가 대답했다.

"지난번에 수호가 저한테 만 원을 빌려 갔거든요. 그런데 안 갚아서 갚으라고 이야기하던 중이에요."

아이들끼리 거래하기엔 너무 큰돈이어서 다시 물었다가, 돌아오는 대답에 깜짝 놀랐다.

"사실은요, 전에 민철이가 PC방에 같이 가자고 그러더라구요. 돈이 없어 못간다고 했더니, 자기가 천 원을 빌려 준다면서 같이 가자고 해서 같이 갔어요. 그런데 그다음 날 돈이 없어서 못 갚았는데 그날부터 돈에 이자를 붙이는 거예요. 처음엔 100원씩 이자를 붙이더니 그다음엔 200원씩, 그래서 그 돈이 만 원이나 됐어요."

"아니, 수호가 갚기로 해 놓고 자꾸 안 갚아요. 돈은 안 갚으면서 군것질을 하고 그래요."

사채 관계를 다루는 드라마에서나 볼 법한 어른들의 잘못된 행태를 그대로 따라 하는 민철이를 보니 난감했다. 수호 역시 돈이 있는데도 정작 자신이 갚아야 할 돈을 갚지 않고 군것질을 하는 것도 문제였다.

가만 생각해 보니 돈과 관련된 문제가 여러 모양으로 아이들에게 나타나는 것을 알 수 있었다.

친구에게 먹을 것을 사 주면서 대인관계를 만들려는 아이, 생일 선물 안 받을 테니 대신 빌린 돈을 주지 않겠다는 아이, 항상 많은 돈을 가지고 다니는 아이, 마을버스비를 며칠 모았다가 그것으로 PC방 가는 아이 등 아이들에게서 돈과 관련된 여러 가지 문제가 나타나고 있었다.

돈과 관련된 이런 문제를 어떻게 지도해야 할까?

2. 그 녀석과 나

애들끼리 돈은 무슨? 민철이 너는 왜 그렇게 돈을 밝히니? 네가 어른이야? 그리고 수호 너는 빨리 천 원 갚아. 친구 돈을 썼으면 빨리 갚아야지.
친구들 간에 돈거래를 하다니 있을 수 없는 일이야. 다음부턴 절대 그러면 안 돼.
부모님께 연락을 해야겠어. 그리고 학교에 돈을 가지고 다니지 못하게 지도해야지.
좋은 기회야. 학급 전체를 대상으로 경제교육을 해야겠어.
이번 기회에 관련된 아이들을 모조리 알아봐야지. 뿐만 아니라 그동안 애들 사이에 있었던 일을 다 알아봐야지. 이런 것은 담임이 낱낱이 알고 있어야 해.
교사가 돈에 대해 앞장서서 이야기하는 것은 너무 속물 같아. 그냥 교육과정에 나오는 최소한도만 다루고 넘어가야지.

3. 그 녀석의 이유

나는 흉내쟁이

아무 생각 없이 돈에 이자를 붙이거나 뺏는 다른 사람의 행동을 반복한다. 다른 아이들이나 누나, 형, 오빠, 언니들이 하는 것을 옆에서 보고 따라 하는 경우도 있고, 한번 해 봤는데 재미가 있어서 아무런 문제의식 없이 반복하는 경우가 대부분이다. 간혹 TV에서 돈을 갚지 않는다고 협박하는 장면을 흉내내는 경우도 있다.

헛똑똑이 경제박사

일부 아이들 중에는 매우 똑똑하고 경제에 관심이 많은 것처럼 보이는 아이가 있다. 그래서 왜 그런 일을 했는지 물으면 경제에 관련된 근거를 또박또박 이야기하는 경우도 있다.

은행에서 돈을 빌려 주고 이자를 받는 것이나 돈으로 물건을 사고 팔 수 있다는 것 등은 잘 알고 있지만, 이런 아이들의 특징은 돈에 대해 정확히 알지 못하고 일부분만 알고 있으면서 그것이 전부인 것처럼 생각한다는 것이다. 사회 시간이나 도덕 시간에 배운 경제교육이나 텔레비전, 신문 같은 각종 매체에서 자신의 행동을 합리화시킬 수 있는 부분만 선택하여 생각하고 있는 경우가 많다.

가정 경제교육의 부재

이런 아이들은 부모가 자녀의 용돈 관리에 대하여 무관심한 경우가 많다. 아이의 나이에 맞지 않게 너무 많은 돈을 준다거나, 자녀가 용돈이 필요한지에 대한 인식이 없어 용돈을 거의 주지 않는 경우, 자녀에게 용돈은 주되 어떻게 쓰고 있는지 전혀 관심이 없는 경우 등이다.

또는 집에 돈이 없다고 매번 신세 한탄하는 부모 등 가정에서 돈에 대하여 이야기를 너무 많이 해도 이런 일이 생길 수 있다.

물질로 친구 사귀기

친구를 사귀고 싶고, 더 나아가 친구들 사이에서 인기를 얻고 싶다. 그런데 친구를 사귀는 방법을 적절하게 습득하지 못하였다. 그래서 장난감을 사 주거나 떡볶이를 사 주는 등 물질로 친구를 얻으려고 한다. 고학년의 경우 PC방을 갈 때 게임비를 제공함으로써 친구관계의 중심에 서고 싶고, 또 그렇게 해서 중심에 선다.

이렇게 대인관계를 형성할 경우 용돈이 떨어지면 친구도 떨어지기에 용돈이 항상 일정 이상으로 필요하다. 그래서 때로 부모의 지갑에 손을 대는 경우가 생기기도 한다.

쌤! 이렇게도 해 봐요

안경 바꿔 쓰기

문제 행동에만 초점 맞추기

처음에 돈과 관련된 아이들을 보면 심각한 문제를 가진 것처럼 보인다. 하지만 이런 아이들의 대부분은 돈에 대한 올바른 개념이 없어서 그런 경우가 많다. 그러므로 아이에 대한 편견을 버리고, 아이가 가지고 있는 문제 행동 자체에만 초점을 맞추어 지도한다.

함께 세우기

돈에 대한 토론의 장 마련하기

돈에 관하여 무조건 금기시할 것이 아니라 돈에 대하여 어떻게 생각하고 있는지 자유롭게 이야기를 나누어 본다. 또한 돈의 역사, 돈의 기능, 돈을 만드는 곳 등에 대하여 자유롭게 공부해서 돈과 친해지도록 한다.

돈에 대한 건전한 상식 길러 주기

활동지를 하면서 돈을 버는 데는 올바른 방법과 나쁜 방법이 있으며, 올바른 방법으로 버는 돈이 좋은 돈이며, 올바르지 않은 방법으로 버는 돈은 나쁜 돈임을 알도록 함께 공부하는 시간을 가져 본다([활동지 7-1] 참조).

신문을 이용한 학습(NIE)

신문에 나온 경제 관련 기사를 가져오도록 한 후, 올바른 경제활동으로 돈을 번 경우와 그렇지 않은 경우를 나누어 본다.

○ 신문에서 찾을 수 있는 올바른 경제활동
- 좋은 물건을 수출하여 수익을 얻은 경우
- 신제품을 만들어 수익을 얻은 경우

○ 올바르지 못한 경제활동
- 돈을 빌려 주고 터무니없는 이자를 받는 경우
- 다른 사람의 물건을 복제하여 그대로 파는 경우
- 회사 돈을 자기 돈처럼 함부로 사용하는 경우

먼저 아이들에게 경제활동과 관련된 기사를 모아 오도록 하고, 모둠별로 이 기사들을 분류하는 작업을 거친 후 어떻게 하는 것이 좋은 경제활동인지 토론해 본다.

용돈 관리 배우기

용돈을 정기적으로 받는 아이도 있고, 그렇지 않은 아이도 있다. 상당수의 아이들은 용돈 기록장을 쓰지 않는다.

용돈 기록장을 쓰는 것은 돈이 들어오고 나가는 것을 확인하고 관리하는 것뿐만 아니라 쓰고 싶은 마음을 참고 절제하며, 돈과 관련된 계획 세우기를 배울 수 있는 좋은 기회다. 그러므로 합리적으로 돈을 관리하는 방법을 가르치려면 학기 초부터 학급 전체 아동을 대상으로 용돈 기록장 쓰는 방법을 가르치고 함께 써 나가는 것이 필요하다([활동지 7-2] 참조).

○ 용돈 기록장 적기
- 목표 세우기
- 예산 짜기
- 돈이 들어오거나 사용할 때마다 적기
- 평가하기

학급에서 다 함께 매월 예산과 실제 지출을 살펴보고 반성하는 시간을 갖는다.

내 통장 가지기

합리적인 경제생활을 배우기 위해서 자신의 통장을 가져 보는 것도 좋다. 본인 통장에서 직접 돈이 나가고 들어오는 것을 보면서 수입과 지출에 대하여 자연스럽게 알게 되고, 절약하여 돈을 모으는 것이나 이자 등에 대해 직접 배울 수 있으므로 기대 이상의 효과를 얻을 수 있다.

그리고 교사가 무조건 저축을 강조하기 전에, 저축 기간에 따른 이자 차이의 예 등을 보여 주면 저축에 대한 동기화를 일으키는 데 유리하다.

100만 원을 은행에 저금했을 때 21세에 받는 최종 지급액

이자율	1세에 시작	7세에 시작	11세에 시작
5%	2,653,298원	1,979,932원	1,628,895원
8%	4,660,957원	2,937,194원	2,158,925원
10%	6,727,500원	3,979,498원	2,593,742원
20%	38,337,600원	12,839,185원	6,191,736원

* 이자율 5%라는 것은 은행에 만 원을 저금했을 때 1년 후에 이자로 오백 원을 더 받는다는 것을 의미함.

그 녀석과 둘이서

돈을 빌리는 것이 문제가 되는 아이와 빌려 주는 것이 문제가 되는 아이를 유형별로 지도한다.

돈을 빌리는 아이

돈을 빌리는 아이에게는 돈을 빌리기 전에 다음과 같은 것을 생각하게 한다.

- ○ 될 수 있는 대로 돈을 빌리지 않는 것을 원칙으로 한다. 준비물이나 차비 등 꼭 필요한 경우를 제외하고는 군것질을 하거나 게임 등 즐기기 위한 돈은 절대 빌리지 않는다.
- ○ 친구에게 돈을 빌리기 전에 먼저 부모님께 이야기하여 돈을 받는다.
- ○ 돈을 빌리게 될 경우 친구가 이자를 요구하지는 않는지, 그 이자가 터무니없지 않은지 반드시 알고 빌린다.
- ○ 돈을 빌렸을 경우에 빠른 시일 내에 갚을 수 있는지 따져 본다.
- ○ 돈을 갚지 않을 경우 친구에게 좋지 않은 인상(신용을 잃음)을 줄 수 있음을 안다.

돈을 빌려 줬을 경우

또한 돈에 이자를 붙이는 아이의 경우에도 돈을 빌려 주고 무조건 이자를 요구할 것이 아니라 다음의 내용을 생각한 후에 자신의 돈을 빌려 주도록 한다.

- ○ 친구에게 돈을 빌려 주기 싫다면, 빌려 주지 않아도 된다. 그런 것과 자신이 좋은 아이인지의 여부는 전혀 상관이 없다.
- ○ 친구에게 돈을 빌려 줄 때는 이자를 받지 않음을 원칙으로 한다.
- ○ 얼마나 안전한가를 따져 봐야 한다(돈을 빌려 주기 전에 친구가 갚을 능력이 있는지 살펴본다. 아무것도 살피지 않고 돈을 빌려 준 후에 갚도록 종용하는 것은 옳은 방법이 아니다.).
- ○ 자신이 이자를 요구하게 된다면, 그것이 타당한지 먼저 생각한다. 친구와 협의하지 않고 자기 혼자 이자를 임의로 결정하고 그걸 갚도록 하는 것은 옳지 않다.

돈을 벌기 위해 아르바이트를 하는 경우

고학년의 경우 용돈을 벌기 위해 광고 전단지 등을 돌리는 아르바이트를 하는 것을 볼 때가 있다. 이 아이들에게는 초등학생이 아르바이트를 하는 것은 법으로 금지되어 있다는 것을 알려 준다. 무슨 이유로 돈이 필요한지를 물어본 후 초등학생으로서 용돈을 벌 수 있는 다음과 같은 방법을 함께 의논한다.

- ○ 가정에서 부모님 구두 닦기, 분리수거 하기 등(이때 무조건 부모님을 도와드리고 용돈을 달라고 하는 것보다 사전에 미리 부모님과 협의할 필요가 있다.)
- ○ 일을 하여 용돈을 얻고 싶으면, 부모님과 의논하여 어떤 일을, 어느 정도 해서, 어떻게 용돈을 받을 수 있는지 결정한다.
- ○ 부모님이 충분히 만족할 수 있도록 일을 끝까지 잘 해낸다.
- ○ 자신이 일한 것에 대한 용돈 청구서를 요청한다.
- ○ 또는 자신이 제공할 수 있는 노동력을 쿠폰 형태로 만들어 쿠폰이 몇 장 되면 부모님께 용돈을 청구하는 방법도 생각해 볼 수 있다.

쿠폰의 예

근로기준법 제64조

15세 미만인 자(「초·중등교육법」에 따라 중학교에 재학 중인 18세 미만인 자를 포함한다)는 근로자로 사용하지 못한다. 다만, 대통령령으로 정하는 기준에 따라 노동부 장관이 발급한 취직인허증(就職認許證)을 지닌 자는 근로자로 사용할 수 있다.

가정과 어깨 맞추기

부모와 상호 협력하기

돈과 관련된 문제가 생기면 먼저 부모와 정보 교환이 필요하다. 돈에 이자를 붙이거나 다른 사람의 돈을 빌려서 갚지 않은 아이인 경우 다시는 그런 일이 없도록 부모가 주의를 기울이고 반드시 가정에서 지도하도록 요청한다.

또한 아이에게 돈을 갚거나 돌려주게 할 때, 교사의 입회하에 아이끼리 하게 하는 것도 한 방법이지만, 애당초 돈을 해당 아이의 부모에게 직접 갚게 하거나, 돈 갚은 사실을 관련 아이의 부모 모두에게 고지하는 것도 한 방법이 된다. 그럴 경우 추후 부모와 아이 모두 조심하게 되는 효과가 있다.

그리고 가정에서도 돈을 관리하는 방법과 올바른 경제 관념을 습득할 수 있게 지속적인 지도를 해 줄 것을 부탁한다.

구체적인 경제교육을 하기 전에 다음과 같은 부분을 점검하게 한다

○ 아이에게 용돈을 너무 많게, 혹은 너무 적게 주었는가?
○ 아이가 요구할 때마다 원칙 없이 주었는가?
○ 부모가 돈에 대해 흐지부지한 모습을 보여 주었는가?

가정에서 시킬 수 있는 경제교육 방법 안내

○ 현금으로 용돈을 주기보다 아이 통장으로 용돈 넣어 주기
○ 용돈 기록장 쓰게 하기
○ 아이가 원하는 물건을 살 경우, 부모와 자녀가 일정 비율로 나눠 자녀가 일정한 비율의 금액을 모을 때 물건 사기(예: 자전거를 구입한다면, 부모는 80%, 아이는 20%를 나누어 내도록 한다. 아이가 자랄수록 아이가 내야 할 비율이 높아지게 지도한다.)

[활동지 7-1]

좋은 돈 나쁜 돈

학년　　반　이름:

● 우리가 돈을 '버는' 방법에는 두 가지가 있습니다. 돈을 버는 올바른 방법과 옳지 않은 방법을 찾아 다음의 표에 기록해 보세요.

올바른 방법	나쁜 방법
• 일을 함	• 훔치거나 강제로 빼앗음
•	•
•	•
•	•

● 나는 어떻게 돈을 많이 벌 수 있을까요? 내가 돈을 올바르게 많이 벌 수 있는 방법을 생각나는 대로 모두 써 보세요.

● 우리가 돈을 '쓰는' 방법에는 두 가지가 있습니다. 돈을 올바르게 쓰는 방법과 옳지 않게 쓰는 방법을 찾아 다음의 표에 기록해 보세요.

올바른 방법	나쁜 방법
• 가족이 먹을 음식과 옷을 삼	• 내 편으로 만들려고 뇌물로 사용함
•	•
•	•
•	•

● 내가 올바른 방법으로 돈을 아주 많이 벌었다면 그 돈을 어떻게 쓰고 싶은가요? 다음에 기록해 보고 친구들과 오늘 활동에 대한 이야기를 나눠 보세요.

[활동지 7-2]

용돈 기록장 실습하기

학년　　반　이름:

● 다음의 용돈 사용 내용을 보고, 용돈 기록장을 적어 봅시다.

6월 1일	지난달에 남은 돈 3,200원
1일	부모님이 용돈으로 5,000원을 주심
3일	2,500원 저축함
11일	색종이와 풀을 1,000원에 삼
15일	친구 생일 선물로 1,500원을 사용함
22일	아빠 구두 닦은 수고비로 1,000원을 받음
23일	친구와 PC방에 가서 2,000원을 씀
27일	자 300원, 컴퍼스 1,000원, 각도기 500원에 삼

〈용돈 기록장〉

월/일	내용	수입	지출	평가	잔액
6/1	지난달에 남은 돈				3,200
결산					

● 용돈 지출 내용을 항목별로 살펴 평가하고, 친구들과 이야기를 나눠 봅시다.

08

성취욕이 강해 다툼이 잦은 아이

이런 녀석 꼭 있다!

남이 잘되는 것은 절대로 못 보는 동현이

"2모둠이 모두 잘하고 있으니까 모둠 칭찬!"
모둠 칭찬 자석을 붙이려고 할 때면 어김없이 들려오는 소리가 있다.
"선생님, 2모둠에서 영희는 아직 안 했는데요."

"민희가 책상 정리를 아주 잘했구나."

"저도 책상 정리 잘했는데요."

"선생님이 없는 동안 3모둠이 조용히 수학 익힘을 풀고 있었으니까 3모둠을 칭찬해 주어야겠네."

"3모둠의 민수는 아까 안 하고 돌아다녔는데요."

"어느 모둠이 제일 바른 자세로 앉아 있나 볼까?"

"야, 철민아, 너 때문에 우리 모둠 칭찬 못 받잖아. 빨리해, 넌 만날 그러냐!"

기분 좋게 칭찬 자석을 붙이려다가 불쑥불쑥 튀어나오는 동현이의 말 때문에 기분이 나빠질 때가 한두 번이 아니다. 친구들도 동현이가 어떤 말을 하려고 하면 벌써 얼굴부터 찡그리고, 그런 동현이를 좋아하지 않는다.

또한 친구들과 축구를 하려면 시작부터 항상 시끄럽다. 잘하는 아이가 자기 팀이 되지 않으면 "나 안 해". 하고 가 버리거나 온갖 이유를 다 대면서 편을 다시 가르게 한다. 그리고 자기 팀이 경기에 지면 상대편의 반칙을 들먹거리거나 처음부터 팀이 너무 치우쳤다는 등의 말을 하며 결과를 순순히 받아들이는 경우가 거의 없다.

동현이와 같은 모둠이나 팀이 되는 친구들은 동현이의 성화에 항상 울상이 되기 일쑤여서 이젠 동현이와 같은 모둠이 되거나 함께 경기를 하는 것을 꺼리는 눈치다.

2. 그 녀석과 나

아니야. 선생님이 봤을 때는
3모둠이 가장 빨랐어.
너희 모둠은 아직 책상 정리가
안 되었잖아. (설명은 하고
있지만 매번 설명하자니 짜증이
난다. 내가 왜 저 녀석 때문에
이걸 설명해야 하지?)
또 너야?
그냥 넘어가는 날이 없어요.
(너나 잘하세요.)
네가 아무리 딴지를
걸어 봐라. 내가 꿈쩍할 줄 알아!
그래도 3모둠 칭찬!

3. 그 녀석의 이유

타고난 기질

교사 중에도 지나치게 성취욕이 강한 사람이 있는 것처럼 강한 성취욕을 타고난 아이들이 있다. 이런 아이들은 어려서부터 남달리 지기 싫어하고 자기 것을 유난히 잘 챙기는 것을 볼 수 있다.

끊임없이 비교 대상이 되었을 때

어려서부터 형제나 친구들의 비교 대상이 되면 스스로 만족감이나 성취감을 느끼지 못하고 항상 남과 비교하여 자신을 평가하기 쉽다. 그래서 모든 행동이나 결과에 대해 남보다 잘했는지, 못했는지를 먼저 생각하게 된다.

지는 것을 용납 못 하는 부모

지는 것을 싫어하는 아이들을 살펴보면, 부모가 항상 남보다 앞서야 하고 최고가 될 것을 강요하는 경우가 많다. 그리고 아이가 좋은 성적을 받거나 경기에 이기고 왔을 때는 뛸 듯이 기뻐하고, 아이가 좋지 않은 성적을 받거나 경기에 지고 왔을 때는 기분 상해 하거나 노골적으로 실망감을 표출하면 부모에게 인정받기 위해 지나치게 성취욕이 강한 아이로 성장할 수 있다.

부모의 잘못된 보상 체계

'수학경시에서 100점 맞으면 게임기 사 줄게.' '달리기 1등 하면 만 원 줄게.' 등 모든 것에서 최고가 되었을 때만 물질적으로 보상하는 부모 밑에 자란 아이는 지나치게 경쟁적일 수 있다. 이런 아이는 과정의 즐거움이나 한 발 한 발 진보하는 기쁨을 맛보지 못한 채 오로지 자신이 원하는 것을 얻기 위해 앞만 보고 나아가는 것이다.

너무 경쟁적인 학급 분위기

교사가 항상 잘한 학생과 못한 학생을 비교하거나, 모둠끼리의 경쟁을 유도하여 못한 모둠에게는 불이익을 주는 방법으로 학급을 이끌어 가는 경우, 이런 아이들이 많이 생길 수 있다. 이와 같은 경우에는 성취욕이 높았던 아이들이 정도가 점점 심해지면서 다툼까지 생기게 된다.

쌤! 이렇게도 해 봐요

안경 바꿔 쓰기

우리 학급의 경쟁 지수는?

아이들을 지도하면서 너무 경쟁적으로 학급을 이끌고 있지는 않은지 되돌아보자. 효율적인 학급경영을 위해 어느 정도는 불가피하겠지만, 지나친 경쟁은 친구들을 함께해야 할 친구가 아닌 이겨야 하는 대상으로 여기게 만든다. 또한 지나친 경쟁 구조의 학급 분위기에 적응하지 못하는 아이는 항상 소외되고 스트레스를 받게 된다. 그러므로 지나치게 경쟁적인 모둠 활동은 지양하고 다 함께 잘했을 경우 칭찬하거나 다른 친구를 돕거나 배려하였을 때 칭찬을 하도록 한다.

협동학습에서 이러한 방법들을 많이 제시하고 있는데, 학급에서 성취욕이 지나치게 강한 아이가 있어 다툼이 잦다면 다음과 같은 학습 방법이 도움이 된다.

- ○ 모둠 안에서 각자의 역할
  - 이끎이, 깔끔이, 점검이, 기록이, 칭찬이 등
- ○ 학급 온도계
  - 학급 구성원 전체가 잘했을 경우 학급 온도계가 올라가고, 온도에 따라 학급 구성원 전체에게 보상을 줌
- ○ 칭찬 구슬
  - 학급 온도계처럼 학급 구성원 전체가 잘할 때 구슬을 병에 넣어 줌. 채워진 구슬의 높이에 따라 학급 구성원 전체에게 보상을 줌

그 녀석과 둘이서

편안하게 받아들이기

이런 아이를 만나게 되면 우선 평정심을 잃기 쉽다. 짜증이 나서 화가 앞서는 경우가 많아 아이의 문제를 바르게 보지 못한다. 그러므로 교사는 먼저 그런 아이들을 편안하게 인정하고 받아들이도록 하자. 그렇게 하면 아이의 문제가 객관적으로 보이고 얼마든지 해결해 나갈 수 있는 문제라고 여기게 된다.

스스로의 목표 세우기

성취욕이 지나치게 강한 아이들은 항상 다른 사람과 자신을 비교하며 우위에 있어야 한다고 생각한다. 이런 생각을 교정하려면 스스로 목표를 세워 성취하는 것에 대한 즐거움을 맛볼 수 있게 한다.

그 방법으로 '향상 점수에 칭찬하기'가 있다. 이것은 잘한 아이를 무조건 칭찬하는 것이 아니라 예전보다 향상된 아이를 칭찬하는 것이다. 예를 들면, 받아쓰기에서 100점 받은 아이를 일률적으로 칭찬할 것이 아니라 지난번 점수보다 오른 아이를 칭찬하는 것이다. 이렇게 되면 다른 사람과 비교하지 않고 자신의 노력과 자신이 이룬 것에 집중하게 된다.

함께 나누는 기쁨 알기

성취욕이 강해 다툼이 많은 아이들은 자기 물건을 다른 친구와 나누어 가지거나 빌려 주는 일이 드물다. 교실에서 자기가 읽은 책들을 돌려 가면서 보게 하거나 아이에게 준비물 도우미(준비물을 챙겨 올 수 없는 아이를 위해 한 개 더 가지고 와서 빌려 주는 역할을 하는 아이) 역할을 시켜 친구에게 빌려 주고 나누는 경험을 하게 한다.

잘한 행동 칭찬하기

대체로 성취욕이 강해 다툼이 많은 아이는 무엇이든 자신이 먼저 하려고 하고 혼자 하려는 경향이 있다. 그러므로 다른 친구에게 조금이라도 양보하거나 협동이나 배려를 하는 모습을 보일 때 놓치지 말고 칭찬한다. 최고가 되었을 때만 칭찬을 받는 것이 아니라 남을 배려하고 양보했을 때 칭찬을 받을 수 있다는 사실은 자기중심적인 행동을 조금씩 변화시키는 실마리가 될 수 있다.

한편 불만이나 불평을 이야기하거나 협력하지 않을 때는 그 행동 자체를 무시하고 모른 체한다.

가정과 어깨 맞추기

성취욕이 지나쳐서 다툼이 잦은 아이는 부모가 아이를 대하는 태도를 변화시키는 것만으로도 많은 부분이 해결된다. 그러므로 교사는 부모에게 다음과 같이 아이를 대해 줄 것을 당부한다.

다른 형제나 친구와 비교하지 마세요

어려서부터 부모에 의해 형제나 친구와 비교를 받고 자란 아이는 자신도 모르게 열등감을 가질 수 있으며, 그 열등감을 극복하기 위해 지나치게 경쟁적인 아이로 자랄 수 있다. 그러므로 가정에서는 형제간에 비교하거나 친구와 비교하지 않도록 한다.

지는 체험도 하게 해 주세요

아이와 함께 게임을 할 때 아이를 위해 준다고 항상 일부러 아이가 이기게 해 주어서는 안 된다. 오히려 가정이라는 안정된 환경에서 지는 체험을 할 수 있도록 한다. 지는 것에 대하여 부정적인 반응을 보여 주지 않고 사랑이 담긴 격려를 해 준다. 그러면 비록 졌지만 변함없이 사랑받고 소중한 존재라는 것을 느끼게 되므로 지는 것에 대한 두려움이나 지나친 승부욕은 자연히 사라진다.

재미있었던 부분이나 잘했던 부분에 초점 맞춰 주세요

아이가 경기나 게임에서 졌을 때 먼저 아이의 속상한 마음을 이해해 주고, 재빨리 경기에서 이기고 진 것이 아닌 경기를 하면서 재미있었던 부분이나 아이가 잘했던 부분에 초점을 맞추어 이야기한다. 경기나 게임뿐만 아니라 좋지 않은 성적을 받아 왔을 때도 점수에 집중하기보다 자녀의 노력과 준비 과정에 대해 이야기한다면 자신의 결과에 대하여 편안하게 받아들이고 다음에 더욱 노력하게 된다.

와글와글 함께

함께하는 즐거움 맛보기

승패를 떠나 함께할 수 있는 활동을 함으로써 혼자가 아닌 함께 해냈을 때의 즐거움을 직접 체험해 보도록 한다. 함께할 만한 활동은 다음과 같다.

내 짝과 함께

손바닥으로 기대기

서로 손바닥을 마주 대고 선 다음, 상대의 손바닥에 무게를 의지한 채 조금씩 뒤로 물러나 균형을 이룬다. 그리고 나서 모두가 모이는 장소로 움직여 가는데, 처음에는 한쪽 손을, 그다음에는 다른 손을 움직인다. 동시에 두 손이 다 떨어지면 균형이 깨진다.

발끝으로 기대기

서로의 발끝을 맞대고 선 후 양손을 꼭 붙잡는다. 그리고 나서 조금씩 상체만 뒤로 빼서 양팔을 쭉 뻗은 다음, 살살 옆으로 흔든다.

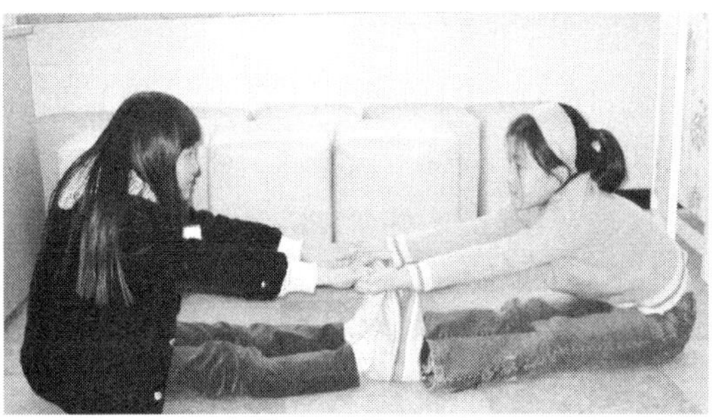
내 짝 세워 주기

둘씩 짝을 지어 무릎을 펴고 발바닥을 서로 붙이고 마주 앉는다. 그다음 손을 맞잡고 서로 잡아당기면 상대를 일으켜 세울 수 있다. 그리고 다시 조심스럽게 힘의 균형을 유지하면서 자리에 앉는다.

출처: 스펜서 케이건(2000). 협동학습. pp. 540-541.

발끝 닿기

8~10명의 아이들이 오른발을 앞으로 내밀어 발끝이 서로 닿도록 둘러선다. 발끝을 서로 의지한 채 각자 왼발을 땅에서 떼어 본다. 그렇게 몇 초 동안 견딜 수 있는지 시험한다.

마음 맞추기

이 게임에서는 서로서로를 잘 보고 같이 움직이는 것이 관건이다. 게임을 시작하면 모두 자리에 앉는다. 누구나 자기가 원하면 자리에서 일어날 수 있지만 5초 이상 서 있을 수 없다. 하지만 앉았다가 원하면 언제든지 일어날 수 있다. 동시에 모둠 전원이 다 같이 일어날 수 있을 때까지 계속한다. 이때 말은 할 수 없다.

춤추는 세탁기

서로 세탁기 속의 빨래처럼 얽혀 있을 때는 안 풀릴 것 같지만 신기하게 풀리는 경험을 통해 아무리 복잡한 일도 서로가 조금씩 관심을 기울이고 배려하면 쉽게 해결할 수 있다는 것을 느낄 수 있다.

- 한 반을 2~3개 팀으로 나눈다(학급 전체도 가능).
- 팀원들은 서로 동그랗게 서서 양손을 잡아 원을 만든다.
- 얼굴이나 옷차림을 통해 오른쪽과 왼쪽에 어떤 친구가 있는지 확인한다.
- 교사가 '시작'을 외치면 모두 춤추는 기능을 가진 세탁기 속의 빨래가 되어 손을 놓고 맘껏 빙글빙글 춤을 추며 돈다. 이때 처음에 둘러선 원 밖으로 나가지 않도록 한다.
- 춤을 추며 돌다가 교사가 '그만'을 외치면 그 자리에 멈춰 선 후, 처음에 자신의 양쪽에 서 있던 친구를 찾아 손을 잡는다(이때, 잡은 손의 방향이 바뀌거나 손을 놓치지 않도록 주의한다).
- 손을 놓지 말고 잡은 손 위를 넘어가거나 잡은 손 아래로 고개를 숙이고 지나가면서 본래의 원을 만든다.

09

집단따돌림 I - 따돌림당하는 아이

이런 녀석 꼭 있다!

유코파 유상진

4학년 상진이는 짜증을 많이 내는 편이다. 아이들과 조별활동을 할 때 마음 상하는 일이 있으면 말로 하지 않고 짜증을 내서 쉽게 해결될 일을 더 크게 만들기도 한다. 쉬는 시간에는 혼자서 책을 볼 때가 많고, 친구도 별로 없다. 그래도 수련회를 가기 전에는 그런대로 괜찮았다. 버스에 같이 앉아서 가겠다는 친구는 없었지만 그렇다고 '왕따'를 당한다는 느낌은 받지 못했다.

그러나 수련회를 다녀온 후 아이들은 상진이를 피하기 시작했다. 상진이가 앉았던 자리에는 안 앉으려 하고, 상진이의 물건에 몸이 닿는 것도 싫어했다. 체육 시간에 공 주고받기를 하는데 아무도 상진이가 던지는 공은 잡으려 하지 않았다. 상진이는 속이 많이 상했을 텐데도 아이들에게 뭐라 화를 내지 못했다.

상진이를 심부름 보내고 선생님은 아이들에게 이유를 물었다.

"대체 너희는 왜 상진이한테 그러는 거야? 너희가 그러면 상진이는 얼마나 외롭고 힘들겠어."

선생님의 질문에 아이들은 한동안 잠잠했다. 그러다 몇 번을 선생님이 묻자 여기저기서 대답하기 시작했다.

"상진이는요, 너무 지저분해요. 그래서 애들이 걔 몸이 닿은 것에는 닿기 싫어하

는 거예요."

의외의 대답에 선생님은 당황했다. 짜증을 잘 내는 것과 같은 행동 때문이 아니라 지저분하기 때문이라니…….

"상진이는 옷차림도 깔끔하고 냄새도 안 나잖아. 그런데 왜 지저분하다는 거야?"

"상진이가요, 수련회를 갔는데 방에서 코딱지를 파는 거예요. 그래서 그다음부터 모두 걔가 지저분하다고 했어요."

"그래서 걔 별명이 '유코파'예요."

"와 하 하 하 하!"

아이들은 웃었지만 선생님은 웃을 수가 없었다.

'세상에 코 안 파는 사람이 어디 있다고 그걸 꼬투리 잡고 놀리다니 너무했네. 어쩜 다른 사람한테 저렇게 악하게 굴 수가 있을까? 아무래도 그동안 상진이를 싫어했던 애들이 수련회 때의 일을 빌미로 삼아 마음껏 상진이를 못살게 구는 거라고밖에 볼 수 없어. 그런데 어떻게 해야 상진이를 도와줄 수 있지?'

선생님의 고민은 깊어져 갔다.

2. 그 녀석과 나

왕따를 당하는 건 안된 일이지만 다른 애들이 싫어하는 짓만 골라서 하니……. 감싸고 싶어도 감싸 주기가 힘들어.
무조건 상진이 편만 들면 아이들이 더 미워해서 역효과만 날 거야. 어쩌면 좋지?
도와주고 싶기는 한데 뭘 어떻게 해야 하지?
아무리 봐도 왕따까지는 아닌 것 같은데, 돌아가면서 왕따를 시켰다고 울고불고 난리네. 요즘에는 친하던 친구들이랑 문제가 생겨도 '왕따'라고 한다니까……. 힘든 일이겠지만 아직 왕따란 말을 붙일 정도는 아니야.
아무래도 상진이 부모님과 상담해 봐야겠어.

3. 그 녀석의 이유

예전에는 지저분하거나 힘이 약한 아이들이 집단따돌림의 대상이 되곤 했다. 그러나 요즘에는 여러 가지 이유로 따돌림을 당한다. 잘난 척, 예쁜 척, 있는 척, 아는 척한다고 따돌림을 당하기도 한다.

집단따돌림을 당하는 이유

튀는 행동

누구나 남보다 튀어 보이고 싶어 하지만 정작 남이 나보다 잘난 것은 샘이 나기 마련이다. 이런 심리 때문에 남보다 튀는 행동을 하는 아이들이 따돌림을 당하기도 한다.

예) 잘난 척, 예쁜 척, 착한 척, 돈 많은 척, 똑똑한 척, 짱인 척, 지나친 아부, 어린애나 공주 같은 말투와 행동

대항을 못 함

친구들이 자신을 함부로 대해도 그것에 대해 대항할 힘이 없다. 그래서 가만히 있거나, 비굴한 모습으로 웃거나, 그 일에 아예 무관심한 듯 행동한다.

가해 아이의 입장에서는 이런 모습이 더 만만해 보이고 함부로 대해도 상관없는 애라고 생각하게 된다.

눈치가 없음

눈치가 없어서 친구들이 싫어해도 똑같은 행동을 반복적으로 한다. 그러다 보면 '이상한 아이'로 낙인찍히게 된다.

예) 아무 때나 흥얼흥얼 노래를 부름. 근처에 앉은 친구들이 조용히 하라고 해도 전혀 미안해하지 않고 노래를 불러 짜증 나게 함

외모

겉보기에 다른 아이들과 다르면 따돌림을 당하는 빌미가 된다. 특히 지저분해 보이면 "○○랑 닿으면 썩는다."라고 표현하며 손도 대지 않으려 한다.

예) 몸에서 냄새가 남, 특이하게 생김, 장애가 있음, 머리를 안 감음,
콧물을 자꾸 흘리고 아무 데서나 코를 품, 자주 코딱지를 팜,
옷차림이 남루함, 머리가 단정하지 않음

이기적임

남을 무시하거나 이기적으로 행동하면 '공공의 적'이 되기 쉽다. 아이들은 심판자인 양 '공공의 적'을 따돌린다. 그리고 자신들의 행동에 당위성을 부여한다.

믿을 수 없음

친한 친구들 사이에서도 따돌림을 당하는 경우가 있다. 거짓말, 고자질, 이간질 등으로 친구들에게 신뢰를 잃으면 따돌림을 당하기 쉽다. 특히 사춘기에 접어들면 또래와의 의리를 매우 중시하기 때문에 한 번 잃어버린 신뢰를 회복하기는 매우 어렵다.

이 밖에도 전학을 왔거나 공부를 못하거나 집이 너무 가난하거나 부모님 중 한 분이 계시지 않아도 따돌림을 당하는 이유가 될 수 있다. 아이들이 집단따돌림을 당하는 이유는 다양하고 복합적이며 상황에 따라 다르기 때문에, 교사는 단순한 도식으로 문제를 바라보지 않도록 주의해야 한다.

학교에서 볼 수 있는 집단따돌림 피해 아이의 특성

집단따돌림은 아이들이 쉬쉬하기 때문에 교사들이 파악하는 것은 쉽지 않다. 그래서 지속적인 관찰을 통해 도움이 필요한 아이들을 찾아내는 것이 중요하다. 집단따돌림을 당하는 아이가 학교에서 보이는 행동 특성은 다음과 같다.

- ○ 안색이 안 좋고 평소보다 기운이 없다.
- ○ 체육 시간, 점심 시간, 쉬는 시간에 혼자 떨어져 있다.
- ○ 체험학습에 차 타고 갈 때 같이 앉을 친구가 없다.
- ○ 옆에 앉는 걸 다른 아이들이 싫어한다.
- ○ 발표를 하면 다른 아이들이 비웃는다.
- ○ 이유도 없이 교사 주위를 맴돈다.
- ○ 친구가 시키는 대로 따르거나 심부름도 한다.
- ○ 친구에게 부당한 일을 당해도 따지지 못하고 웃기만 한다.
- ○ 이름보다는 비하성 별명이나 욕으로 불린다.
- ○ 성적이 갑자기 또는 서서히 떨어진다.
- ○ 항상 완력 겨루기의 상대가 된다.
- ○ '더럽다' '이상하다' 등의 말을 듣는다.
- ○ 자주 결석이나 지각을 한다.
- ○ 상처가 나거나 옷이 심하게 구겨진 것에 대해 제대로 설명하지 못한다.

쌤! 이렇게도 해 봐요

안경 바꿔 쓰기

따돌림을 당할 만한 아이는 아무도 없다

반에서 따돌림당하는 아이를 보면 간혹 그럴 만한 이유가 있다고 생각될 때가 있다. 다른 아이들이 싫어할 만한 행동을 눈치 없이 하는 모습을 보면 "저러니 따돌림당하지." 하고 생각할 수도 있다. 그런데 이런 생각을 가지고서는 절대 집단따돌림을 해결할 수 없다. 교사조차도 그렇게 보는데 다른 아이의 눈에는 어떻겠는가?

이 세상에 왕따를 당할 위험이 있는 아이는 있어도 왕따를 당할 만한 아이는 아무도 없다.

잘못된 신념은 바꾼다

집단따돌림에 대해 교사들이 가지는 잘못된 생각들이 있다. 생각을 바꾸는 데서 문제의 해결은 시작된다.

예 잘못된 신념의 예

- ○ 성장하면서 겪을 수 있는 일이다.
- ○ 따돌림을 잘 이겨 내면 더 훌륭한 사람이 될 수 있다.

아이는 교사의 노력을 안다

집단따돌림을 해결하는 것은 쉬운 일이 아니다. 아이들 간의 관계는 교사도 어찌할 수 없는 다양한 변수가 존재하고, 아이들의 행동을 바꾸는 데는 오랜 시간이 걸리기 때문이다. 그래서 교실에서 따돌림 문제가 발생하면 교사는 종종 자신의 한계를 느끼게 된다. 아이들을 붙들고 나름대로 노력했는데 학기말이 되어서도 큰 진전이 없으면 자신의 노력이 아무 소용없는 것처럼 생각되는 것이다.

그러나 따돌림을 당한 아이의 입장에서는 교사의 작은 노력이 힘이 된다. 교실에 자신의 편이 아무도 없다고 느끼는 아이에게 교사가 자신을 위해 애쓴다는 사실은 큰 위안이 된다. 당장 눈에 띄는 성과가 없더라도 좌절하지 말고 할 수 있는 대로 최선을 다하자. 분명 그 노력은 헛되지 않을 것이다.

> 비록, 교사가 아이들에게 열성만을 남겨 준다 하더라도 그들에게 이미 '헤아릴 수 없이 가치 있는 유산' 을 남겨 주는 셈이 된다.
> - 토마스 에디슨 -

개입은 빠를수록 좋다

고학년에서의 따돌림은 친하게 지내던 아이들 사이에서 벌어지는 경우가 많다. 그러다 보면 교사의 입장에서는 자신의 개입이 오히려 역효과를 가져올까 봐 개입을 망설이게 된다.

하지만 상황에 따라 개입 방법이 달라질 수는 있어도, 개입하는 시기는 빠를수록 좋다. 교사가 느낄 수 있는 정도라면 이미 따돌림은 상당히 진행된 상태며, 개입이 늦어졌다가는 돌이킬 수 없는 결과를 낳게 될 수 있기 때문이다. 교사의 개입이 이루어지면 아이들은 자신의 행동을 교사가 주시하고 있음을 알게 되고, 그러다 보면 따돌림의 강도가 약해질 수 있다. 따돌림을 당하는 아이에게는 교사의 개입이 심적 안정감을 주는 계기가 된다.

아이와 교사의 시각차가 있다

교사가 보기에는 단짝 친구들 사이에서 벌어지는 다툼 정도로 보이는데, 아이 입장에서는 '왕따'를 당한다고 느끼는 경우가 종종 있다. 이는 '왕따'라는 말이 남용되어 쓰이기 때문이기도 하지만, 같은 문제를 보는 아이와 교사 간에 시각차가 있다는 의미이기도 하다.

교사의 눈에는 명백하게 '왕따'가 아니더라도 아이가 그렇게 느낀다면 교사는 그것에 충분한 주의를 기울이고 문제 해결을 위해 노력해야 한다. '왕따'는 객관적인 근거에 의한 것이 아니라 주관적인 고통을 나타내는 말이기 때문이다.

교사 자신도 보호해야 한다

교실에서 집단따돌림이 발생하면 그것을 해결하는 과정에서 교사의 노력을 꼼꼼하게 기록으로 남겨야 한다. 이 기록은 상황을 전체적인 맥락에서 살펴볼 수 있게 도울 뿐만 아니라 교사 자신을 보호하는 자료가 된다. 만약 교실에서 집단따돌림 예방교육을 실시하였다면 그 자료도 정리하여 보관한다.

함께 세우기

따돌림 절대 금지 선포하기

우리 반에서는 따돌림을 절대 용납하지 않겠다는 강한 의지를 표명한다. 따돌림의 폐해 등을 거론하며 학년 초부터 이런 원칙을 분명히 해 두면 아이들도 나름대로 조심하게 된다. 학급회의를 통해 따돌림 추방을 결의하는 것도 하나의 방법이다.

우리 반은 모두 소중하니까요

교사가 반 아이들 한 사람, 한 사람을 소중히 여기며 그 사실을 늘 강조하면 아이들도 친구들을 소중히 여기는 마음을 배우게 된다.

> 예시 우리 반은 한 몸과 같습니다. 우리 몸의 각 부분이 하나라도 빠지면 안 되는 것처럼 우리 반에서 한 사람이라도 빠지면 행복한 반이 될 수 없습니다. 눈이 나쁜 사람은 쓸모가 없다고 눈을 뽑아 버리지 않습니다. 안경을 써서 눈이 잘 보이도록 돕습니다. 마찬가지로 우리 반에서 도움이 필요한 친구가 있다면 마땅히 도와주어야 합니다. 친구를 따돌리고 괴롭히는 것은 우리 몸의 한 부분을 잘라내는 것같이 절대 일어나서는 안 되는 일입니다.

동영상 활용하기-시우보우(視友保友)

교육과학기술부에서 2006년에 제작한 동영상으로, 초등학생용 학교폭력예방 프로그램이다. 총 10회기로 구성되어 있으며, 매회 실제적이고 재미있는 내용으로 접근하고 있어서 아이들의 호응도 좋다.

각 학교별로 배부된 CD를 활용하거나 인터넷을 통해 볼 수 있다.

http://down.edunet4u.net/KEDTLC/school/elem/index.htm

스웨덴의 왕따 금지 공익광고(포털사이트에서 검색)도 고학년 아이들과 함께 보기에 좋다.

주제	회기 제목	핵심 내용
인권과 평화의식	우리에겐 인권이 있어요	인권에 대한 개념
대인관계	나와 조금 다를 뿐이야	다름을 인정하기
이타 행동	내가 바로 그 사람이야	내가 먼저 도와주기
의사소통	이렇게 말해요	효과적인 의사소통 기술
폭력 문화	나도 폭력에 중독되고 있다	폭력 매체의 부정적 영향
집단따돌림	내가 먼저 시작할 수 있어요	집단따돌림의 원인과 대처 요령
언어적 폭력	말도 상처가 돼요	언어 폭력 대처 요령
신체적 폭력	아프게 하지 말아요	신체적 폭력의 위험성
금품 갈취	부끄러운 일	금품 갈취의 유형과 대처 요령
사이버 폭력	내가 사이버 폭력을?	사이버 폭력의 유형과 대처 요령

일대일 상담하기

학기 초에 일대일 상담을 통해 아이와의 끈끈한 유대를 형성한다. 바쁜 학기 초이므로 시간을 내기가 쉽지 않지만, 아이들 한 명, 한 명을 상담하면서 얻을 수 있는 유익이 크므로 시도해 볼 만하다.

마땅히 상담할 내용이 떠오르지 않는다면 먼저 사전 작업으로 현재 가장 고민스러운 일, 우리 반에서 일어나는 친구에 대한 폭력 등에 대해 쓰게 한 후 그 내용을 바탕으로 이야기를 나눠 본다. 아이들이 솔직하게 쓰게 될지를 염려할 수 있지만 분위기만 잘 형성되면 의외로 아이들은 솔직하게 적는다.

상담을 통해 가정환경조사서로는 도저히 알 수 없는 아이의 사생활이나 가족문제 등을 깊이 있게 알아보고 이에 대한 이해를 넓힐 수 있어, 추후 아이들의 생활지도에 큰 도움이 된다.

정기적인 설문하기

학급에서 정기적으로 따돌림을 당하는 아이가 없는지를 설문지를 통해 조사하여 아이들 지도에 참고한다. 설문지를 꾸준히 하면 아이들에게 경각심도 불러올 수 있어 따돌림 예방에 도움이 된다([활동지 9-1] 참조).

그 녀석과 둘이서

집단따돌림이 교실에서 일어나는 것을 발견했거나 피해 아동이 피해 사실을 밝혔을 경우 상담을 통해 도움을 줄 수 있다. 이러한 상담은 개별 상담이나 소집단 상담의 형태가 될 수 있으며, 처음에는 개별적으로 접근하다가 소집단 형태의 상담이 되는 것도 좋다. 집단따돌림 문제는 혼자서 해결할 수 없고, 가해 학생, 피해 학생, 소극적 동참 학생까지 함께해야 해결될 수 있기 때문이다.

피해 아동 이해하기

피해 아동은 교실에서 한 명도 자기편이 없다고 느끼기 쉽다. 심리적 지지 세력이 없기 때문에 가해 아동과 다른 친구들에게 위축되어 있다. 위축되어 있다는 것은 단지 아무 말도 못하고 가만히 있는 것만을 말하지 않는다. 오히려 적절한 자기표현을 못하고 소리를 지르는 것과 같은 용인되지 않는 형태로 위축된 자기를 표현할 수도 있다.

심리적 지지 세력 되어 주기

교사는 아이에게 심리적 지지 세력이 되어 주어야 한다. 설령, 피해 아동이 어떠한 문제를 보일지라도, 먼저 문제에 대해 지적하기보다 어떠한 상황에서도 '선생님은 너를 사랑하고 너의 편이 되어 주고 싶다.'는 말을 하고 문제에 접근하는 것이 좋다.

초등학생들에게 교사와의 상담은 나름대로 특별한 기억으로 남는다. 사실 1년을 함께 보내도 교사와 마주 앉아 일대일로 이야기를 나누기는 쉽지 않다. 그러므로 바쁜 와중에도 상담하는 시간을 할애하여 아이와 마주 앉기만 해도 아이는 그 시간을 특별한 시간으로 여기며 반응한다. 피해 아동이든, 가해 아동이든 이 점은 마찬가지이며, 아이들은 모두 교사의 사랑을 받기 원한다는 것을 기억하자.

상담 내용 기록하기

상담을 한 내용은 반드시 누가 기록하도록 한다. 이것은 교사 자신을 보호하는 방법임과 동시에 아이들의 문제에 개입하는 데 체계성을 부여한다.

경청하기

집단따돌림 피해 학생은 자신의 이야기를 하는 데 서투르고, 주눅이 들어 있는 경우가 많다. 따라서 끈기 있게 아이가 하는 이야기를 경청해 주는 것이 필요하다. 아이의 말에 충고나 의견을 제시하고 싶은 충동을 느끼더라도 꼭 참고 들어주는 것이 최우선이다.

경청의 방법

- 눈을 마주 본다.
- 끈기 있게 충분히 자신을 표현할 수 있는 시간을 준다.
- 감정 이입을 하여 아이의 입장에서 듣는다.
- 감탄사나 몸짓을 통해 공감하고 있음을 표현한다.
  예) 응, 계속해 등
- 캐묻지 않되 모호하게 표현되는 부분은 되묻는다.
  예) 잘 이해가 안 되는데 다시 말해 줄 수 있어?
- 말하는 것을 되풀이해 말하며 정리한다.
  예) 진호가 너를 무시하는 것 같아 속상했다는 거지?

원인 찾기

왜 자신이 따돌림을 당하게 되었는지 이유를 함께 찾아본다. 누구에게나 자신의 문제에 직면하는 것은 쉬운 일이 아니므로, 교사는 죄인을 추궁하는 식이 아니라 그때의 상황을 기억하게 하여 원인을 함께 찾는다. 원인을 찾기 어려울 때는 주도적으로 따돌리는 학생에게 물어보는 것도 한 방법이다.

- ○ 언제 따돌림을 당한다고 느꼈니?
- ○ 그때 상황이 어땠는지 이야기해 줄래?
- ○ 너의 어떤 행동이 친구들이 널 따돌리게 만든 것 같니?

감정 표현하기

따돌림을 당해 힘든 자신의 감정을 표현하도록 돕는다.

자기 감정을 선생님께 표현하기

출처: 초등학교 교사용 지도서 바른생활 1-2(2000).

집단따돌림을 당하는 아이들은 자신의 감정을 말하는 것에 어려움을 겪는다. 따라서 먼저 교사에게 자신의 감정을 표현하는 것을 연습하게 한다. 막연히 감정을 표현하게 하는 것은 어렵기 때문에 다음의 자료를 활용하여 연습하는 것도 도움이 된다.

적절한 단어를 자료에서 찾게 하고 그것에 대해 이야기하는 것을 반복한다.

연습을 통해 아이는 자신의 감정을 표현하는 것뿐만 아니라 다른 사람의 감정을 이해하는 것도 배운다. 또 교사와의 인격적인 만남이 아이에게는 사람을 사귀는 방법을 배우는 좋은 경험이 될 수 있다.

친구에게 자기 감정 말하기

- 나 전달법으로 말한다.

  나는 & 친구의 행동 & 자신의 감정

  좋은 예 나는 네가 아까 나를 밀쳐서 아프고 속상했어.

- 말을 하기 어려우면 자신의 힘든 상황을 글을 통해 표현해 본다.

친구 사귀는 방법 생각해 보기

- 이름 부르기: 끝에 이름을 붙여 말하기

  좋은 예 응, 지호야. / 알았어, 지호야.

- 다가가기: 미소나 인사로 먼저 아는 척하기

- 참여하기: "나도 같이 하자."라고 먼저 말하기

  좋은 예 집에 같이 가자. / 화장실 같이 가자.

- 호감 나타내기

  좋은 예 친구의 손잡기, 팔짱 끼기, 내적 감정이나 사적 생각 이야기하기,
  친구의 말 경청하기, 생일 선물 주기

- 초대하기

  좋은 예 같이 음식 만들어 먹기, 게임하기

- 칭찬하기 / 고마움 표현하기

  좋은 예 아까 나한테 지우개 빌려 줘서 고마워. 넌, 참 친절하구나.

- 도와주기

  예) 학용품 빌려 주기, 다친 친구와 보건실 가기 등

- 친구에게 이메일이나 쪽지 보내기

- 나에게 호의를 보내는 친구 찾기

- 상대방 입장에서 생각해 주기

- 용서하기: 나를 고통스럽고, 부정적인 감정에서 해방시키기

  예) 종이에 친구에게 화난 것들을 적고 읽는다.
  → 읽으면서 충분히 화난 감정을 맛본다.
  → 종이를 구기거나 찢으면서 감정을 털어 버린다.

핫라인 만들기

＊톡이나 ＊인 등의 어플을 통해 친구를 맺고 아이와 편안하게 이야기를 나눌 수 있는 환경을 조성한다. 아이는 익숙한 매체 속에서 좀 더 쉽게 자신의 이야기를 꺼낼 수 있고, 교사의 신속한 대응도 가능하다.

강점 찾아보기 & 부각시키기

아이가 가진 강점을 함께 찾아보고 그것을 친구들과 있을 때 자연스럽게 부각시키는 것도 도움이 된다. 아이는 자신감을 얻을 수 있고 친구들도 따돌림당하는 아이의 새로운 모습을 보는 계기가 된다.

분노 해소하기

따돌림을 당하는 아이는 대부분 마음속에 자신과 다른 아이에 대한 분노를 가지고 있다. 분노가 해소되지 않으면 아이는 자기 자신을 용납하지 못하거나 친구들에

대한 미움으로 이후 원만한 관계를 맺는 데도 어려움을 겪는다. 아이 및 가족들과 상의하여 아이가 좋아하는 활동 등으로 분노를 풀어 주는 것도 필요하다.

복수심에 칼만 그리던 아이 → 태권도를 하면서 국가 대표가 되겠다는 새로운 꿈을 꾸게 됨

가정과 어깨 맞추기

가정에서 따돌림 징후 포착하기

집단따돌림은 대개 부모와 교사 모르게 이루어진다. 그래서 부모나 교사가 알았을 때는 이미 손을 쓰기 힘든 상태가 되어 있는 경우도 많다. 학년 초에 가정통신문을 통해 따돌림 징후의 내용을 알리고, 혹시 자녀에게 그런 모습이 보인다면 즉시 교사에게 연락하도록 당부한다([활동지 9-2] 참조).

아이와의 대화 권하기

요즘에는 아이나 부모 모두 바쁘기 때문에 서로 대화할 시간이 부족하다. 쉽지 않은 일이지만 온 가족이 함께 대화하는 시간을 자주 가질 것을 권한다. 엄마와 아이뿐만 아니라 모든 가족이 함께 모이는 것이 좋다.

아이와 대화할 때는 아이의 이야기를 듣고 공감을 표현해 주도록 안내한다. 이야기를 듣자마자 훈계를 늘어놓거나 과도한 기대를 표현하면 아이의 깊이 있는 이야기를 더 이상 들을 수 없다. 공감을 해 준 후 적절한 조언을 하면 더 효과적이다.

아이: 엄마! 오늘 선생님께서 여자, 남자 모두 떠들었는데 남자애들만 벌 주셨어요.

엄마: 선생님이 이유가 있으니까 벌을 주신 거지! (×)
모두 떠들었는데 너희만 벌을 받았으니 속상했겠다. (○)

(조언) 그런데 엄마가 알기로는 너희 선생님께서는 평소에 공평하게 너희를 대하는 분이셔. 혹시 너희가 잘 기억하지 못하는데 더 잘못한 점이 있는 게 아닐까?

위로하기

아이가 왕따를 당한다는 사실은 부모 입장에서는 청천벽력과 같은 소식이다. 아이와 부모가 당한 어려움에 깊이 공감하며, 힘들겠지만 같이 노력하여 잘 이겨 내 보자는 말로 위로한다. 또 아이의 신체적 · 정신적 안전에 대해 안심시켜 희망을 가질 수 있도록 돕는다.

사실 확인하기

따돌림을 당한 이유, 가해 학생들은 누구인지, 언제 어떤 식으로 따돌림을 당했는지, 현재 피해 학생의 심리적 · 육체적 상태 등을 확인한다. 그리고 구체적인 대처 방법을 의논한다.

양육 방식 되돌아보기

자녀를 이기적으로 키우지 않았는지, 성적으로 스트레스를 주지 않았는지, 과잉 보호를 하지 않았는지 등을 되돌아본다. 그리고 자녀가 따돌림을 당한 이유와 관련된 자신의 양육 태도에 대해 생각해 본다.

예시
- 삼척동자 해민이: 잘난 척, 아는 척, 사는 척하여 따돌림 당함
- 엄마의 양육 태도 돌아보기: 평소 다른 아이와 비교를 자주 하며, 다른 아이들보다 잘한 것만 칭찬하고 못한 것은 다그침

몰아세우지 않기

속상한 마음에 자녀를 더 몰아세우는 경우도 있을 수 있다. 아이에게 필요한 것은 무조건적인 격려와 지지임을 상기시킨다.

> 예 잘못된 부모님의 반응
> ○ 왜 바보같이 따돌림을 당하니?
> ○ 그럴 때 한 대 때려 주지 그랬어!
> ○ 이러니까 네가 따돌림을 당하지.
> ○ 네가 이걸 이겨 내면 더 훌륭한 사람이 될 수 있어. 참아 봐.

자연스럽게 분노 표현하게 하기

따돌림을 당한 아이의 마음에는 분노가 가득 차 있다. 그동안 억눌려 있던 분노가 자연스럽게 표출될 수 있도록 가정에서 돕는 게 필요하다. 격려와 지지가 아이에게 힘을 주어 자존감을 높이고, 그러다 보면 자연스럽게 분노가 표현될 수 있다. 무조건 참는 것보다 다른 사람이 받아들일 수 있는 방법으로 표현하는 것이 가정에서 습관화되도록 한다.

친구 만들기 작전 실천하기

자녀가 친구를 만드는 데 부모가 할 수 있는 일을 함께 상의해 본다.

> 예 ○ 친구를 집으로 초대하기
> ○ 친구와 놀이동산 가기
> ○ 친구와 음식 만들기

기관에 도움 청하기

부모와 상의하여 학교폭력 관련 단체나 상담 기관에 도움을 청할 수 있다. 전문적인 상담을 통해 부모와 아이가 충격을 극복하고 새로운 힘을 얻을 수 있다.

와글와글 함께

다양한 친해지기 활동을 통해 학급 친구들 간의 유대를 돈독히 하고, 함께 어울리는 분위기를 만들어 본다.

수호천사

이 활동은 '비밀친구' '마니또'라는 활동으로도 많이 알려져 있다. 제비뽑기에서 친구 한 명을 뽑아 정해진 기간 동안 수호천사 역할을 해 준다. 친구 몰래 사물함 정리해 주기, 편지 써 주기, 책상 정리해 주기 등의 활동이 있는데, 이때 교사도 함께 하여 아이들에게 본보기가 되어 주면 좋다. 또한 수시로 수호천사 역할을 잘하고 있는지 격려하는 것을 잊지 말아야 한다. 기간이 너무 길면 소홀해질 수 있으므로 한 번에 2주일 정도로 하여 일 년 동안 꾸준히 실시한다([활동지 9-3] 참조).

깍두기

학급에서 잘 어울리지 못하는 아이들이 난처해질 때가 모둠별 역할극이나 게임 등의 활동을 할 때다. 따돌림당하는 아이는 위축되어 있어 모둠 활동에 잘 따라가지 못할 경우가 많은데, 그러다 보면 모둠 점수를 깎아 먹는 주범으로 눈총을 받게 된다. 짝이 맞지 않으면 제일 먼저 소외되는 것도 이 아이들이다.

이때는 그 아이를 깍두기로 정해 참여할 수 있는 장을 마련해 준다. 깍두기니까 실수도 용납될 수 있어서 편안한 마음으로 활동에 참여할 수 있다.

칭찬나무

학급에 칭찬나무(A)를 만들어 붙임종이(B)를 붙여 서로 칭찬하게 한다. 그리고 그것을 일주일에 한 번씩 모아서 정리하고 점수를 준다. 칭찬을 한 사람은 5점, 받은 사람은 3점을 주면 자연스럽게 칭찬하려는 분위기가 형성된다. 한 달 단위로 학급의 모든 학생을 칭찬하게 하면 소외되는 사람 없이 골고루 칭찬을 하고, 칭찬을 받게 된다.

(A) 칭찬나무

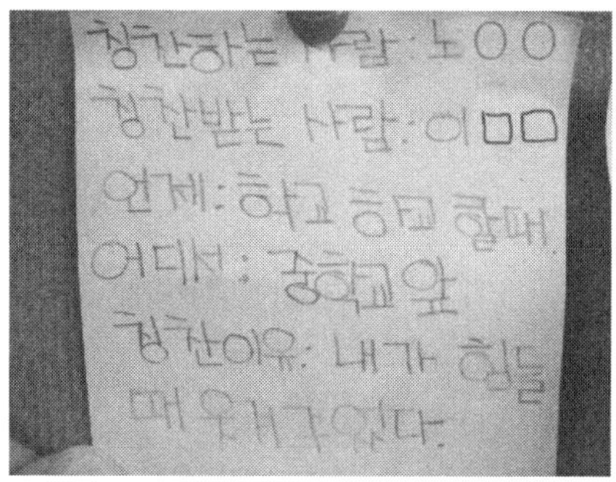

(B) 붙임종이

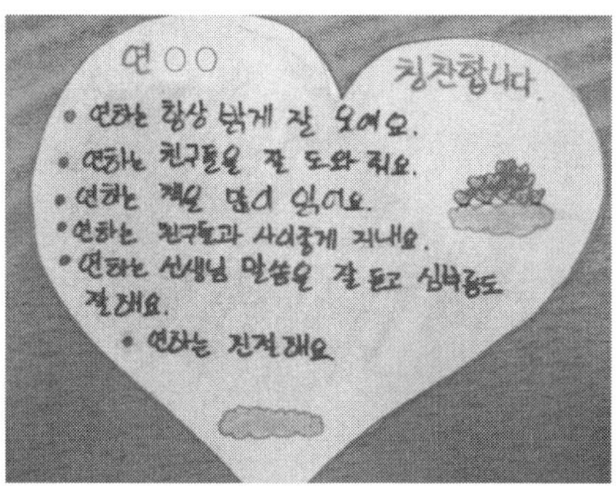

(C) 칭찬편지

칭찬편지

일주일에 한 번 아침자습 시간을 이용하여 한 명씩 칭찬한다. 편지를 적고 꾸며서 주는데(C), 편지를 줄 때는 악수를 하거나 머리를 만지는 등의 자연스러운 신체적 접촉이 있는 것도 좋다. 칭찬이 끝난 후에는 칭찬 주인공 친구가 베스트 칭찬을 뽑고 이를 교실 뒤에 붙여 놓아 더 효과적인 칭찬이 이루어지게 한다.

인터뷰 게임

주제를 정하여 친구를 인터뷰하고 그 결과를 교실에 붙인다. 인터뷰를 통해 친구의 새로운 면을 발견할 수 있고, 이전에 하지 못하였던 깊이 있는 대화를 나눌 수 있어 아이들의 호응이 좋다.

인터뷰 주제 예시

- ○ 내가 가장 자신 있는 것은?
- ○ 나는 ~할 때 행복하다.
- ○ 나에게 다정한 사람은?
- ○ 나는 ~할 때 만족한다.
- ○ 하루 중 유쾌한 일은?
- ○ 이번 주 가장 기분 좋았던 일은?
- ○ 나는 이런 친구를 좋아해요.
- ○ 내가 흥미를 갖는 일은?
- ○ 내가 존경하는 사람은?
- ○ 나는 ~때 마음이 넓은 사람이라고 생각한다.
- ○ 내가 생각하는 인생의 큰 즐거움은?
- ○ 나는 외모 중 ~에 자신 있다.
- ○ 내가 참을성 있게 해낸 일은?
- ○ 내가 익숙해지기 힘든 일은?
- ○ 나는 ~은(는) 후하다.
- ○ 아낌없이 주어 본 경험은?
- ○ 내가 가장 좋아하는 물건은?
- ○ 나는 ~할 때 당당하다.
- ○ 나는 ~에겐 화를 잘 참는다.

모두가 행복한 종이컵 만들기

자신의 장단점을 각각 네 가지 정도 종이컵에 적고 난 후, 장점은 두고 단점은 부족한 만큼 오려 낸다. 모둠별로 물 한 컵을 주고 자신의 종이컵에 물을 가장 많이 부을 수 있는 방법을 찾도록 한다. 시간을 주면 아이들은 종이컵을 겹치고 물을 부으면 된다는 것을 스스로 발견한다. 활동을 통해 자신의 장점으로 다른 친구의 단점을 감싸 주는 것이 모두가 행복하게 살 수 있는 방법임을 깨닫게 된다.

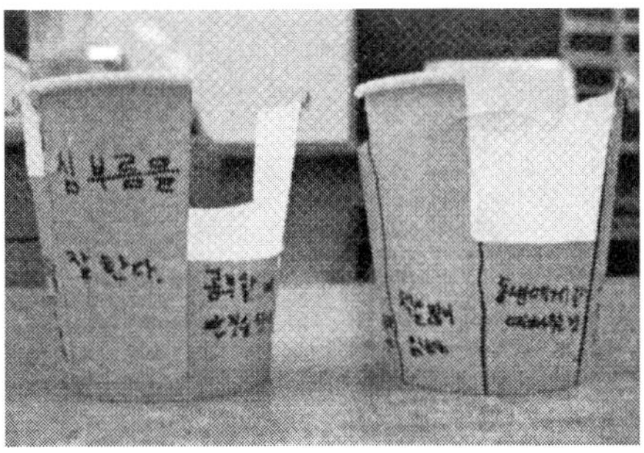

[활동지 9-1]

친구야 잘 지내니?

학년　　반　이름:

● 나의 학교 생활에 대하여 질문에 답하여 주세요(∨표).

번호	질문 내용	정도		
		자주 그렇다	가끔 그렇다	아니다
1	나는 학교에서 아이들로부터 위협이나 협박을 당한 적이 있다.			
2	나는 아이들로부터 이유 없이 신체를 구타당한 적이 있다.			
3	나는 학교에서 친한 아이가 없다.			
4	나는 학교에서 다른 아이들과 잘 어울리지 못한다.			
5	나는 학교에서 다른 아이들로부터 강제로 돈을 빼앗긴 적이 있다.			
6	나는 학교에 가기가 두렵다.			
7	나를 도와주는 아이가 없다.			
8	아이들이 나를 의도적으로 따돌리고 소외시키며, 완전히 무시한 적이 있다.			
9	나를 이유 없이 괴롭히는 아이가 있다.			
10	나에 대해 나쁜 말을 하고 다녀서 다른 아이들이 나를 싫어하게 만드는 아이가 있다.			
11	내가 싫어하는 일을 강제로 시키는 아이가 있다.			
12	나에게 욕설을 하는 아이들이 있다.			
13	집단괴롭힘을 당해서 괴로운 적이 있다.			
14	아이들이 내가 싫어하는 별명을 부르고 비웃은 적이 있다.			
15	모둠을 정할 때 나랑 하기 싫어하는 아이들이 있다.			

(학생들에게 검사를 실시할 때는 검사지 자체만 주도록 함)

진단 척도명	평가 내용 기준 '자주 그렇다' 에 표시한 총 합계		비 고
집단괴롭힘 검사지	2개 이하	일시적 따돌림일 가능성이 많음	
	3~7개	학교에서 따돌림받을 가능성 있음	
	8개 이상	따돌림받을 가능성이 매우 높음	전문가 상담 요망

출처: 안남수(2001). 가정환경 및 어머니의 양육태도와 집단따돌림 간의 관계 연구. 인제대학교 교육대학원.

[활동지 9-2]

가정에서 알 수 있는 따돌림 징후

많은 집단따돌림이 부모와 교사 모르게 이루어집니다. 부모나 교사가 알았을 때는 이미 손을 쓰기 힘든 상태가 되어 있는 경우도 많습니다. 그래서 평소에 아이를 유심히 관찰하는 것이 중요합니다. 혹시 자녀에게 다음과 같은 모습이 많이 보인다면 따돌림 당하는 것을 의심해 볼 수 있습니다.

- 다른 아이들의 괴롭힘에 대한 피해를 자주 말한다.
- 갑자기 학교에 가기 싫어하고 학교를 그만두거나 전학하고 싶어 한다.
- 수련회, 수학여행 및 체육대회 등 행사에 참석하기 싫어한다.
- 학교에 가거나 집에 올 때 엉뚱한 길로 온다.
- 집에 돌아오면 피곤한 듯 주저앉는다.
- 부모와 눈을 잘 마주치지 않고 피한다.
- 자기 방에 틀어박혀 있는 시간이 많다.
- 전보다 용돈을 자주 달라고 요구하며, 때론 훔치기도 한다.
- 잘 때 식은땀을 흘리면서 잠꼬대나 앓는 소리를 한다.
- 몸에 상처나 멍이 들어 있다.
- 옷이 더럽혀 있거나 찢겨 있는 경우가 많다.
- 전화를 받고 갑자기 외출하는 경우가 잦다.
- 같이 어울리는 친구가 거의 없다.
- 학용품이나 소지품이 자주 없어지거나 망가져 있다.
- 공책, 가방, 책 등에 낙서가 많이 쓰여 있다.
- 내성적이고 소심하며 초조한 기색이 보인다.
- 작은 일에도 깜짝깜짝 놀란다.
- 머리나 배 등이 자주 아프다고 호소한다.
- 무슨 생각에 골몰해 있는지 정신이 팔려 있는 듯하다.
- 학교 성적이 떨어진다.

출처: 법무부 · 교육인적자원부(2008). 2008학교폭력예방가이드북 재인용.

[활동지 9-3]

너의 수호천사가 되어 줄게

학년 반 이름:

● 2주일 동안 친구의 수호천사가 되어 한 일과 느낀 점을 적어 보세요.

날 짜	수호천사로서 한 일	그때의 나의 생각이나 느낌

10

집단따돌림 II - 친구를 따돌리는 아이

이런 녀석 꼭 있다!

두 얼굴의 사나이 진태

진태는 1학기 회장이다. 준수한 외모에 유머러스하고 자신감 있는 태도, 좋은 성적으로 반 아이들 대부분이 진태를 좋아한다.

그런데 그렇게 믿었던 진태가 상진이를 따돌리는 데 일등공신이었다고 한다. 아무래도 상진이와 같은 모둠을 하면서 감정이 안 좋아진 것 같다. 진태가 밝은 성격이니까 상진이와도 잘 지낼 거라고 생각하고 같은 모둠으로 편성했는데 그게 실수였다. 매사에 완벽한 진태에게 뭐든지 대충 하는 상진이는 눈엣가시였다. 상진이 때문에 모둠 점수가 깎인 적도 여러 번이었으니 말이다. 게다가 상진이는 진태가 뭐라고 하면 짜증부터 내니 말이 안 통했을 것이다.

수련회에서 상진이와 진태는 같은 방을 쓰게 되었다. 상진이가 코를 파는 걸 보고 친구들에게 말한 것도 진태였다.

"상진이가 지저분하니까 같이 놀면 너도 썩을지도 몰라."

"저런 녀석은 우리가 본때를 보여 주어야 해. 아까 쟤 짜증 내는 거 봤지? 우리가 만만하니까 저러는 거라니까."

진태의 말이니 아이들은 더 수긍했고, 평소 상진이를 별로 좋아하지 않던 아이들은 이제 대놓고 상진이를 따돌리게 되었다. 상진이가 앉았던 자리에는 안 앉으려 하고, 상진이의 물건에 몸이 닿는 것도 싫어했다. 체육 시간에는 상진이가 던지는 공은 아무도 받지 않았다.

아이들 사이에 인기가 많은 진태가 도와준다면 상진이에게 큰 힘이 될 텐데……. 진태의 도움을 이끌어 낼 좋은 방법은 없을까?

2. 그 녀석과 나

나쁜 놈들! 어떻게 여러 명이 한 명한테 그런 몰상식한 행동을 할 수가 있어?
어떻게 애들이 그렇게 악할 수가 있을까? 당하는 애가 얼마나 고통스러운지 모르나?
일단 부모님부터 면담을 해야 하는데, 어떻게 말을 꺼낸담?
어쩜 저렇게 뻔뻔하담? 별로 미안해하지도 않잖아. 저런 녀석은 당해 봐야 그 고통을 안다니까.

3. 그 녀석의 이유

집단따돌림의 원인

분명 예전에도 친구들과 잘 어울리지 못하는 아이들이 있었지만, 요즘처럼 악의적인 위해를 가하는 정도는 아니었다. 왜 이렇게 심각한 수준의 따돌림 현상이 나타난 것일까?

심각한 개인주의

○ 자기중심적인 사고 또는 이기주의적 사고
○ 자신의 행동(특히 화가 나는 일)에 대한 참을성 부족
○ 나와 다른 아이를 용납하거나 배려하지 못하게 되어, 따돌림에 대한 죄의식이 점차 희미해짐

가족 안에서의 갈등

부모의 불화, 별거, 이혼, 재혼 등은 아이에게 정서적으로 심각한 불안을 불러일으킨다. 이는 바깥에서 희생양을 찾는 것과 같은 형태로 표출될 수 있다.

집단 이기주의

사춘기는 본격적으로 배타적인 집단을 형성하는 시기다. 자신들만의 문화를 공유하여 다른 친구들을 배타적으로 대하거나, 다른 집단의 친구들을 인정하지 않아 갈등이 일어난다. 또한 밖으로 드러나는 외모, 인기 등을 중요시

하는 요즘 아이들의 특징은 이러한 갈등을 증폭시킨다.

매체의 영향

TV, 영화, 인터넷에서는 폭력을 그대로 보여 주고 심지어 조직 폭력배까지도 미화하여 폭력에 대한 경각심을 마비시킨다. 또래관계를 중요시하는 아이들에게 폭력 조직의 '의리' 있는 모습은 멋있게 비춰진다.

예방교육의 어려움

초등학교의 생활지도는 예방이 최우선이다. 그래서 학교마다 학년 초에 생활지도 규정도 만들고 생활본도 활용한다. 그러나 이것은 '집단따돌림'을 예방하기에는 다소 부족한 것이 사실이다. 교육과정 진도 나가기도 빠듯하기 때문에, 학급별로 아이들을 대상으로 따로 시간을 내어 예방교육을 실시하는 것의 중요성은 알지만 그냥 넘어가기 쉽다. 학교교육은 학습지도와 생활지도가 중요하다고 하지만 실상 생활지도를 할 시간은 턱없이 부족하다.

경쟁 위주의 학교 풍토

'좀 더 비싼 너로 만들어 주겠어. 네 옆에 앉아 있는 그 애보다 더. 하나씩 머리를 밟고 올라서도록 해. 좀 더 잘난 네가 될 수가 있어.'

서태지와 아이들의 노래 '교실 이데아'는 경쟁 위주의 교육 현실을 그대로 드러내고 있어 인기를 모았다. 성적 경쟁으로 아이들은 다른 아이들과 자기 자신을 항상 비교하며 우월감을 느끼거나 열등감을 갖게 되고, 이것이 따돌림으로 나타날 수 있다.

집단따돌림을 시키는 아이의 행동 특성

누구나 집단따돌림의 가해 아동이 될 수 있다. 예전에는 집안에 어떤 문제가 있어야 다른 친구를 괴롭힌다고 생각했지만 요즘은 그렇지 않다. 학급 회장과 같은 지도적인 아이들이 가해 아동인 경우도 많고, 다른 친구에게 엄청난 상처를 주었으면서도 아무렇지 않게 지내는 아이들도 많다. 다음은 집단따돌림을 시키는 아이의 일반적인 행동 특성을 제시하였다. 이러한 행동 특성을 보이는 아이들은 집단따돌림의 가해자일 수 있다는 일종의 경고 신호일 뿐 그 이상으로 과대 해석해서는 안 된다.

집단따돌림을 시키는 아이의 행동 특성

- ○ 공격적인 행동을 자주 한다.
- ○ 충동적으로 행동한다. 좌절이 빠르고 쉽게 흥분한다.
- ○ 공격이 문제를 해결하는 좋은 방법이라고 생각한다.
- ○ 친구들을 휘두르려고 한다.
- ○ 수업 분위기를 주도하고 싶어 한다.
- ○ 다른 사람들을 창피 주거나 조롱하고, 그것이 잘못된 행동인지 모른다.
- ○ 애완동물이나 다른 아이들에게 잔인하다.
- ○ 공감이 부족하여 다른 사람의 일이나 감정에 무감각하다.
- ○ 자신의 행동에 책임을 지지 않는다.
- ○ 불평불만이 많고, 남 탓을 많이 한다.
- ○ 고의로 남을 화나게 하거나 괴롭힌다.
- ○ 자기중심적이다. 자신의 만족에만 관심이 있고 다른 사람의 만족에는 무관심하다.

출처: 미셸 보바(2005). 우리아이 38가지 나쁜 습관 바로잡기. pp. 87-88 재구성.

약한 친구들을 괴롭히는 아이들의 미래

약한 친구를 괴롭히는 아이들은 훗날 실패한 인생을 살게 될 확률이 높다는 연구 결과가 나왔다. 미시간대학교의 심리학자인 레오나르드 에론은 800명이 넘는 8세 아동을 40년 이상 추적했다. 그중 25%에 해당하는 남을 괴롭히는 아이들을 추적한 결과, 30세 이전에 4명 중 1명이 전과자가 되었다. 범죄 기록이 없는 사람들도 여러 가지 어려움을 겪는 것으로 나타났다. 다른 아이들보다 지능이 뛰어난 경우에도 교육 수준이나 직업적 · 개인적 성취도가 낮았다. 또한 초등학교에서 남을 괴롭히던 아이들은 청년기가 되어서도 조직폭력에 가담하거나 비행 청소년이 될 가능성이 높을 뿐 아니라 성적 학대나 물리적인 공격에 연루되는 것도 쉽다고 한다. 남을 괴롭히는 행동은 성장 과정의 일부분이 아니라 지금 당장 그만두어야 하는 나쁜 행동이다.

출처: 미셸 보바(2005). 우리아이 38가지 나쁜 습관 바로잡기. p. 241.

쌤! 이렇게도 해 봐요

안경 바꿔 쓰기

눈에는 눈, 이에는 이?

집단따돌림을 하는 가해 아이에 대해 교사가 잘못 생각할 수 있는 것 중 하나는, '너도 당해 봐라.'라는 식이다. 친구에게 못되게 군 만큼 너도 당해 봐야 정신을 차리고 다시는 다른 사람한테 안 그럴 거라는 것이다. 그러나 이러한 교사의 태도는 분노만 낳을 뿐이지 근본적인 문제 해결에는 큰 도움이 되지 않는다.

가해자는 잠재적 피해자

가해자는 언제든 피해자가 될 수 있다. 따돌림에 동조했던 다른 친구들에 의해 피해를 당할 수도 있고, 가해자로 낙인찍혀 '나쁜 아이'로 인식되면서 따돌림을 당할 수도 있다. 따라서 교사는 가해 아이를 또 다른 피해자로 만들지 않기 위해 노력해야 한다. 문제 행동에 대해서는 엄격하게 지도하되, 아이 자체를 범죄자로 취급하여 질시하는 눈길을 보내면 안 된다. 가해 아이나 피해 아이 모두 교사가 껴안아야 하는 아이들임을 기억하자.

함께 세우기

친구를 괴롭히는 행동 알기

아이들은 친구를 괴롭히는 행동이 나쁘다는 것을 알고 있다. 그러나 장난으로 친구에게 한 행동은 그다지 나쁘다고 여기지 않는다. 그래서 학급회의를 통해 무엇이 친구를 괴롭히는 행동인지 정리해 볼 필요가 있다.

친구를 괴롭히는 행동

○ 외모에 대해 말하기, 놀리기
○ 이름 가지고 놀리기
○ 다른 사람을 손가락질하면서 말하기
○ 말 따라 하기
○ 친구를 보며 귓속말로 수군거리기
○ 친구의 부모님에 대해 비웃기
○ 친구가 발표할 때 야유하거나 비웃기
○ 친구에 대한 나쁜 소문내기
○ (장난으로) 친구가 싫어하는 별명 부르기
○ 핸드폰이나 개인 홈페이지에서 욕하기
○ 활동을 잘 못한다고 구박하기
○ (장난으로) 친구의 물건 숨기기
○ 째려보거나 못 본 척 외면하기
○ 소외시키기
○ (장난으로) 친구 때리기, 툭툭 건드리기
○ 싫어하는 티 팍팍 내기
○ 돈 가져오라고 하기, 돈 뺏기
○ 친구가 지나간 자리 더럽다고 하기
○ 내 낡은 물건과 친구의 새 물건 바꾸기
○ 친구가 옆에 앉는 것 싫어하기
○ 주기 싫다는데 음식 달라고 자꾸 조르기
○ 친구 위에 군림하기
○ 이름 부를 때 대답 안 하기
○ 친구 휴대전화 번호 도용해서 문자 보내기
○ 욕문자 보내기
○ 내가 할 일을 친구에게 대신 시키기(청소, 숙제 등)
○ (장난으로) 고의로 친구를 놀라게 하거나 소리 지르기
○ (장난으로) 친구의 물건을 망가뜨리거나 가져가기

괴롭히는 행동에 대한 정리가 끝나면 그런 행동을 하지 않도록 다짐하는 시간을 갖는다. 교사가 말로 할 수도 있지만 아이들이 자신의 입으로 다짐하는 것이 더 바람직하다.

예) 전지 한 장에 친구를 괴롭히는 행동을 정리하고, 학급 구성원 전체가 그 주변에 사인을 하여 교실에 붙여 놓는다.

집단따돌림은 반 전체에게 영향이 있음을 이해하기

흔히 집단따돌림이 있으면 그것을 당하는 아이만 고통스러울 것이라 생각한다. 그러나 집단따돌림의 가해자, 피해자, 방관자 모두가 결국은 피해를 입는다.

가해 아이

- 약한 친구를 괴롭히는 아이들은 훗날 실패한 인생을 살게 될 확률이 높다는 연구 결과(앞서 소개한 '약한 친구들을 괴롭히는 아이들의 미래' 참조)
- 가해 아이는 언제든지 피해 아이가 될 수 있다. 한번 다른 사람을 괴롭혔던 사람은 언제든지 그런 행동을 반복할 수 있으며, 괴롭힘의 대상이 자신이 될 수도 있다.

피해 아이

- 자기 자신을 비하하고, 우울증, 외상 후 스트레스 장애 등이 나타날 수 있다.
- 친구를 사귀는 것에 어려움을 느끼고, 대인기피 현상이 나타나기도 한다.
- 자살이라는 극단적인 형태로 자신의 괴로움을 표현하기도 한다.
- 또 다른 가해자가 되는 경우도 있다.

방관하는 아이

- 방관도 따돌림 가해자임. 동조자가 없으면 '왕따'도 생기지 않는다.
- 집단따돌림에 대해 교사나 부모에게 이야기하지 못하며, 죄책감에 사로잡힌다.
- 나도 언젠가는 피해를 입을 수도 있다는 두려움이 생긴다.
- 점점 집단따돌림을 나쁘게 보는 감정이 무뎌지고, 따돌림당하는 것을 당연하게 여기게 된다.

집단따돌림 점검 & 선생님은 알고 있다

교사는 아이들의 교우관계에 대해 항상 촉각을 곤두세우고 있어야 한다. 설문을 활용하거나 서로 친하게 지내는 아이들과 함께 급식을 먹으며 대화하는 방법 등으로 교우관계에 대한 정보를 수집한다.

더불어 교사는 아이들에게 그들의 모든 행동을 주시하고 있음을 일깨워 교실을 교사의 권위하에 두는 것도 필요하다.

독서를 통한 지도

아이들은 책을 많이 읽는다. 아이들은 책 속의 주인공과 쉽게 동화되며, 그 이야기에 흠뻑 빠져든다. 아이들은 실제로 경험해 보지 못한 것을 책을 통해 경험하며 자란다. 왕따에 대해 다시 생각해 보는 기회를 줄 수 있는 몇 권의 책을 추천한다. 아이들과 함께 읽고 이야기해 본다면 큰 도움이 될 것이다.

| 따돌림 관련 책들 |

- 까마귀 소년(야시마 타로 글, 그림, 윤구병 옮김, 1996, 비룡소/ 1~2학년)
- 까막눈 삼디기(원유순 글, 이현미 그림, 2000, 웅진닷컴/ 1~2학년)
- 내 짝꿍 최영대(채인선 글, 정순희 그림, 1997, 재미마주/ 1~2학년)
- 왕따, 남의 일이 아니야(베키 레이 맥케인 글, 최지현 옮김, 2007, 보물창고/ 1~2학년)
- 이 세상에는 공주가 꼭 필요하다(공지희 글, 오승민 그림, 2007, 낮은 산/ 1~2학년)
- 짜장, 짬뽕, 탕수육(김영주 글, 고경숙 그림, 1999, 재미마주/ 1~2학년)
- 불꽃머리 프리데리케(크리스티네 뇌스틀링거 글, 김영진 옮김, 2002, 소년한길/ 3~4학년)
- 양파의 왕따 일기(문선이 글, 박철민 그림, 2001, 파랑새어린이/ 3~4학년)
- 양파의 왕따 일기 2(문선이 글, 박철민 그림, 2012, 파랑새어린이/ 3~4학년)
- 내겐 드레스 백 벌이 있어(엘레노어 에스테스 글, 루이스 슬로보드킨 그림, 엄혜숙 옮김, 2002, 비룡소/ 3~4학년)
- 모르는 척(우메다 순사쿠 · 요시코 글, 그림/송영숙 번역, 1999, 길벗어린이/ 5~6학년)
- 문제아(박기범 글, 1999, 창작과비평사/ 5~6학년)
- 3번지에 새로 온 아이(레나테 아렌스 크라머 글, 최진호 옮김, 2003, 크레용하우스/ 5~6학년)
- 방관자(제임스 프렐러 글, 김상우 옮김. 2012, 미래인/ 5~6학년)
- 수민이의 왕따 탈출기(문선이 글, 2012, 푸른책들/ 5~6학년)

그 녀석과 둘이서

집단따돌림을 하는 가해 아이는 너무나 얄밉다. 그러나 아이가 잘못된 행동을 하였다고 해서 그에 대한 대가로 과도하고 감정적인 처벌을 받아서는 안 된다. 이러한 처벌은 잠깐 잘못된 행동을 멈출 수 있을지 몰라도, 결국 다른 곳에서 공격성이 다시 드러나기 때문에 바람직하지 않다.

그렇다면 이 아이들을 어떻게 대해야 할지 함께 생각해 보자.

행동에 초점 맞추기

"넌 어쩔 수 없는 나쁜 녀석이구나." 하는 식으로 아이를 대한다면, 아이는 자신의 잘못에 대한 반성보다는 피해 아이나 교사에 대한 분노만 키울 수 있다. 따라서 아이 자체보다는 그 아이가 저지른 문제 행동에 초점을 맞추고 접근한다.

생각 바꾸기

따돌림당할 만한 아이들이 왕따의 대상이 된다.	→	나, 내 동생을 포함한 누구든지 따돌림의 대상이 될 수 있다.
따돌림당한 아이들은 무언가 모자란 애들이다.	→	누구에게나 장점은 있으며, 그것을 찾는 노력이 필요하다.
따돌림당한 애는 그다지 힘들어 보이지 않았다.	→	누구나 괴롭힘을 당하면 고통스럽다. 다만 표현하지 못했을 뿐이다.

상대방 입장에서 생각해 보기

내가 한 행동을 상대방은 어떻게 받아들였을지 생각해 본다.

그때의 내 생각	내가 한 행동	상대방이 본 나(대석이)의 행동	상대방의 생각
귀찮고 대답하기 싫었다.	내 이름을 부를 때 대답하지 않았다.	내가 이름을 불렀는데 대석이가 무시했다.	대석이는 내가 싫은가 보다. 속상하다.
거기 앉으면 다른 애들이 나도 더럽다고 할 것 같았다.	더럽다고 그 애가 앉았던 자리에 앉지 않았다.	내가 앉았던 자리를 대석이가 더럽다며 피했다.	나는 더럽지 않은데 억울하고, 학교에 오기 싫다.
더럽고 멍하고 이상한 애라고 생각했다.	다른 애들에게 그 애는 이상하다고 말했다.	대석이가 나를 이상한 애라며 수군거렸다.	모든 아이가 나를 싫어한다. 외롭다.

자신의 행동 바라보기

자신의 행동을 객관적으로 바라보고, 변화되어야 할 자신의 행동을 정리해 본다.

내가 한 행동	변화된 나의 행동
내 이름을 부를 때 대답하지 않았다.	내 이름을 부르면 꼭 대답한다.
더럽다고 그 애가 앉았던 자리에 앉지 않았다.	다른 애들이 어떻게 생각하든 상관하지 않고 앉는다. 더럽지 않다.
다른 애들에게 그 애는 이상하다고 말했다.	그 아이의 칭찬거리를 찾아서 다른 친구들에게 말해 준다.

분노 조절 연습하기

화가 나면 화를 진정시키는 방법을 찾아보고, 다른 사람에게 피해를 주지 않으면서 화를 표현하는 방법을 연습한다('5장 친구와 싸우는 아이' 참조).

서면으로 사과하기

가해 아이가 자신의 잘못에 대해 인정하고 반성한다면 피해 아이에게 서면으로 사과하도록 한다. 사과를 주고받는 것은 가해 아이, 피해 아이 모두에게 감정을 씻어 내는 계기가 될 수 있다.

리더십 제대로 살려 주기

대부분의 가해 아이는 리더십이 있어 사람을 휘어잡을 수 있는 능력이 있다. 문제는 이 능력을 잘못 사용하여 친구를 괴롭혔다는 것이다. 따라서 가해 아이의 리더십을 살려 친구를 돕게 하고 자신도 뿌듯함을 느낄 수 있는 방법을 제시하여 이끌어 주어야 한다. 진정한 리더십은 친구들을 내 뜻대로 휘두르는 것이 아니라 먼저 친구를 돕는 데서 출발함을 이해시킨다.

가정과 어깨 맞추기

객관성 유지하기

가해 아이의 부모는 “우리 ○○은 그럴 리가 없다.” “왕따 당한 애가 그럴 만하니까 그랬겠지.”라고 생각하기 쉽다. 자기 아이는 착하다고 믿고 싶은 게 부모의 마음이기 때문이다. 하지만 교사 입장에서는 가해 아이가 밉다. 배려 없고 잔인한 아이들이 고와 보일 리 없다.

그렇기 때문에 가해 아동의 부모를 만나는 것은 조심스럽다. 아이를 죄인 취급해서도 안 되고, 그렇다고 사태를 축소해서 잘못이 없는 아이로 만들어서도 안 되기 때문이다. 이러한 경우에는 최대한 교사의 감정을 배제하고 아이가 한 행동에 대해 객관적으로 이야기한다. 이때는 가해 아이와 피해 아이가 따돌림 상황에 대해 직접 작성한 글을 근거로 하여 이야기하면 더 수월하다.

자녀 인정하기

집단따돌림은 철저하게 가정 밖에서 이루어지기 때문에 부모가 눈치채지 못하는 경우가 많다. 부모나 교사 모두 아이를 100% 알 수 없으며, 잘못된 모습 또한 자녀의 모습임을 인정하는 것에 해결의 실마리가 있음을 인식시킨다.

피해 학생의 어려움 나누기

따돌림 피해 학생이 겪는(겪을 수 있는) 어려움에 대해 이야기를 나눈다. 일부 가해 아이의 부모는 자신의 아이도 피해자라며 항변하지만, 가해 아이가 겪는 어려움은 피해 아이의 어려움보다 결코 크다고 할 수 없다. 현재 피해 아이가 겪는 신체적, 정신적 충격에 대해 사실적으로 말하고 이해를 구한다.

위기는 또 다른 기회

가해 아이는 또 다른 피해자가 될 수 있으며, 다른 사람을 함부로 대하는 태도는 결국 본인을 고립시킬 수 있다. 이번 일을 통해 아이로 하여금 진심 어린 배려와 참다운 리더십을 배울 수 있는 기회가 될 수 있도록 학교와 가정에서 협력한다.

자녀 행동의 이유 이해해 주기

가정에서 자녀를 과하게 질책하거나 훈계하는 것은 또 다른 폭력으로 연결될 수 있음을 주지시킨다. 아이가 친구를 괴롭히는 행동은 이해할 수 없지만, 그 동기는 이해해 줄 수 있다. 아이가 왜 그런 행동을 하였는지 부모가 파악하고 그것을 이해해 주도록 한다.

자신의 양육 태도 돌아보기

자녀 앞에서 부모가 폭력을 휘두른 적은 없는지, 자녀에게 무관심하지 않았는지, 이기적으로 키우지 않았는지 되돌아본다. 그리고 자녀의 행동과 관련된 자신의 양육 태도에 대해 생각해 본다.

현실적인 처벌 직시하기

가해자이므로 어쩔 수 없이 받게 되는 처벌이 있을 수 있다. 따돌림이 폭력으로 연결되어 부모 간 소송으로 확대될 수도 있고, 다른 사람들의 비난도 받을 수 있다. 아이가 한 행동에 대해 져야 하는 책임인 만큼 무조건 회피하려 하는 것이 아니라 직시하도록 한다.

와글와글 함께

내 행동은 내 책임

① 행동을 선택하는 것은 그 사람의 인격과 가치관을 반영하는 것이며, 외부의 자극이나 유혹에 아무 판단 없이 따르는 사람은 비겁하고 어리석은 결정을 할 수 있음을 강조한다.

② 다음 4단계의 과정을 거쳐 행동을 신중하게 선택하고 결정하도록 안내한다.

1단계 멈춤 지(止)	→	2단계 생각함 사(思)	→	3단계 선택함 선(選)	→	4단계 책임짐 책(責)

③ 선택한 행동의 결과에 대해서는 책임을 지는 습관을 기를 것을 강조한다.

입장 바꿔 생각해 봐

[활동지 10-1]을 이용하여 똑같은 일이 나에게 일어났을 때와 친구에게 일어났을 때 내 마음은 어떻게 변할지 써 본다.

○ ○○이 구멍 난 양말을 신고 학교를 왔다.
내가 구멍 난 양말을 신고 학교를 왔다.

○ 이사를 하게 되어 ○○이 다른 학교로 전학을 가게 되었다.
내가 이사를 하게 되어 다른 학교로 전학을 가게 되었다.

- ○○은 수학에서 30점을 맞았다.
  내가 수학에서 30점을 맞았다.

- 수업 시간에 나랑 장난치다가 ○○이 야단맞았다.
  수업 시간에 ○○과 장난치다가 내가 야단맞았다.

- 이번 시험에서 ○○이 100점을 맞았다.
  이번 시험에서 내가 100점을 맞았다.

- ○○이 실수하는 바람에 우리 반이 경기에서 졌다.
  내가 실수하는 바람에 우리 반이 경기에서 졌다.

- ○○이 장난삼아 툭 쳤는데, 내가 넘어졌다.
  내가 장난삼아 툭 쳤는데, ○○이 넘어졌다.

- 오늘은 ○○의 생일이다.
  오늘은 내 생일이다.

- ○○은 나랑 친하게 지냈는데, 다른 아이와도 친하게 지낸다.
  나는 ○○과 친하게 지냈는데, 다른 아이와도 친하게 지낸다.

폭력의 피해자 되어 보기

① [활동지 10-2]를 이용하여 폭력 피해자의 겉모습을 그려 본다.
② 짝과 바꾸어 짝이 그린 모습을 보고 피해자의 마음과 생각은 어떨지 생각하며 글로 적어 본다.

예시 내가 한심하다. 죽고 싶다. 나를 때린 사람이 원망스럽다. 신고하고 싶지만 또 맞을까 봐 못하겠다.

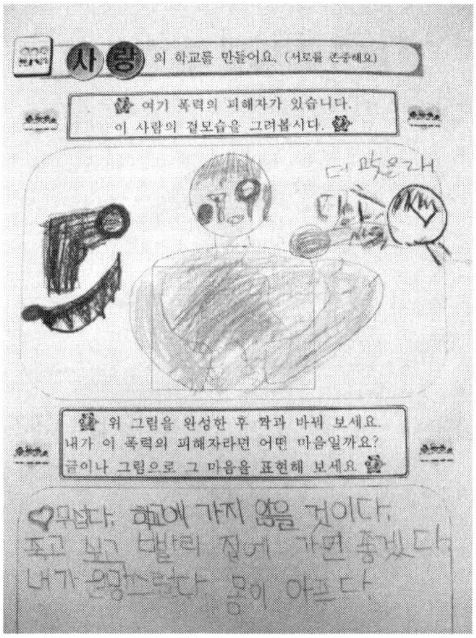
사랑의 학교를 만들어요. (서로를 존중해요)
여기 폭력의 피해자가 있습니다.
이 사람의 겉모습을 그려봅시다.
위 그림을 완성한 후 짝과 바꿔 보세요.
내가 이 폭력의 피해자라면 어떤 마음일까요?
글이나 그림으로 그 마음을 표현해 보세요
무섭다. 학교에 가지 않을 것이다.
죽고 싶고 빨리 집에 가면 좋겠다
몸이 아프다

여기 폭력의 피해자가 있습니다.
이 사람의 겉모습을 그려봅시다.
위 그림을 완성한 후 짝과 바꿔 보세요.
내가 이 폭력의 피해자라면 어떤 마음일까요?
글이나 그림으로 그 마음을 표현해 보세요
슬프고, 나를 이유없이 팬 사람들에게
복수하고 싶고, 경찰서에게 신고하고 싶
지만, 풀려나면, 나를 또 팰 까봐 두려
워서 못신고 할것이고, 투명인간이 돼서 몰
래 나혼자 살아가고 싶다

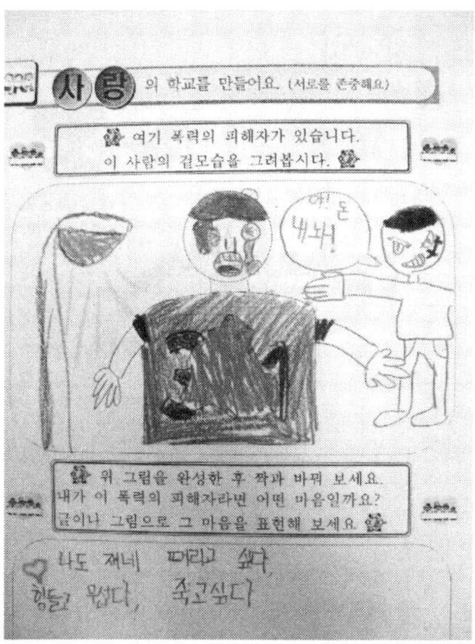
사랑의 학교를 만들어요. (서로를 존중해요)
여기 폭력의 피해자가 있습니다.
이 사람의 겉모습을 그려봅시다.
야! 돈
내놔!
위 그림을 완성한 후 짝과 바꿔 보세요.
내가 이 폭력의 피해자라면 어떤 마음일까요?
글이나 그림으로 그 마음을 표현해 보세요
나도 쟤네 때리고 싶다,
힘들고 무섭다, 죽고싶다

③ 우리가 다른 사람을 때리면 그 사람은 몸과 마음에 상처를 받는다. 또한 때리지 않고 말만으로도 다른 사람을 이렇게 다치게 할 수 있다. 겉보기에는 멀쩡해 보일지 몰라도 그 사람의 마음은 이렇게(폭력 피해자의 겉모습처럼) 다친다. 어떤 종류의 폭력도 교실에서 일어나서는 안 됨을 강조한다.

따돌림의 이유는 타당한가

① [활동지 10-3]을 이용하여 각각의 항목을 자신이 통제할 수 있으면 사람의 몸 안에, 할 수 없으면 몸 밖에 쓴다.

② '통제'라는 말을 아이들이 이해하기 힘들면 '조정' 또는 '마음먹기에 따라 달라지게 할 수 있는 것' 등으로 풀어 준다.

③ 활동지에 그려진 사람을 자기 자신이라고 생각한다.

④ 통제할 수 있는 일과 통제할 수 없는 일을 구분한 다음, 통제할 수 있는 일에 초점을 맞추어 다음 활동과 연관시킨다.

⑤ 따돌림의 이유와 근거가 타당한지 토론해 본다.

⑥ 통제할 수 없는 것을 가지고 따돌리는 것은 비겁한 행동임을 알게 한다.

고양이와 쥐 게임

① 친구들로부터 외톨이가 되어 보는 게임으로, 활동을 통해 감정을 경험해 본다.

② 구성원 중 한 사람을 고양이(술래)로, 다른 한 사람은 쥐로 정한다.

③ 남은 구성원은 동그랗게 안을 향해 둘러서서 손을 잡고, 고양이와 쥐는 원 밖

에 선다.

④ 고양이는 쥐를 잡기 위해 돌아다녀야 하고, 원을 만든 사람들은 쥐는 도와주고 고양이는 막아야 한다(쥐가 원 안으로 들어올 때는 열어 주고, 고양이가 들어오려고 하면 닫는 방법 등으로).

⑤ 만약 구성원 중 공간을 만들어 고양이가 들어가게 하면 벌칙을 준다.

⑥ 게임 후 서로 느낌을 나눈다.

질문 예시

- 쥐를 쫓아 들어가려는 상황에서 다른 구성원들이 조금도 틈을 보여 주지 않을 때 느낌은 어떠했는가?
- 고양이를 뿌리칠 때의 마음은 어떠했는가?
- 뚫고 들어갔을 때의 마음은 어떠했는가?

⑦ 따돌림과 연결하여 모든 아이들이 소감을 나눈다.

외돌이 게임

① 학급 구성원 전체가 바깥을 향해 하나의 원을 만들어 앉는다.

② 한 명을 술래로 정한다. 술래는 아이들에게 가서 말을 하거나 웃기는 행동 등으로 반응하도록 해야 한다. 이때 아이들의 몸을 건드리면 안 된다.

③ 아이들은 술래가 다가오면 모른 체하고, 힘들면 고개를 돌리거나 숙여도 된다.

④ 돌아가면서 모두 술래가 되도록 하고, 시간이 많지 않다면 교사는 의도적으로 가해자가 될 만한 아이를 술래로 시킨다.

⑤ 아이들이 술래에게 너무 쉽게 말을 하거나 웃어 버리면 본래의 활동 목표에 도달하기 힘들기 때문에 최대한 술래에게 반응하지 않도록 주의를 시킨다.

⑥ 술래는 친구에게 말을 걸고 아무리 웃기려 해도 반응하지 않는 모습을 보며 따돌림당했을 때 어떤 기분이 들지 생각해 볼 수 있다.

출처: 한국청소년상담원(2004). 초등학생용 품성계발프로그램 '멋진우리'.

읽기 자료

우리가 '왕따'라고 부르는 문제는 큰 틀에서 볼 때 학교폭력에 해당한다. 다음은 법으로 정해진 학교폭력 관련 내용이다.

‖ 법으로 알아보는 학교폭력 ‖

- 학교폭력의 범위: 학교 내 · 외에서 학생을 대상으로 발생한 상해, 폭행, 감금, 협박, 약취 · 유인, 명예훼손 · 모욕, 공갈, 강요 · 강제적인 심부름 및 성폭력,

따돌림, 사이버 따돌림, 정보통신망을 이용한 음란 · 폭력 정보 등에 의하여 신체 · 정신 또는 재산상의 피해를 수반하는 행위

- **학교폭력대책자치위원회 구성**: 위원장 1인을 포함 5인 이상 10인 이하의 위원으로 구성하되 전체 위원의 과반수를 학부모전체회의에서 직접 선출된 학부모대표로 위촉하여야 함. 다만 학부모전체회의에서 학부모대표를 선출하기 곤란한 사유가 있는 경우 학급별 대표로 구성된 학부모대표회의에서 선출된 학부모대표로 위촉할 수 있음.

- **학교폭력 전담기구**: 교감, 전문상담교사, 보건교사, 책임교사(학교폭력문제를 담당하는 교사) 등으로 구성

- **학교폭력 예방교육**: 매 학기 학생, 교직원, 학부모 대상 실시

- **피해학생의 보호**
  - 학교의 장은 피해학생의 보호를 위하여 긴급할 경우 자치위원회의 요청 전에 심리상담 및 조언, 일시 보호, 치료를 위한 요양, 학급 교체, 그 밖에 피해 학생의 보호를 위하여 필요한 조치를 할 수 있음.
  - 피해학생 보호 조치 요청 전 피해학생 및 보호자 의견 진술 기회 부여
  - 치료를 위한 요양 관련 비용은 가해학생의 보호자가 부담하는 것이 원칙. 다만 피해학생의 신속한 치료를 위하여 학교의 장 또는 피해학생(학부모)이 원하는 경우에는 학교안전공제회로 피해 지원 청구 가능. 학교안전공제회는 피해학생에게 지급한 모든 비용에 대하여 가해학생의 보호자에게 구상함.
  - 자치위원회 요청 시 학교장은 7일 이내에 피해학생에 대한 조치 시행
  - 가해학생에 대한 조치에 이의가 있는 경우 피해학생 · 학부모는 지역위원회에 재심청구 가능

- **가해학생에 대한 조치**
  - ① 피해학생에 대한 서면 사과 ② 피해학생 및 신고 · 고발 학생에 대한 접촉,

협박 및 보복 행위의 금지 ③ 학교에서의 봉사 ④ 사회봉사 ⑤ 학내외 전문가에 의한 특별교육 이수 또는 심리치료 ⑥ 출석정지 ⑦ 학급 교체 ⑧ 전학 ⑨ 퇴학처분을 받을 수 있음. 이 중 ②~④, ⑥~⑧의 처분을 받은 학생은 교육감이 정한 기관에서 특별교육을 이수하거나 심리치료를 받아야 함.

- 학교장은 가해학생 선도가 긴급하다고 인정될 경우 ①~③, ⑤~⑥의 조치를 할 수 있으며 ⑤, ⑥은 병과 조치 가능
- 협박 및 보복 행위에 대한 병과 및 가중 조치
- 가해학생이 해당 조치를 거부하거나 기피하는 경우 추가 조치 가능
- 자치위원회 요청 시 학교장은 14일 이내에 조치 시행
- 가해학생 · 학부모 특별교육 의무화. 미이수의 경우 300만 원 이하의 과태료 부과

분쟁조정

- 자치위원회는 학교폭력과 관련한 분쟁을 조정할 수 있음.
- 분쟁의 조정 기간은 1개월을 넘지 못함.
- 피해학생과 가해학생 간 또는 그 보호자 간의 손해배상에 관련된 합의조정 등을 함.
- 자치위원회는 분쟁조정을 위하여 필요하다고 인정하는 때에는 관계 기관의 협조를 얻어 학교폭력과 관련한 사항을 조사할 수 있음.
- 자치위원회가 분쟁조정을 하고자 할 때에는 이를 피해학생 · 가해학생 및 그 보호자에게 통보하여야 함.

학교폭력의 신고 의무

- 학교폭력 현장을 보거나 그 사실을 알게 된 자는 학교 등 관계 기관에 이를 즉시 신고하여야 함.
- 교원이 학교폭력의 예비 · 음모 등을 알게 되었을 경우에는 학교의 장에게 보고하고 해당 학부모에게 알려야 함.

비밀 누설 금지

- 가해학생 · 피해학생 및 신고자 · 고발자와 관련된 자료
- 자치위원회의 회의는 공개하지 않음. 다만, 피해학생 · 가해학생 또는 그 보호자가 회의록의 열람 · 복사 등 회의록 공개를 신청한 때에는 학생과 그 가족의 성명, 주민등록번호 및 주소, 위원의 성명 등 개인정보에 관한 사항을 제외하고 공개

※ 학교폭력에 관한 법률은 해에 따라 변경되는 경우가 있으니 당해년도 학교폭력에 관한 법률은 꼭 확인하도록 한다.

학교폭력 문제 발생 시 교사 대처

상담순서: 피해학생 → 피해자 부모 → 가해학생 → 가해자 부모 → 관찰자

폭력 문제 발생 후 양측의 부모와 폭력대책위원회에서 해결한 경우 양식에 따라 문서화하고 보관해야 함

- 각서, 사과문, 합의서, 치료비 양식 등
- 위의 서류(보고 자료)를 가지고 있으면 책임을 면할 수 있음.
- 학교폭력문제: 비밀주의, 체벌금지, 향응금지, 위협금지, 편애금지
- 자치위원회 회의록: 비공개가 원칙이나 피해 · 가해학생이 요청하는 경우에 한하여 개인정보에 관한 사항을 제외하고 회의록을 열람 · 복사 받을 수 있음.

학교폭력 발생 사실을 교육청에 서식에 의해 보고해야 함

- 소극적 대처 시 법에 의해 불이익을 받음.
- 학부모 등이 퇴학을 시켜야 한다는 등의 말은 위협에 해당되어 처벌됨.
- 담임교사, 부장 교사, 친분이 있는 교사를 임의로 만나 문제를 자체적으로 합의, 조정해 주면 후에 법에 의해 처벌될 수 있음.

학교폭력 예방 및 대책에 관한 교사의 책무

- 가해학생과 피해학생의 격리 및 피해학생 · 신고학생 보호

• 피해학생의 보호: 가벼운 상처의 경우 보건실에서 1차 치료를 받도록 조치, 위급한 상황의 경우 즉시 119에 연락하여 도움을 청함. 성폭력 피해학생은 신속하게 병원으로 이송하고 증거를 보존하여 경찰에 신고(성폭력의 경우 담임교사 혼자 증거를 파악, 보존하는 데 어려움이 있으므로 반드시 보건교사, 책임교사 등과 협조하여 처리)

• 신고학생 보호: 사안 종료 시까지 신변의 안전을 보호할 수 있는 조치를 취함.

학교폭력 전담기구에 신고 및 해당 학부모 면담

• 학교폭력 전담기구에 신고. 단 교사가 자체적으로 해결할 수 있는 사안의 경우 해결을 완료한 후 전담기구에 신고

• 정해진 서식에 따라 서면으로 하되 긴급한 경우 전화, 구두 보고 등으로 할 수 있음.

• 사안조사: 학교폭력 전담기구와 협의하에 진행

• 해당 학부모 면담: 1차 사안조사를 마친 후 면담 진행. 감정적이거나 판단이 섞인 말을 자제하고 '사실 위주' 로 이야기해야 함.

사후 생활지도

• 법적인 절차대로 처분을 받았거나 심리치료를 받는 것으로 다 끝난 것이 아님.

• 교사는 세심하게 관찰하여 관련 학생들이 일상생활에 잘 적응할 수 있도록 사후생활지도에 관심을 가져야 함.

학교폭력 예방 종합포탈사이트(http://www.stopbullying.or.kr)

• 학교폭력 관련 사이버 상담이 가능하며 동영상을 포함한 다양한 형태의 학교폭력 예방 교육자료 및 학교폭력 관련 자료들을 구할 수 있음.

[활동지 10-1]

입장 바꿔 생각해 봐

학년　　반　이름:

● 우리는 여러 가지 다양한 일을 경험하게 됩니다. 때로는 난처한 일도 있고, 때로는 속상한 일도 있지요. 자, 그런 일이 친구에게 일어났다면 어떤 마음이 드는지, 그리고 똑같은 일이 나에게 일어났을 때 나의 마음이 어떠할지 적고 느껴 보세요.

	친구에게 일어났다면	나에게 일어났다면
1		
2		
3		
4		
5		
6		
7		
8		
9		
10		

출처: 한국청소년상담원(2001). 또래상담 프로그램.

[활동지 10-2]

마음을 나누어요

학년 반 이름:

- 여기 폭력의 피해자가 있습니다. 이 사람의 겉모습을 그려 봅시다.

- 앞의 그림을 완성한 후 짝과 바꿔 보세요. 내가 이 폭력의 피해자라면 어떤 마음일까요? 글이나 그림으로 그 마음을 표현해 보세요.

- 나의 주위에 앞과 같은 친구가 있다면 어떻게 대할지 써 보세요.

* 위 내용은 한국 아나뱁티스트 센터의 평화교육프로그램에서 발췌한 내용임.

[활동지 10-3]

맘대로 할 수 없어

학년 반 이름:

- 여기에 15개 항목으로 된 목록이 있습니다. 이것들 중에서 여러분이 변화시킬 가능성이 있는 것들은 몸 안에 적고 변화시킬 수 없는 것은 몸 밖에 적어 주세요.

• 날씨	• 엄마	• 아빠	• 짝꿍의 버릇	• 시험 공부
• 친구 사귀기	• 키 크게 하기	• 살 빼기	• 통일	• 현장학습 장소
• 부모님께 효도	• 일찍 일어나기	• 학년 올라가기	• 집중하기	• 부모님의 이혼

선생님과 줄다리기

11

교사에게 반항하는 아이

이런 녀석 꼭 있다!

교사에게 대드는 윤진이

4학년 윤진이는 나와 사이가 좋지 않다. 나의 말에 "왜 그렇게 해야 하는데요?" 라고 따지기 일쑤이고, 잘못된 점을 지적하면 자기 잘못은 전혀 생각하지 않고 "지영이도 그랬어요."라거나 "세영이 때문이에요." 하며 다른 친구들을 걸고넘어진다. 교실에서 여러 친구와 생활하다 보면 간혹 손해를 볼 때도 있는 건데, 그때마다 얼굴이 빨개져서는 왜 자기만 손해를 봐야 하느냐고 소리를 지른다.

윤진이의 행동이 이렇다 보니 윤진이를 상대하는 것이 짜증나고 싫다. 하지만 싫다고 안 볼 수 있는 것도 아니고 명색이 교사인데 아이를 싫어하는 것이 용납되지가 않아 마음만 불편하다. 어떨 때는 친구들과도 별 문제없이 지내는 것 같은데 왜 이렇게 잘 지내기가 어려운 걸까? 몇 번을 되뇌어 봤지만 딱히 떠오르는 해결책이 없다.

2. 그 녀석과 나

날 무시하는 거야? 집에서 그렇게 배웠어?
그냥 두면 다른 아이들이 따라 할 거야. 이럴 때는 바로바로 말해 줘야 해.
저런 애들은 대꾸를 해 주면 더하다니까. 칫! 넌 그러면 좋니? (냉소적 반응)
나중에 무슨 일이 생길지 몰라. 꼼꼼하게 적어 둬야지. 아무래도 부모님께 연락을 해야겠어.

3. 그 녀석의 이유

아이들은 누구나 크고 작은 반항을 한다. 아주 어린 아이도 자신이 원하는 것을 이루기 위해 떼를 쓰거나 울며 부모의 말을 듣지 않는다. 학교에 들어가면 새로운 환경에 대한 적응과 학업 및 친구 문제에 따른 스트레스가 반항적 행동으로 나타나기도 한다. 그러나 이런 모습은 어떤 면에서는 극히 정상적이라 할 수 있으며, 크게 문제가 되지 않는다.

문제는 정상의 범위를 벗어난 반항이다. 반항적인 행동으로 친구, 부모, 교사와의 관계가 심하게 악화되고, 학교 생활 및 학업에도 심각한 어려움이 생긴다면 반항장애까지 의심해 볼 수 있다.

그렇다면 이러한 반항의 원인은 무엇인가?

부모 양육 태도의 문제

아이의 분노를 키우는 양육법 WORST 7

- 일관성 없는 부모: 아이가 잘못하면 심하게 화를 내기도 하고 어떤 때는 미안해하며 잘해 준다. 혼도 안 내고 그냥 넘어갈 때도 있다.
- 잔소리 하는 부모: 아이에게 지나치게 간섭하고 잔소리만 많이 한다.
- 야단만 치는 부모: 자녀를 믿지 않고 칭찬 없이 야단만 친다.
- 비교하는 부모: 자녀를 무시하고 다른 아이들과 비교한다.
- 마구 화내는 부모: 화를 낼 때 감정 통제를 못하고 큰소리를 치거나 때린다. 심하면 학대하기도 한다.
- 마음대로 하는 부모: 아이의 말은 듣지도 않고 무조건 자신의 말을 따를 것을 강요한다.
- 싸우는 부모: 아이 앞에서 배우자를 비난하거나 부부싸움을 크게 한다. 가정폭력으로 발전하면 아이의 분노는 더 커진다.

반항적 기질

반항장애를 가진 아이들은 기질적으로 자기주장이 강하고, 좋아하는 것을 강하게 표현하며, 독단적인 성향이 강하다. 이런 기질이 심각한 스트레스(예: 부모의 권위적인 태도 등)와 만나면 적대적 반항장애로 발전할 수 있다.

인지적 문제

상황을 인식하는 데 문제가 있어서 어떤 부분을 왜곡하거나 빠뜨리고 인지한다. 예를 들면, 다른 사람이 무심코 한 행동에 대해 '나를 무시해서 한 행동'이라고 생각하거나 교사에게 반항을 하면 자신이 교사를 이기는 것이라고 생각하는 것 등이다.

그 밖의 원인

- ○ 다른 장애가 있음: 주의력결핍이나 과잉행동장애가 있는 아이를 엄하게만 다루면 반항적인 태도가 생긴다. 우울증, 불안증이 있는 아이에게도 반항적인 태도가 있을 수 있다.
- ○ 지나친 학업 스트레스: 점수로 자신의 가치가 결정된다면 누군들 편안할 수 있을까? 학업 스트레스를 마땅히 풀 곳이 없고, 성적 때문에 무시를 당하거나 성적으로만 인정받을 때 아이들은 분노한다.
- ○ 학교 생활에 부적응: 아이가 학교에서 야단을 맞고 처벌, 비난을 받으면 이를 남의 탓으로 돌리고 분노가 생기게 된다. 그러다 보면 성적이 떨어지게 마련이고, 사회적인 고립을 겪는 경우도 있다. 아이는 자신에 대해 점점 자신감을 잃게 되어 더욱 반항적이고 폭력적이 될 수밖에 없다.

한 조사에 따르면, 학령기 아동의 5~15%가 '적대적 반항장애'를 가지고 있다. 반항장애를 가진 아이들은 비행청소년이 되거나 '반사회적 인격장애'를 가진 무서운 성인으로 성장할 수도 있다.

모든 반항적인 아이들이 '적대적 반항장애'를 가지고 있는 것은 아니지만 반항의 정도가 매우 심하다면 주의 깊은 관찰이 필요하다.

적대적 반항장애(Oppositional Defiant Disorder: ODD)란?

- ○ 권위자를 향해서는 두드러지게 따지고 말을 안 듣지만, 규칙을 어기거나 다른 사람의 권리를 침해하지는 않는다.
- ○ 반항의 대상: 대개 부모나 교사
- ○ 언제: 만 3세 무렵 나타나기 시작하여 초등학교 시기에 주로 발병한다.
- ○ 누구: 여자에 비해 남자가 2~3배 많고, 주의력결핍 과잉행동장애(ADHD)와 흔히 동반된다고 알려져 있다.

○ 특징: 가정에서만 나타나거나 학교에서만 나타나기도 한다. 하라는 것을 안 하거나 하지 말라는 행동을 하는데, 자신에게 불리해도 계속한다. 꾸중을 들어도 승복하지 않지만, 자존심이 상하면 의외로 쉽게 반항을 포기하기도 한다. 때에 따라 지나치게 순종적일 때도 있다(예: 그래, 내가 안 하면 되잖아.).

적대적 반항장애 진단 기준

다음의 8가지 항목 중 4항목 이상이 6개월 이상 지속될 때 반항장애가 의심된다(미국 정신의학회 진단 기준 DSM-IV 참조).

○ 감정 조절을 제대로 못하여 버럭 화를 낸다(예: 떼쓰기).
○ 어른들의 요구나 규칙을 따르는 것에 저항하거나 거부한다.
○ 어른과 지나칠 정도로 말싸움(논쟁)을 하거나 자기주장을 한다.
○ 일부러 상대방을 화나게 하고 짜증나게 한다.
○ 자신의 실수나 잘못된 행동을 남의 탓으로 돌린다.
○ 다른 사람 때문에 기분이 상하고 쉽게 짜증을 낸다.
○ 자주 화를 내고 원한을 가진다.
○ 늘 반항심과 복수심에 가득 차 있어 앙갚음을 하려고 한다.

* 이러한 행동장애가 발달 수준이 비슷한 사람들보다 빈번하게 발생할 경우에 진단 기준에 부합된다.
* 함부로 진단을 하여 아이를 규정짓는 것에 주의한다.

반항적인 아이는 금방 교사의 눈에 띈다. 반항을 한다고 해서 무조건 아이에게 적대적인 행동을 취하기보다는 아이와 대화하면서 반항 행동의 원인을 찾아보자. 물론 아이가 선선히 교사와의 대화에 참여하는 것은 아니기 때문에 언어적 · 비언어적 반응을 잘 살피는 것이 필요하다.

쌤! 이렇게도 해 봐요

안경 바꿔 쓰기

반항적 행동을 다른 시각으로 보기

아이의 반항적 행동은 타고난 기질에 의한 것일 수도 있다. 그러나 그런 시각은 교사로 하여금 아이에 대한 부정적 감정(예: 구제불능인 녀석)만 갖게 할 뿐이다. 아이의 반항적 행동에는 분명한 원인이 있다. 이러한 생각으로 아이를 바라보면 행동은 미울 수 있어도 아이는 미워할 수 없다.

아이가 보이는 반항적인 행동은 힘들어서 도움을 청하는 또 다른 SOS 신호로 받아들일 수 있기 때문이다. 어느덧 교사에게는 미움보다는 아이에 대한 이해와 배려가 싹트게 되고, 이는 아이를 대하는 교사의 행동을 바꿈으로써 아이를 변화시키는 첫 단추가 된다.

반항하는 아이도 사랑하기

교사가 아이를 사랑하면 아이에 대한 반응은 호의적일 수밖에 없다. 반면 교사가 아이를 싫어하면 아이에게 쉽게 짜증을 내거나 귀찮아 한다. 아이들은 교사가 자신을 사랑하는지 그렇지 않은지를 민감하게 알아차린다. 그리고 당연히 자신을 사랑해 주는 교사를 좋아한다.

반항하는 아이를 사랑하는 것은 매우 어려운 일이다. 교사도 사람인데 미운 행동만 골라서 하는 아이가 어떻게 예쁠 수 있겠는가? 그러나 아이의 미운 행동 이전에 교사가 가지고 있는 아이에 대한 기본적인 마음이 '사랑'인지 점검해 보아야 한다. 만약 아이가 계속 밉다면 다른 교사들에게라도 미운 마음에 대해 이야기하여 풀어 보자. 한결 나아지는 것을 느낄 수 있을 것이다.

함께 세우기

교사와 아이들이 함께 지켜야 할 예절 지키기

학기 초 학급회의를 통해 아이들과 함께 서로 존중하는 의미에서 지켜야 할 예절(또는 규칙)에 대해 이야기하여 본다.

서로가 지켜야 할 예절의 예

- ○ 선생님은 학교에서 학생을 보호하고 사랑하는 어른이시다.
- ○ 학생은 선생님께 먼저 인사드리고 선생님께서는 웃음으로 받아 주신다.
- ○ 선생님께는 높임말을 써서 공손하게 말씀드리고, 선생님께서도 아이들에게 친절하게 말씀하신다.
- ○ 속상한 일이 있어서 선생님께 말씀을 드릴 때는 가까이 다가가서 선생님께만 들리는 목소리로 말씀드린다.

예절을 함께 지키면 교사도 아이들에게 부드럽게 대하게 되고, 아이들도 교사를 힘들게 하는 행동은 자제하게 된다. 때때로 예절을 지키지 않는 행동에 대해서는 단호하게 대처하여, 절대 해서는 안 되는 행동에 대한 명확한 기준을 보여 줄 필요가 있다. 아이들은 의외로 교사의 기준을 매우 빨리 파악하며, 교사가 그 기준을 꾸준히 지켜 주기만 하면 자연스럽게 받아들인다.

우호적으로 일관성 있게 지도하기

어떠한 경우에서든 교사는 아동을 존중하며 사랑한다는 것을 아이에게 알게 해야 하며, 늘 일관적이어야 한다. 그렇지 않으면 아이는 교사를 신뢰하지 않고, 여러 어른들과 똑같이 불신의 대상으로 생각하게 되어 반항적 행동을 지속하게 된다. 일관성이란 원칙을 지키는 것도 포함하지만 모든 아이에게 공평함을 가지고 대하는 것도 포함한다. '우리 선생님은 우리 반 모두를 똑같이 사랑하셔.'라는 생각을 아이들이 갖게 되면 아이들은 자연스럽게 교사의 권위 아래로 들어온다.

노래나 반가 만들어 부르기

교사에 대한 존경의 말 같은 것을 노래에 넣어 지속적으로 부르면 효과적이다.

예시 **4학년 땅콩 반 반가**(네잎클로버 개사)

희망차고 활기찬 땅콩 반
쓱싹쓱싹 공부하는 작은 교실에
우리 마음 사이에 살짝 숨겨진
사랑 먹고 자라난 배려로
랄랄라 희망, 랄랄라 사랑
랄랄라 믿음, 랄랄라 노력

사랑으로 가르쳐 주시는
우리의 최고 선생님
한 줄기의 따스한 사랑받으며,
우정으로 가득한 나의 친구들
언제나 하나 된 마음으로
4학년 9반 만들자~ ~

그 녀석과 둘이서

동기 찾기 & 즉각적으로 반응하지 않기

반항적 행동에는 직접적인 원인이 있고, 그 내면에 행동의 동기가 있다. 반항적인 행동에 대해 처벌하는 것보다 이런 행동을 하는 의도를 알고, 바람직한 방법으로 목적을 이루도록 돕는 것이 더 효과적이다.

아이가 반항적 행동을 할 때는 즉각적으로 반응하지 말고(화를 내거나 소리를 지르지 말고) 차분하게 왜 아이가 반항적인 행동을 하는지 살펴본다. 드라이커스(Dreikurs)는 아동의 파괴적 행동의 목표를 관심 끌기, 힘 추구, 복수 추구, 부적절한 행동 또는 가장된 무능력의 네 가지로 요약하였다. 사람은 누구나 다른 사람으로부터 관심과 사랑을 받고 싶어 한다. 그러나 이것이 정상적인 방법으로 충족되지 않으면 비정상적 방법으로 관심을 끌려고 할 수 있다. 반항적인 행동으로 어른과 힘겨루기를 하거나(힘의 추구), 어른에게 복수를 하는 것(복수 추구)이다. 기가 죽은 아이들은 자신의 반항을 어떠한 활동에도 참여하지 않는 것(가장된 무능력)으로 드러내기도 한다.

따라서 아동이 반항하는 목적을 찾고 그에 따라 아동의 결핍을 채워 주기 위해 노력한다면 아이의 반항적 행동은 개선될 수 있다.

적절히 반응하기

수업 시간에 방해가 되고 다른 아이들이 보기에 명백히 규칙을 어겨 제지가 필요할 때는 부득이하게 즉각적 반응이 필요하다. 이러한 경우에는 소리를 지르지 말고 어떤 규칙을 어겼는지 차분히 말해 주고 규칙을 지킬 것을 당부한다. 반항이 계속되면 규칙을 반복적으로 알려 준다. 반항이 멈추고 나면 아이들은 보통 교사의 눈치를 보는데, 이때 아이에게 상냥하게 눈을 맞추고 마치 이전 일은 없었던 것처럼 행동하는 것이 좋다.

예시 선생님은 ○○을 사랑하기로 마음먹었고, 방금 한 말에 대해 선생님에게 사과하면 선생님도 더 이상 너에게 이 일로 이야기하지 않을 거야.

반항의 이유 알아주기

아이들의 반항은 나름대로 이유가 있다. 아이와 함께 대화하며 그 이유를 찾고 도와주다 보면 아이를 대하기가 훨씬 수월해진다. 아이는 반항의 원인을 알아주는 사람이 있는 것만으로도 정서적인 만족을 느끼며, 교사와 친밀해졌다는 느낌을 가지면 학교에서의 반항적 행동의 횟수와 강도도 줄어든다.

예시
- ○ 어떨 때 선생님(부모님)한테 화가 나니?
- ○ 상장을 받아 갔는데 부모님이 별로 칭찬을 안 해 주셔서 섭섭했겠다.
- ○ 선생님이 너를 싫어하는 느낌이 들어서 서운했구나.
- ○ 아빠가 소리 지르지 말고 좋은 말로 하시면 들을 것 같은데 소리부터 지르니까 너도 말을 듣기 싫은 거로구나.

원인 제거하기

아이가 반항적 행동을 하는 특정 패턴이 있다면, 교사는 그 원인을 제공하지 않음으로써 반항적 행동을 줄여 줄 수 있다. 예를 들면, 명령조의 말에 대해 반항적 행동을 보인다면 교사의 어조를 좀 더 부드럽게 바꾸어 주는 것이다.

분노 대처 방법 가르치기

자신의 분노에 적절히 반응하도록 하면 반항적 행동이 개선될 수 있다. 분노에 대처하는 올바른 방법은 다음과 같다.

① 화를 내는 것은 정상적인 것이다. 그러나 방법이 중요하다.
② 내가 화가 났다는 것을 어떻게 알 수 있는지 생각하고 기억한다.

> 예) 얼굴이 빨개진다(신체 신호).
> 고함을 친다(행동 신호).
> 소리 지르고 싶다(생각 신호).
> * 이 신호가 내게 보이면 나는 지금 분노하고 있는 것이다.

③ 화를 가라앉히는 방법을 연습한다.

> 예) 심호흡을 한다.
> 마음속으로 열을 센다.
> 즐거운 생각을 한다.
> 나 자신에게 말을 한다(예: 쟤가 나를 열 받게 한다고 내가 때리면 결국 내 손해야.).

④ 말로 적절히 화를 표현하는 방법을 연습한다.

> 예) 너희가 나한테 키가 작다고 해서 나는 화가 났어(사실 & 내 느낌)!

애정 표현하기

아동에 대한 관심과 사랑은 종종 말로 표현하는 것이 좋다. '말이 씨가 된다.'는 말이 있듯이, 교사가 마음을 주기 어려운 문제아일수록 말로 사랑을 보여야 교사의 마음부터 우호적으로 바뀌게 되고 아이도 그것을 느끼게 된다. 사랑을 받는 아이들은 다른 사람에게 반항을 하거나 불필요한 공격적 행동을 하지 않는 경우가 많다. 사랑을 받으면서 생기는 내적인 안정감이 힘이 되어 그런 행동을 할 필요성을 느끼지 못하기 때문이다.

교사가 사랑을 표현하는 방법

○ 격려의 말하기
- 과거나 미래가 아닌 현재의 것을 격려한다.
- 무엇을 했는지 눈에 보인 행동을 격려한다.
- 결과보다 노력을, 올바르지 않은 것보다 올바른 것을 강조한다.

○ 같이 놀아 주기: 공기, 오목, 바둑 등

○ 신체적 접촉: 머리 쓰다듬어 주기, 안아 주기 등
  * 저학년에서는 효과적이나 중 · 고학년에서는 효과적이지 않을 수도 있다.

○ 어려워하는 것 도와주기: 수학 문제 풀기, 그리기 등

○ 선물하기: 부담이 가지 않는 선에서의 작은 선물

가정과 어깨 맞추기

가족의 어려움 공감하기

아이의 반항적 행동의 가장 큰 원인은 부모의 양육 태도와 관련이 있기 때문에 부모와의 상담은 반드시 필요하다. 부모와 상담을 하고 양육 태도에서 변화가 일어나면 대부분의 아이는 반항적 행동이 큰 폭으로 개선된다.

적대적 반항장애를 가진 자녀를 둔 부모는 매우 힘든 경우가 대부분이다. 일단 부모 상담은 부모를 꾸짖는 자리가 아니라 지지와 이해를 보내는 자리가 되어야 한다. 아이의 문제에만 매달려 있는 것보다 운동 등의 취미 생활을 권하는 것도 좋고, 부모 자신에게 휴식 시간을 권하는 것도 필요하다. 부모의 잘못된 양육 방식이 교사의 눈에 보이더라도, 그런 점을 고쳐야 한다는 지적 자체를 부모가 받아들이기 쉽지 않기 때문에 긍정적인 양육 방법을 중심으로 제시하는 것이 효과적이다.

다른 장애가 있다면

만약 아이에게 다른 장애(ADHD, 우울증, 불안증 등)가 있다는 것을 알게 되면, 정확한 진단과 치료를 위해 상담실이나 소아정신과에 가도록 권한다.

양육 방법 알려 주기

올바른 양육 방법에 대한 정보를 주어 자녀 양육에 참고하도록 한다.

- 긍정적으로 강화하기
  - 결과보다는 과정을 구체적으로 칭찬하기
  - 아이가 한 잘못된 행동만을 짧고 간결하게 꾸중하기

- 효과적으로 지시하기
  - 아이에게 선택의 기회 주기, 아이의 말 들어 주기
  - 명백하고 간단한 말로 하기
  - 아이의 수준에 맞게 지시하기(과잉보호나 너무 수준 높은 지시는 모두 금물)
  - 명령 내용이나 수행 방식 및 절차를 명백하고 쉽게 전달하기
  - 아동이 주의와 지시를 이해할 때까지 기다려 주기

- 다른 아이와 비교하지 않기

- 잘못된 것을 웃어넘기지 않기

- 감정을 통제하지 못하고 무분별하게 화를 내거나 과한 체벌을 하지 않기

- 해야 할 일과 하지 말아야 할 일을 명확하게 구분 지어 인식시키기

- 쓸데없는 잔소리하지 않기

- 학업 스트레스 줄이기

> 예) 아이가 정말 학원에 가기 싫어한다면 보내지 않는 것이 좋다.

- 잘못된 행동에 대한 타임아웃 실시

  타임아웃은 자신만의 공간에서 반성의 시간을 가지면서 사람들의 관심에서 멀어지게 하는 것(생각 의자 등)을 말한다. 부모(또는 교사)에게도 화를 진정시킬 시간을 주기 때문에 효과적이다.

타임아웃은 이렇게

○ 미리 타임아웃에 대해 설명해 줘야 효과가 분명하다.
○ 시간은 '아이 나이×1~2분' 정도가 적당함(8세 아이는 8~15분 정도).
○ 침착하게, 화내거나 비난하지 않고 되도록 무덤덤하게 아이를 대해야 한다.
○ 타임아웃이 끝난 후에는 화내지 말고 아이를 꼭 안아 주는 등 따뜻하게 맞이해야 한다.
○ 과민한 행동을 막기 위해 아이 스스로 타임아웃을 갖는다면 아이를 격려해 주어야 한다.

교실에서 잘못된 타임아웃은 아이에게 오히려 상(賞)이 될 경우가 있다. 예를 들면, 수업 시간에 복도에 나가 있게 하는 것은 '공부 안 하고 나가 노니까 더 좋다.'는 반응이 있을 수 있으므로 반드시 교사의 눈길이 닿는 곳에서 실시해야 한다. 1~2학년 정도의 아동에게 적당하며, 중 · 고학년인 경우에는 타임아웃을 하며 함께 반성문 등을 적게 하는 것도 좋다.

12

'왜 나한테만 그래요?' 하는 아이

이런 녀석 꼭 있다!

피해의식 가득한 용재

"선생님! 용재랑 진수랑 싸워요!"

쉬는 시간, 다음 수업 준비에 여념이 없는데 몇몇 아이들이 달려와서 나에게 일렀다. 당장 불러서 자초지종을 묻고 싶지만 '용재'라는 이름 때문에 잠깐 망설였다.

용재는 항상 불만이 많다. 친구들과 싸움을 하고 욕을 해서 선생님 앞에 불려 나와도 자신의 잘못은 금방 잊어버린 듯 "왜 나만 갖고 그래요?"가 먼저 나온다. 같이 싸운 친구와 분명 함께 지적을 받았는데도 꼭 자기만 혼이 난 것처럼 굴어서 교사를 당황하게 만든다. 그렇게 혼나는 게 싫으면 혼이 날 만한 행동을 안 하면 될 텐데, 항상 먼저 친구들을 건드려 싸움거리를 만들고 혼이 나면 억울하다는 듯 자기만 갖고 그런다고 항변한다. 같은 일이 반복되다 보니 아이들도 용재를 그다지 좋아하지 않고, 나도 용재와 이야기할 때, 특히 혼을 낼 때는 말하기가 껄끄럽다. 그래서 '용재'를 불러 이야기하는 것을 망설일 수밖에 없다.

하지만 아이들이 싸웠다는데 모른 척할 수도 없어서 두 아이를 불렀다. 왜 싸웠냐는 나의 물음에 진수가 대답했다.

"아까 영어 시간에 역할극에서 맡을 역할 정하는데 용재가 자기 맘대로 안 해 준다고 엎드려서 아무것도 안 하잖아요. 그래서 저희끼리 한 건데 막 화를 내요. 용재

때문에 시간이 늦어져서 연습도 제대로 못했단 말이에요."

진수의 대답에 용재가 버럭 화를 내며 말했다.

"너희가 내 말은 무시하고 나 안 끼워 주고 너희 맘대로 했잖아!"

둘의 말이 너무 달라서 같은 모둠 아이들을 불러 이야기를 들어 보았더니 진수 말이 맞다며 편을 들고 나섰다. 다음 수업도 시작해야 하고 상황도 어느 정도 파악이 되어 나는 마무리에 들어갔다.

"진수야! 모둠 활동은 모두 같이하는 거잖아. 용재가 속이 상해서 엎드려 있어도 용재 말을 들어줬어야지. 너희 모두 용재한테 사과해. 그리고 용재야, 너도 애들이 계속 같이하자는데 그러고 있으면 되니? 너 때문에 연습도 제대로 못했다잖아. 너도 아이들한테 사과하고 서로서로 마음 풀자."

그러자 용재가 억울하다는 듯 씩씩거리며 말했다.

"선생님은 왜 걔네 편만 드세요? 걔네가 나 왕따시켰단 말이에요. 나만 안 끼워 주고 자기네 마음대로만 하고……."

분명 다른 애들 편만 든 것도 아니고 나름대로 공평하게 이야기했다고 생각하는데 용재는 왜 매번 저렇게 반응할까?

2. 그 녀석과 나

네 행동을 한번 잘 생각해 봐. 선생님이 아무 이유 없이 너만 혼냈을까? 시비를 먼저 거니까 혼나는 거야. 네가 한 잘못은 인정 안 하고 다른 사람 잘못만 따지고 드니 어떻게 내가 너의 편을 들어주니?
내가 언제 너한테만 그랬는지 한 번 대 봐. 언제 그랬니?
너한테만 그런 게 아니고 진희랑 주영이도 혼이 났잖아. 왜 너는 항상 너한테만 그런다고 생각하니?
나만 갖고 그런다고 또 난리 칠 게 뻔한데 이제 혼내기도 싫어.

3. 그 녀석의 이유

실제로 불합리한 경우를 많이 당함

실제로 불합리한 일을 많이 당했기 때문에 아이가 그렇게 생각할 가능성이 있다. 예를 들어, 자신의 감정과 상황을 말로 정확히 표현하지 못하여 혼이 났다거나, 평소 행동이 부산스러워 본인이 한 일이 아닌데도 혼나게 되는 상황이 빈번하게 일어나면 아이는 자신이 혼날 만한 일에 혼나는 것도 억울하게 느끼게 된다.

예 동생이 잘못했는데도 매번 내가 더 혼이 남

가정과 학교에서 종종 혼이 남

가정과 학교에서 평소에 혼이 많이 났기 때문에 '사람들은 나한테만 그래.'라는 피해의식이 싹틀 수 있다. 설령, 아이가 혼날 만한 행동을 했더라도 어른들이 소리를 지르거나 분노하여 적절하지 못한 방법으로 훈육을 하면, 아이는 자신의 잘못에 대해 인정하기보다는 자신을 혼낸 어른과 자기 자신에 대한 분노를 키우게 된다.

사랑받지 못함

가정이나 학교에서 부모나 교사, 친구들로부터 충분히 사랑받는다고 느끼지 못하기 때문에 자신만이 피해자라는 생각을 할 수 있다. 사랑을 받지 못한 아이는 세상에 자기편이 없다고 여기기 때문에 늘 외롭고 사는 게 힘들다. 사랑과 관심을 받기 위해 이상 행동을 할 수도 있고 자기 것을 지키기 위해 다툼이 잦을 수도 있다.

환경 변화에 따른 스트레스

부모의 이혼이나 갑작스러운 경제적 어려움, 주변인의 죽음 등 아이가 감당할 수 없는 급작스런 변화가 일어났을 때 "왜 나한테만 이런 일이?"라고 반응할 수 있다. 이런 반응은 생활 전반으로 확대되어 나타날 수 있다.

꾸중을 피하기 위함 & 습관

그냥 잘못을 인정하는 것보다 "왜 나한테만 그래요?"라고 말하면 덜 혼날 것 같아서 일단 말하고 보는 것이다. 이것이 습관화되면 전혀 그렇게 느끼지 않아도 버릇처럼 말한다.

다른 문제가 있음

아이의 이런 반응은 반항장애, ADHD 등 다른 문제가 있을 때 같이 나타날 수 있다. 따라서 혹시 다른 문제를 가진 것이 아닌지 아이의 행동을 면밀히 살펴볼 필요가 있다.

"왜 나만 갖고 그래요?"라는 반응을 보이는 경우, 우리는 그것을 흔히 '피해의식'이라고 말한다. '피해의식'은 누구나 조금씩 가지고 있지만, 이것이 지나쳐 자아 인식과 대인관계에 악영향을 미치면 병적인 단계로 발전할 수 있다.

'피해의식'이 있는 아동의 특징(아야 헤릅스트, 2005)

다른 사람과의 비교를 통해 자신을 규정한다

피해의식이 많은 사람은 자신의 가치를 다른 사람과의 비교를 통해 결정한다. 이들은 어디에 가서든 다른 사람과 자신을 비교하는 것이 습관화되어 있다. 다른 사람보다 자신이 더 낫다고 여기면 우월감을 갖고, 못하다고 여기면 수치심과 열등감을 가진다.

문제의 원인을 자신에게로 돌리지 않는다

문제의 원인이 나 자신에게 있는 것이 아니라 외부에 있다고 생각하여 다른 사람 또는 상황이나 환경 등을 원망한다. 이런 아이들은 친구들과 다툼이 있을 때 다짜고짜 자신의 잘못보다 친구들의 잘못을 가지고 따지기 일쑤다.

양면적 반응(체념 또는 저항)을 통해 피해의식을 나타낸다

피해의식을 가진 사람은 자신보다 우월한 힘 아래에 놓여 있다고 느끼며, 스스로 그런 상황을 변화시킬 능력을 가지고 있지 않다고 믿는다. 그래서 무력하고 체념적인 모습으로 피해의식을 드러낸다.

반대로 항상 피해자로 살았기 때문에 무언가를 싸워서 얻거나 저항해야 한다는 생각을 하며, 그것이 공격적이고 고집스러운 모습으로 나타나기도 한다. 항상 자신은 피해자이기 때문에 공격적인 성향이나 행위는 정당한 것이라고 여긴다.

교실에서도 피해의식이 가득한 아이들은 이와 같은 양면적인 모습을 동시에 한꺼번에 드러낸다. 자신이 피해자라고 친구에게 눈을 번뜩이다가도 금세 눈물을 뚝뚝 떨어뜨리며 연약한 모습을 보이는 것이 그 예다.

상황 판단을 제대로 하지 못한다

문제의 원인이 자신이 아닌 외적 요인에 있다고 보기 때문에, 상황 판단이 객관적이지 못하다. 이는 교실에서 아이들 간에 다툼으로 나타나는데, 피해의식을 가진 아이의 이야기를 들어 보면, 모든 아이가 자신을 괴롭히기 위해서 나쁜 행동을 한 것처럼 말하여 받아들이기 어려울 때가 종종 있다.

대인관계에 어려움을 겪는다

상황 판단을 제대로 하지 못하기 때문에 자연스럽게 대인관계에서 어려움이 생긴다. 모든 문제 상황을 남 탓으로 돌리고 자신은 피해자라고 하는데, 누구와 친하게 지낼 수 있겠는가? 이러한 아이는 친구나 교사와 원만하게 지내기 어렵다.

악순환

이런 특성을 지닌 사람들에게서 다음의 과정이 악순환 되는 것을 쉽게 볼 수 있다. 이런 아이들은 하루가 멀다 하고 교사에게 나와서 자신의 억울함을 호소하기가 일쑤인데, 교사 입장에서 정말 들어주기 힘들다.

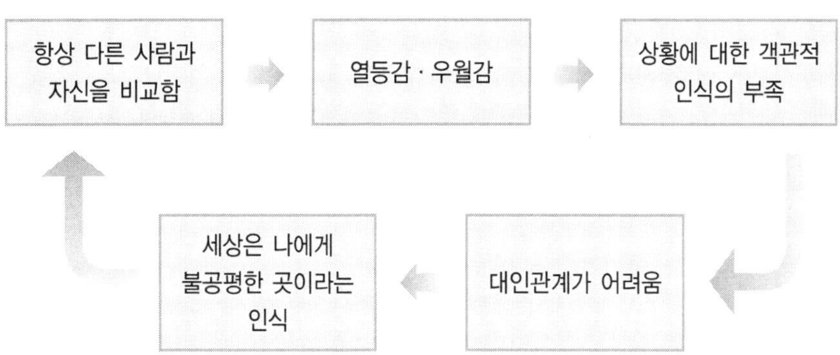

쌤! 이렇게도 해 봐요

안경 바꿔 쓰기

너도 힘들겠구나!

아이 때문에 교사도 힘들지만 아이도 지금 힘든 시간을 보내고 있다. 아이의 입장에서 보면 친구도 교사도 자신의 편이 아니고, 어디에도 정을 붙일 곳이 없다. 그런 상황에서 학교 생활이 결코 즐거울 리 없으니 '왜 나만 갖고 그래요?'라는 피해의식을 드러내는 것이다.

아이의 긍정적인 면 찾기

피해의식에 의한 잘못된 행동을 지적하는 것보다 아이의 긍정적인 면을 찾아 말해 주는 것이 더 효과적으로 문제를 해결하는 열쇠다. 긍정적인 면을 찾아 칭찬하다 보면 교사는 아이를 보는 시각이 바뀌고, 아이도 교사를 자신의 편으로 인식하여 서서히 날카로운 마음이 가라앉게 된다. 마음의 편안함은 자연히 행동으로 연결되어 문제 행동이 줄어든다.

아이의 욕구 찾기

아이의 욕구가 무엇인지 생각해 보고, 그것을 긍정적인 방향으로 표출할 수 있도록 도와준다.

예시 어떤 마음으로 이러는 걸까?
- 선생님께 동등하게 인정받고 싶다.
- 나의 상황을 말할 기회를 얻고 싶다.

관찰하기

아이가 "왜 나한테만 그래요?" 하고 따지는 것에는 일정한 패턴이 있을 수 있다. 매일이 바쁜 교사의 눈에는 항상 따지는 아이로만 비춰질 수 있지만, 한발 물러서서 관찰해 보면 일관성이 보일 수도 있다. 이러한 패턴을 알고 원인을 제거하기 위해 노력하면 아이에 대한 대처가 한결 쉬워진다. 또 이것이 아이에 대한 깊이 있는 이해로 연결된다.

사과를 두려워하지 않기

만약 정말 아이가 불공평하다고 느낄 만한 점이 교사에게 있었다면 사과를 두려워하지 말아야 한다. 교사로서의 권위는 '존경할 만한 어른'이 됨으로써 나오는 것이기 때문에 사과는 오히려 교사의 권위를 세울 수 있는 방법이다.

교사도 사람이고 분명 잘못된 행동을 할 수 있기 때문에 사과도 할 수 있다. 아이들은 교사가 사과를 하면 더 잘 받아들이는 경우가 많으며, 교사와 아이의 관계는 신뢰 속에서 새롭게 정립된다.

함께 세우기

우리 선생님은 공평하신 분

교사는 자신의 반 아이들 모두를 똑같이 사랑하고, 그래서 모두 똑같이 대해 줄 것임을 말로 선언한다. 자신이 없어도 일단 말로 표현하면 행동도 실제로 그렇게 따라가게 되고, 아이들도 교사를 그런 사람으로 생각하게 된다. '우리 선생님은 공평하시다!'라는 생각이 반 전체 아이들에게 각인되면, 교사의 결정에 이의를 제기하는 아이들은 줄어든다.

원칙에 따른 상과 벌

아이가 불공평하다고 느낄 만한 일을 최소한으로 만들기 위해 교실의 규칙은 분명해야 한다. 모든 학급에는 나름의 규칙이 있다. 그동안 따로 적지 않았던 규칙들을 학급회의를 활용하여 정리해 보자. 이때 규칙을 지켰을 때 또는 지키지 않았을 때 어떤 상과 벌이 있을 수 있는지도 정한다. 그러면 교사도 아이들의 잘못에 대해 핏대를 세우며 대응하기보다 정해진 규칙에 따라 대처할 수 있어 필요 이상으로 화를 내는 일을 막을 수 있다. 또한 아이들도 교사와의 감정적 충돌 없이 잘못한 일에 대하여 대가를 치를 수 있으므로 교사와의 친밀한 관계 형성에 도움이 된다.

교사의 선택권을 아이들에게 주기

규칙에는 없으나 교사의 선택이 필요한 다양한 일이 있다. 이때 교사의 선택권을 아이들에게 일부분 넘기는 것이다.

예

- ○ 발표를 시킬 때 발표 도우미 플래시 활용하기
- ○ 심부름을 하고 싶은 사람은 선착순으로 나오기
- ○ 남자, 여자 공평하게 대하기 – 짐 들기, 혼내기
- ○ 미술작품 뽑을 때 아이들이 투표하기
- ○ 교사가 선택을 해 줄 때는 합리적으로 설명해 주기

그 녀석과 둘이서

이야기 끝까지 들어 주기 & 공감과 위로

피해의식을 가진 아이가 교사를 신뢰하게 하기 위해서는 아이의 이야기를 그냥 들어 주는 노력이 필요하다. 이야기를 다 듣고 난 후, 그것이 아이의 피해의식에 의한 과민반응일지라도 아이가 느끼는 감정에 대해서는 공감해 주고 위로해 주어야 한다.

행동은 공감해 줄 수 없어도 아이의 마음은 공감해 줄 수 있다. 아이가 속상한 이유를 들어 주고, 그것을 알아주는 말 정도만 해 주어도 아이의 입장에서는 위로받았다고 느낄 수 있다. 위로를 해 주려면 꼭 그 사람의 편을 들어줘야 한다고 생각하는 경우도 있는데, 그렇지 않다.

예 ○ 애들이 너만 놀린다고? 왜 그렇게 생각하니? 그게 아니야. 너도 친구를 놀려 놓고 그렇게 말하면 안 되지. 넌 왜 항상 그러니? (×)
○ 아이들이 너만 놀린다는 생각이 드니까 정말 속상했겠구나. (○)
○ 선생님이 너한테만 그런다고 생각했으니 많이 힘들었겠구나. (○)
○ 선생님이 어떻게 하면 공평하다고 느끼겠니? (○)

아이와의 특별한 시간 만들기

방과 후에 아이를 남겨서 교사의 일을 돕게 하는 등의 방법으로 아이와의 특별한 시간을 만들어 본다. 아이의 입장에서는 인정받는다는 기쁨도 느낄 수 있고, 교사와의 친밀감을 형성할 수도 있다.

사과 또는 잘못된 생각 끊기

"왜 너한테만 그런다고 생각하니?"라는 질문은 아이의 문제 행동을 해결하는 데 반드시 필요한 질문이다. 아이의 대답을 듣고 일리가 있다면 사과한다. 아이의 이야기가 이치에 맞지 않는다면 그런 부분은 논박해 주어야 한다. 논박을 한 다음, 아이에게 사과할 부분이 없는지 묻고 자신의 잘못을 시인하도록 한다. 자신의 잘못을 아는 데 그치지 않고 입으로 말하는 것은 잘못된 행동을 수정하는 1차적 방법이기 때문에 반드시 필요하다.

더불어 아이들이 "왜 나한테만 그래요?"라고 할 때 다분히 습관적인 말버릇인 경우도 많이 있으므로, 그 말이 옳은 말이 아님을 알도록 아이를 지도해야 한다. 교사도 아이의 그런 말버릇 때문에 기분이 상한다는 것을 '나 전달법'을 통해 표현하는 것이 좋다.

예 용재야! 난 너한테 공정하게 대했다고 생각하는데 네가 항상 선생님은 불공평하다고 하니까 속상해.

가정과 어깨 맞추기

기록하기

피해의식이 있는 아이는 부모에게 '선생님이 나만 갖고 그런다.'는 식으로 말하여 부모와 교사 사이를 갈라놓기도 한다. 따라서 교사는 아이가 이런 식의 반응을 과하게 보일 경우, 아이의 말과 행동 등을 꼼꼼히 기록하여 아이에 대한 지도 자료로 활용하고 부모와의 상담도 대비한다.

공감하기

학교에서 아이가 이런 태도를 보인다면 집에서도 그럴 가능성이 높다. 부모가 아이의 문제에 대해 인식하고 있다면 부모로서 느끼는 어려운 점에 대해 공감해 주는 것이 필요하다. 교사의 공감은 부모에게 힘이 되고, 아이를 위한 협력에 첫 번째 열쇠가 된다.

협력하기

아이의 상황에 대해 부모와 이야기를 나누면서 부모의 양육 태도 등에 대한 정보를 얻는다. 특히 자녀가 여럿인 경우 자녀들 사이에서 아이가 불공평함을 느낄 만한 일이 없었는지 알아본다. 부모에게 아이의 자아존중감을 기를 수 있는 양육 방법을 알려 주고 함께 실천하는 것도 좋은 방법이다.

자아존중감을 기르기 위한 부모의 양육 방법 BEST 5!

○ 아이의 말을 판단하기보다 먼저 그 감정에 대해 공감해 주어라.

○ 아이의 행동 결과보다 그 과정에 관심을 갖고 칭찬하라.

○ 문제의 해결 방법을 아이 스스로 찾게 기다려라.

○ 자주 함께 놀아 주어라.

○ 아이가 잘하는 것을 써서 냉장고에 붙여 놓고 매일 실천해 보게 하라.

~을 잘해 → 성공 경험의 확장 → 자아존중감의 향상

와글와글 함께

백조가 된 미운 오리 새끼

누구나 미숙한 면이 있다는 것을 알고 받아들이도록 해야 한다. 우리 반 구성원 모두, 교사까지도 다 조금씩 미숙한 면이 있지만, 그런 면이 있더라도 다른 사람보다 부족하거나 실패한 사람이 아니라는 것을 일깨운다. 남과 비교하지 않고 자신의 가치를 인정하는 것은 쉬운 일이 아니지만, 교사가 먼저 해당 아동의 가치를 인정해 줄 때 아이도 스스로의 가치를 인정할 힘을 얻게 된다([활동지 12-1] 참조).

과거의 경험에서 긍정적인 부분 찾기

과거의 경험은 모두 긍정적인 역할을 할 수 있다. 실패는 너무나 속상하고 가슴 아픈 일이다. 그러나 실패를 다른 눈으로 볼 수 있다면 실패 요인은 곧 나의 성공 요인이 될 수 있다. 아이가 자신의 속상한 일을 이야기할 때 그 이야기를 경청하며 위로해 주고, 긍정적으로 생각할 수 있는 부분을 찾아 이야기해 주면 도움이 될 것이다([활동지 12-2] 참조).

있었던 일만 기록해 보기

감정적인 내용을 빼고 실제 있었던 일만 말해 본다. 이 과정은 나에게 벌어진 일을 객관적으로 바라보는 데 도움이 된다. 또한 같은 일을 바라보는 시각이 다양함도 알게 된다([활동지 12-3] 참조).

[활동지 12-1]

백조가 된 미운 오리 새끼

학년 반 이름 :

● '미운 오리 새끼'를 읽고 미운 오리의 마음을 느껴 봅시다.

미운 오리 새끼

안데르센 지음

미운 오리는 못생기고 키가 커서 다른 오리들에게 미움을 받다가 집을 떠났다. 마음 착한 할머니를 만나 사랑을 받았지만, 고양이와 닭의 괴롭힘을 받아 그 집도 떠나게 되었다. 강가에 있는 백조를 보고 '나도 백조였으면 얼마나 좋을까?'라고 생각한 미운 오리. 하늘에서 눈이 내리고, 추워서 쓰러진 미운 오리는 나무꾼의 간호를 받으며 같이 살게 되었다. 어느 날 미운 오리만 집에 있는데 쥐가 나타나 식탁 위의 음식을 엉망으로 만들었고, 나무꾼 가족은 엉망이 된 집을 보고 미운 오리를 내쫓았다. 미운 오리는 호숫가 근처에 있는 바위틈에서 살기로 하고, 낮에는 물고기나 조개를 먹고 밤에는 낙엽을 덮고 잤다. 호수가 얼 때는 친절한 들쥐가 음식을 나누어 주었다. 추운 겨울을 보내고 봄이 왔다. 미운 오리는 날개가 근질거리는 것 같아서 날갯짓을 했다. 그 순간 미운 오리는 날기 시작했다. 미운 오리는 백조였던 것이다. 미운 오리 밑에는 큰 호수에 백조들이 놀고 있었다. 미운 오리는 백조들과 함께 행복하게 살았다.

● 미운 오리는 사실은 백조였지만 자기 자신이 백조라는 사실도 모른 채 살았습니다. 만약 미운 오리가 자기가 백조라는 사실을 알고 있었다면 어떻게 되었을까요?

● 나의 모습 중에서 미운 오리 새끼와 같은 부분이 있다면 써 봅시다.

[활동지 12-2]

포스트잇의 탄생

학년 반 이름:

● 다음 글을 읽고 물음에 답해 봅시다.

스펜서 실버는 스카치테이프를 만드는 회사에 다니고 있었습니다. 회사에서는 새로운 상품을 개발하려고 했습니다. 스펜서는 접착제를 연구했습니다. 그런데 그가 만든 접착제는 접착력이 약해서 종이가 붙었다가도 금세 떨어졌습니다. 실망과 좌절로 힘든 나날을 보내던 중 스펜서는 책 속에 꽂아 놓았던 메모지가 우수수 떨어지는 것을 보고 아이디어를 얻었습니다. 붙였다 떼었다 하는 메모지가 있다면 편리할 텐데, 자신이 개발한 접착제를 이용하면 그런 메모지를 만들 수 있다는 것이었습니다. 결국 회사에서는 스펜서의 의견을 받아들였고, 그것이 오늘날 널리 쓰이는 '포스트잇'입니다.

스펜서는 좌절 가운데 희망을 잃지 않아서 '포스트잇'이라는 놀라운 상품을 개발했습니다. 실패하여 힘이 들어도 무언가 긍정적인 부분을 찾을 수 있다면 그것은 실패가 아니라 성공의 어머니가 될 수 있습니다.

● 이와 같이 실패를 딛고 성공에 이른 예를 알고 있다면 써 봅시다.

● 자신의 경험 중 당장은 힘들었지만 오히려 나에게 도움이 되었던 일이 있다면 말해 봅시다.

[활동지 12-3]

나와 친구의 이야기

년 월 일 요일 학년 반 이름:

● 누구와 무슨 일이 있었고, 어떤 행동을 했는지 쓰시오.

나의 감정, 생각	감정은 빼고 사실만 쓰기	( )의 감정

● 다시 이런 일이 생긴다면 어떻게 하고 싶나요?

● ( )에게 하고 싶은 말을 쓰세요.

선생님 확인: 부모님 확인:

〈 예시 〉

나의 감정, 생각	감정은 빼고 사실만 쓰기	(진수)의 감정
별거 아니라고 생각했다.	내가 진수의 의자를 치고 감	난데없이 의자를 치고 지나가고 사과도 안 하니까 황당하고 무시당하는 느낌이 들었다.
일부러 한 것도 아닌데 욕을 하니까 화가 났고, 예전에 진수가 나한테 욕했던 게 생각났다. 진수는 나한테만 재수 없게 군다.	진수가 나에게 욕을 함	무시당하지 않으려고 욕을 했다.
기분이 나빠서 욕을 했다.	나도 진수에게 욕함	먼저 용재가 잘못했으니까 욕한 건데 사과도 안 하고 욕을 하니 기분이 더 나빠졌다.
먼저 치는 게 진수를 이길 수 있다는 생각이 들어서 때렸다.	내가 먼저 주먹을 날림	먼저 때리기까지 하니 억울하고 분통이 터졌다.
내가 때리면 꼬리를 내릴 줄 알았는데 나를 때려서 황당했고, 더 때리고 싶었다.	진수도 나를 때림	맞고서 가만히 있으면 바보가 되는 것 같아서 용재를 때렸다.

〈활용법〉

① 감정은 빼고 사실만 쓴 후, 나의 감정을 쓴다.
② 친구의 것을 보고 친구의 감정을 쓴다.
③ 함께 사실을 확인하고, 서로의 감정, 생각이 다를 수 있음을 이해한다.
④ 다시 똑같은 일이 생기면 어떻게 할 것인지 친구에게 하고 싶은 말을 쓴다.
⑤ 본인 것과 친구 것을 복사하여 교사가 확인한다.
⑥ 복사한 본인 것과 다른 친구의 것을 해당 아동의 부모님께 보내어 확인을 받아 오게 한다.

13

설명 끝나자마자 '뭐예요?' 질문하는 아이

이런 녀석 꼭 있다!

설명 끝나자마자 항상 '뭐예요?' 질문하는 순철이

5학년 수학시간, 문제풀이를 하고 있는데, 특히 이 부분은 틀리기 쉬운 부분이기에 열과 성의를 다해 설명하였다. 겨우 문제풀이를 끝내고, "자, 다들 알겠니?" 하는데, 순철이가 손을 들고 일어선다.

"선생님, 이거 어떻게 하는 거예요?"

순간 울화가 치밀지만 다시 처음부터 차근차근 설명을 시작한다. 그런데 정작 순철이는 설명이 시작되자마자 딴전이다. 계속 주의를 집중시키며, 다시 설명한다.

"이제 알겠니?"

"글쎄요, 알 것 같기도 하고 모를 것 같기도 하고……. 근데 이건 뭐예요? 중요한 건가요?"

풀이 전에 이 부분은 틀리기 쉽고 중요하다고 그랬건만……. 나의 일그러진 표정과 더불어 아이들의 시선이 순철이를 향한다. 성질 급한 몇 녀석의 입에서는 핀잔이 튀어나온다.

"쟨 또 저래. 쟨 만날 저래."

아! 진 빠진다. 겉으로는 그런 말 하는 것 아니라고 비난을 한 아이에게 뭐라 말했지만, 나의 마음속은 동감을 하다못해 통감이다.

"쟨 또 저래, 만날 저래."라는 말이 틀린 것 하나 없다. 정말 그렇다. 이 일을 어떻게 해야 하나?

2. 그 녀석과 나

저 녀석 때문에 번번이 수업 흐름이 끊기네. 정말 싫다 싫어! 나도 좀 일관성 있게 쭉~ 수업 좀 하자.
선생님은 반복하지 않는다. 듣지 않은 것은 너니까, 못 들은 부분에 대해서는 네가 알아서 해.
좀 더 집중할 수 있는 녀석인데, 도대체 왜 집중하지 않을까?
실컷 설명을 했는데, 또 하라니. 집중하라고 말했잖아. 왜 매번 듣지 않고 나를 이 고생을 시키니? 제발 좀 잘 들어라.
또 화냈네. 뭔가 딴 방법이 없을까?

3. 그 녀석의 이유

정말로 모름

정말 몰라서 "뭐예요?"라고 질문한다. 교사 입장이나 잘 이해하는 아이들의 입장에서는 이것도 모를 수 있을까 싶지만 본인은 정말 몰라서 질문하는 것이다. 또한 학력이 떨어지거나 다른 것에 신경을 쓰기 때문에 내용을 듣고도 잘 이해하지 못해 "뭐예요?"라는 질문을 자주 한다. 정말 몰라서 하는 질문이다.

습관의 문제

습관의 문제일 수 있다. 정말 모르는 것이 아닌데도 불구하고, "뭐예요?"라는 말이 입에 배어 있다. 대개의 경우, 사려 깊지 못하고 즉흥적이거나 충동 조절이 약한 외향적인 성격의 아이들에게서 잘 나타나는 현상이다.

주목받고 싶음

"뭐예요?" 하는 순간을 통해 아이는 교사와 일대일 교류를 원한다. 아이의 질문 후 교사에게서 반복 설명이나 핀잔 등의 반응이 일어나 돌아오면, 아이 입장에서는 그것이 인정, 갈망 욕구를 채우는 중요한 수단이 된다. 이것은 부정적이든 긍정적이든 간에 심리적인 어루만짐이 되는데, 이를 심리학에서는 사람에게 꼭 필요한 욕구 충족으로 보며 'stroke'라는 용어로 표현한다.

한편으로는 다음과 같은 상황도 생각해 볼 수 있다.

교사들은 많은 아이를 만나다 보니 자칫하면 1대 30 또는 1대 40으로 아이들을 생각하기 쉽다. 그러나 아이들은 그렇게 생각하지 않는다. "우리 반 선생님은 우리 반 친구들이 많으니까 나를 30명 중의 한 명으로 여기고, 사랑도 30분의 1로 해 주실 것이다."라고 여기는 아이는 없다는 것이다. 모두 다 일대일로 선생님을 바라보며 사랑받기를 원하고 있는 것이다.

출처: 케네스 블랜차드(2002). 칭찬은 고래도 춤추게 한다.

자기 세계로의 몰입

교사가 설명하기 시작하면 교실에 청각적인 배경이 깔리는 셈이 된다. 때로 그 상황이 아이에게 방어막을 쳐 주고 자신만의 세계에 몰입하게 하는 하나의 신호가 되는 경우가 있다. 이 경우 몰입은 수업과 상관없는 다른 생각의 몰입일 수도 있고, 장난이나 발 떨기 등 기타 다른 독자적 행동의 몰입일 수도 있다. 그러다가 방어막이 되는 청각적 배경, 즉 설명이 걷히고 나면 비로소 수업 상황으로 돌아와서 질문을 하게 된다.

"선생님, 뭐예요?"

이 경우 생각할 수 있는 것은, 아이는 교사의 설명에는 충실하지 않았지만 자신의 관심사에는 충실하다는 것이다.

청력의 문제

경우에 따라 청력이나 시력에 문제가 있는 아이에게 나타날 수 있는 현상이다. 청력에 문제가 있을 수도 있고, 잘 보이지 않아 덩달아 청력도 떨어진 것처럼 인지되기 때문에 반복 질문이 나타날 수 있다. 이 부분이 의심되면 평소에 그 아이의 행동을 잘 관찰해 보는 것이 좋으며, 때로는 의학적 점검이 필요하다.

쌤! 이렇게도 해 봐요

안경 바꿔 쓰기

자신의 화난 감정을 인식하고 아이에게 부드러운 마음 가지기

교사는 반복해서 질문을 하는 아이에게 화가 나기 쉽다. 그것은 질문하는 아이 때문에 수업의 흐름이 끊기고, 다른 아이들이 피해를 보고 있다는 생각에 다른 아이들에 대한 책임감과 미안함이 작동하기 때문이기도 하다. 한편으로 아이가 이렇게 설명을 안 듣는 것은 자신을 무시하고 있는 것이라는 생각도 들 수 있다.

아이의 행동을 교정하기까지는 시간이 걸리기 마련이므로 그 기간 동안 교사가 자신의 화난 감정을 조절할 필요가 있다. 아이가 "뭐예요?" 하는 질문 상황이 교사에게 대수롭잖게 다가오는 날이 있는 반면, 굉장한 좌절로 다가오는 날이 있을 것이다. 대부분 그날을 구분 짓는 것은 교사의 '스트레스 수준'이다. 매튜 맥케이에 따르면, 스트레스 상황하에서 방아쇠 생각이 결부되면 사람은 화가 나기 쉽다. 스트레스와 방아쇠 생각에 대해 알고 있으면 교사는 또 "뭐예요?"라는 질문을 받을 때 화가 생기는 상황에서 자신을 분석해 볼 수 있다.

- 내가 지금 스트레스 상황인가?
- 나는 지금 방아쇠 생각(속단, 과장, 편견)을 하고 있지 않은가?

화 반응을 내기 전에 스스로를 점검해 보고 아이에 대해 부드러운 마음을 가질 필요가 있다.

매튜 맥케이의 '화 유발 공식'과 방아쇠 생각

스트레스 + 방아쇠 생각 = '화' 반응 유발

* 방아쇠 생각 – 스트레스 상황하에서 화를 유발하는 생각

방아쇠 생각의 3종류

○ 속단: 아이가 버릇없이 구는 것이 고의적으로 당신을 화나게 하려는 것이라고 생각한다.
(예: 나를 열 받게 하려고 작정했구나, 일부러 그러는 거지 등)

○ 과장: 당신의 마음속에서 사건을 있는 그대로 보다 더 악화시킨다.
(예: 더 이상은 참을 수 없어, 내 이야기를 좀처럼 듣지 않는군 등)

○ 편견: 부정적이고 경멸적인 단어를 사용하여 아이의 행동을 묘사한다.
(예: 넌 고의적으로 바보처럼 구는구나, 넌 도대체 내가 어떻게 느끼고, 누구에게 상처를 주는지 전혀 관심이 없구나 등)

방아쇠 생각을 극복할 수 있는 현실적 생각

○ 고의적으로 이렇게 하는구나
아이는 자신의 감정과 욕구를 채우기에 급급한 거야. 나를 향해 그러는 게 아니야. 침착하자.

○ 내 말을 절대 듣지 않는구나
좋아, 과장하지 마. 아이가 때로는 말을 듣지만 아이들이 무시하는 것은 아주 당연하게 있을 수 있는 일이야. 화내지 않고 아이의 관심을 돌릴 다른 수가 없을까 한번 머리를 짜 보자.

○ 영악한 짓을 하는구나
너무 심각하게 받아들이지 말자. 아이는 자기 방식대로 하려는 것이고 그렇게 자라 왔기 때문에 그게 당연할 수 있어. 애들은 어른들보다 힘이 없기 때문에 원하는 것을 얻기 위해 할 수 있는 모든 일을 하는 것뿐이야.

출처: 매튜 맥케이 외(2006). 화내는 부모가 아이를 망친다.

아이의 반응을 긍정적으로 생각하기

상대가 바뀔 수 없을 때 가장 좋은 방법은 내 생각을 바꾸는 것이다. 아이가 말이 끝나자마자 "뭐예요?"라고 반응을 보이고 있는 것에 대해 새로운 해석을 해 보자. 최소한 그 아이는 말이 '끝난' 상황은 인식을 하고 있는 것이다. 교사의 설명이 끝나는 것조차 모르고 자신의 세계에 몰입해 있는 것보다 얼마나 다행인가? 적어도 그 아이는 교사의 자극에 대해 반응을 보이는 것이다.

함께 세우기

주변 아이들의 비난에 대응하기

대개의 경우, "뭐예요?" 소리가 나오면 주변 아이들의 비난이 잇따르기 마련이다. "쟤 또 저래." 또는 여기저기서 볼멘소리가 나오기 십상이다.

이러한 경우는 교사가 좋은 역할 모델을 보여 줄 수 있는 기회를 포착한 셈이다. 아이를 비난하지 않고 성의껏 들어주거나 적절하고 합리적으로 행동하는 것을 통해 학급의 다른 아이들이 교사를 보고 바람직한 행동 특성을 배울 수 있다.

- 가만있는 것보다 질문하는 것은 바람직한 행동이야.
- ○○은 궁금해서 말했을 뿐이야.

단계로 나눠 대답하기

학급에서 사전에 규칙을 정해 대응하는 방법이다. 모를 경우 1단계로 짝에게 물어보고, 2단계로 모둠에게 물어보고, 마지막 3단계로 교사에게 질문하도록 하는 방법이다. 이렇게 하면 수업 전체의 흐름이 깨진다거나 교사가 반복적으로 스트레스를 받는 기회를 사전에 제거하는 장점이 있다.

그러나 이 상황은 수업 시간 중 교사가 설명할 때는 적용이 곤란하므로 선생님의 설명이 끝난 후 상황에 적절하게 적용하도록 해야 한다.

교사의 말에 집중해야 하는 이유 가르치기

아이들이 교사의 말에 집중할 필요를 스스로 이해하도록 가르친다. 이때 교사가 주입식으로 설명하기보다는 아이들이 스스로 판단해서 동기화될 수 있게 유도하는 것이 좋다. 아이들이 보일 수 있는 반응들을 나열해 보고 그 행동의 결과를 예측해 보게 함으로써 스스로 어떻게 행동할 것인지 방향을 잡게 하는 것이다. 다음 보기를 참고하자.

○ 수업 시간이 도화지라면, 무엇으로 채워 나갈까(예: 우리가 수업 시간에 하는 활동은 무엇으로 구성되어 있을까)?

○ 그렇지. 선생님의 이야기(설명)와 너희의 활동(예: 발표하기, 필기하기, 기타 활동하기)으로 채워져 가지. 선생님의 이야기를 잘 듣지 않고 중간중간 빠뜨리는 것은, 너희의 머릿속에 수업 시간이라는 그림을 그리는 데, 중간중간 색칠하지 않은 빈 부분을 남겨 두는 것과 마찬가지야.

○ 수업 시간이라는 그림을 제대로 그리려면, 선생님이 설명할 때 어떻게 해야 할까?

○ 중간에 색칠하지 않은 부분이 생길 때에는 어떻게 하는 것이 좋을까?

○ 알림장을 쓸 때, 교과서 ○쪽을 보고 준비하라고 하지 않고, 왜 준비물에 대해 설명을 할까?

○ 준비물이 제대로 되지 않으면 그 뒷날 수업이 어떻게 될까?
◇◇을 준비해 오라고 했는데, 제대로 듣지 않아 ◆◆을 준비해 오게 되면 어떻게 될까?

그 녀석과 둘이서

교사와 아이만의 신호 만들기

이야기를 시작하기 전에 해당 아이의 이름을 불러 눈을 맞춘 후, 또는 아이와 약속된 신호를 통해 주의를 집중시킨 후 설명을 시작한다. 예를 들면, 아이 옆에 가서 책상을 가볍게 두드리며, "지금부터 선생님이 중요한 것을 설명할 거야. 어떻게 해야 하지?"라고 말하는 것이다.

되짚어 묻기

구체적으로 아이의 "뭐예요?" 하는 질문에 대해 하나하나 짚어 가며 물어보는 방법이다. 사용할 수 있는 질문은 다음과 같다.

- 무얼 모르겠니?
- 모르는 부분이 어떤 부분이니?
- 알아들은 것은 무엇이니?
- 네가 알아들은 부분까지만 이야기해 볼래?
- 네가 빠뜨린 부분이 무엇이니?

교사는 이 질문들에 대답하는 아이의 반응을 통해 습관적으로 "뭐예요?" 소리를 하는 것인지, 아니면 정말 몰라서 질문하는 상황인지 판단할 수 있다.

한편으로 교사가 아이에게 대답의 판단 신호를 제공하면서 질문을 이끌어 갈 수 있다. 아이에게 단순히 "뭐예요?" 하는 부분에 대해 설명하는 차원을 떠나, 아이를 학습 과정으로 이끌어 들이도록 유도하는 과정이다.

- 선생님이 아까 ○○부분에 대해 설명하고 난 뒤에 이 설명을 시작했거든. 선생님이 좀 전에 무엇에 대해 설명했을까?

와글와글 함께

주의 집중 훈련하기

듣기에 집중할 수 있게 다음과 같은 훈련을 할 수 있다.

발표를 듣고 핵심 단어 찾기

사전에 규칙을 지키기로 약속한다. 규칙은 친구가 발표할 때 잘 듣고, 발표가 끝나면 아이들 전체가 그 아이의 발표 중 핵심 단어를 읊는 것이다. 예를 들면, 우리 가족에 대해 발표할 때 "우리 아버지는 운전을 잘하시고, 어머니는 요리를 잘하십니다."라고 한 아이가 발표하면, 그 발표가 끝난 후 학급 전체가 "운전, 요리"라고 외치는 방법이다.

또는 핵심 단어 공책을 별도로 만들어, 발표 시 또는 교사의 설명 시 핵심 단어만 적게 하는 방법도 있다. 이 방법은 학급 전체 혹은 "뭐예요?" 하는 아이만 대상으로 경우에 따라 적절히 판단하여 실시한다.

이어 말하기

교사나 친구가 말한 것에 뒤이어 자기 의견을 발표하거나 질문하게 하는 방법이다. "○○는 이렇게 말했는데, 저는 △△입니다." 또는 "선생님은 ○○이라고 말씀하셨는데, 제가 모르는 부분은 △△입니다."라고 말하는 것이다. 이것은 쉽지 않은 훈련이나 학년 초부터 습관을 들이면 유용하다.

교사의 목소리에 주의 집중하기

교사가 들려준 문장을 학급 아이들에게 그대로 따라 말하게 한다. 처음에는 짧은 문장을 들려주고, 익숙해지면 긴 문장을 말한다. 틀리지 않은 아이에게는 사탕이나 초콜릿 등 간단한 보상을 한다.

다른 방법으로, 학급 전체 아이들과 함께 간단한 덧셈 암산을 잠깐 한다. 암산을 정확하게 하기 위해 아이들은 교사의 말에 집중하게 된다.

청각주의력

주의력은 접하는 자극에 따라 시각주의력과 청각주의력으로 나눌 수 있다. 청각주의력은 소리에 집중하는 능력이다. 언어적으로 주어진 지시를 잘 들으며, 방해자극은 무시하고, 그 지시에 따른 행동을 정확히 수행하는 능력이다.

청각주의력을 키울 수 있는 방법으로는 다음과 같은 것이 있다.

① 전자계산기로 짝이 불러 주는 연산을 풀기
② 바로 앞 숫자 더하기-짝이 처음 두 개의 숫자를 부를 때 이를 더한 합을 말하고, 그 합에 새로 불러 주는 한 숫자를 더하는 방식으로 계속 진행해 간다.
③ 노래 듣고 박수-특정한 자음이 들어가는 모든 단어에 박수
④ 코코코코 게임
⑤ 출력한 문장을 보고 있다 같은 내용을 읽어 주되 조금씩 일부러 틀리게 읽는 짝이 잘못 읽는 부분 찾아내기

출처: KBS〈스펀지2.0〉제작팀 · 신민섭(2008). 스펀지2.0 공부 잘하는 법. 주니어김영사.

14

목소리 큰 아이

이런 녀석 꼭 있다!

교실을 뒤흔드는 철용이

사회시간에 시청각 자료를 활용하여 우리나라의 경제발달 과정에 대해 열심히 설명하고 있었다. 미래 사회 모습을 예측하며, 자료를 클릭하여 자동차 사진이 등장한 순간, 교실 한구석에서 터져 나오는 큰 목소리가 들렸다.

"우~, 촌스러워."

열심히 수업하고 있는데 찬물을 끼얹는 녀석이 누구인지 살피니 역시 철용이었다. 아니, 확인할 필요도 없다. 애써 무시하고 수업을 진행하려고 다른 아이에게 미래 사회에서 일어날 수 있는 변화에 대해 질문한다. 그 아이가 일어서서 잠시 머뭇거리다가 미적대며 대답하려는 순간, 쏜살같이 날아와 꽂히는 그 큰 목소리…….

"야, 그것도 대답 못하냐?"

교실을 울려 대는 큰 소리에 일어선 아이는 순간적으로 얼굴이 벌게지며 고개를 푹 숙이고 만다.

체육 시간,

이번 시간은 뜀틀에 대해 배우겠다고 이야기를 꺼냈더니 예의 그 큰 소리,

"선생님, 피구해요. 피구시켜 주세요."

체육관이 떠나가라 흔드는 큰 소리에 다른 아이들까지 모두 가세한다.

'도대체 누가 교사인지, 누가 수업을 진행하는 건지…….'

우리 반에 '부담임'이 있다고 동 학년 모임에서 우스갯소리를 하지만 선생님의 마음은 불쾌감과 함께 편치 않다. 번번이 온 학급을 좌지우지하는 이 목소리 큰 녀석을 어떻게 해야 할까?

2. 그 녀석과 나

저 큰 목소리에 일일이 대응하다 보면 진도 나가기 힘들지. 그냥 무시해 버리자.
제발 친구들 생각 좀 해라. 그렇게 큰 소리로 친구를 지적해 대니 친구들이 무안해하잖니? 친구에 대해 배려하는 마음을 제발 좀 가져라.
내가 이 녀석의 기를 꺾어 놔야지. 어디 선생님 말씀에 토를 달아!
또 너냐? 선생님한테 그렇게 핀잔을 받고 싶어? 그만할 때도 되지 않았니?
너를 째려보는 친구들의 마음도 눈치채야지. 너 땜에 친구들이 번번이 수업 흐름에 방해를 받잖아. 언제 철이 좀 들래?

3. 그 녀석의 이유

사실 목소리가 크다는 것은 큰 장점이다. 문제는 목소리 큰 아이들이 주로 보이는 다음과 같은 특징 때문이다. 그 내용을 살펴보자.

순서를 못 기다림

수업은 음성 언어로 구조화된 활동이다. 언어 활동은 시간에 따라 언어 반응을 교환하는 일정한 규칙을 요구한다. 어느 한 사람만 일방통행하는 것이 아니라 쌍방통행하는 것인데, 언어 활동에서 자신의 순서를 기다리지 못한다. 충동 조절력이 약하다.

친구나 교사에 대한 예의 문제

결과적으로 타인에 대한 예의 문제로 비약될 수 있다. 순서를 기다리지 못함은 어느 누군가의 순서에 대신 끼어들거나 다른 사람의 순서를 가로채는 것이 된다. 주변 사람에 대한 예의 문제로 볼 수 있다.

미리 확 질러 버림

대개의 경우 목소리 큰 아이의 입에서 격려나 칭찬이 나오는 경우는 드물다. 오히려 자신의 능력을 이용하여 주변 친구들을 위축시킨다.

분위기를 주도해 버림

교사가 개입할 틈을 주지 않고, 앞질러 큰 소리로 말해 버려서 학급 분위기를 혼자 주도해 버린다. 특히 수업 시간에는 교사가 설명할 부분을 미리 앞질러 가며 얘기하여 수업 분위기가 교사가 의도하지 않는 방향으로 흘러갈 수 있으며, 교사와 주변 친구들은 끌려간다는 느낌을 받기 쉽다.

인정받고 싶은 욕구

힘의 욕구와 인정받고 싶은 욕구가 지나치게 과한 경우다. 이 경우 욕구가 분출되는 경우는 두 가지 형태다. 첫째, 실제로 자신감이 넘치는 아이이다. 자신의 자신감을 거침없이 표현하여 인정받고 싶은 욕구를 채우고자 하는 것이다. 둘째, 자신감은 결여됐으나 인정 욕구가 강하여 뭔가 부조화스럽더라도 일단 튀고 보려는 욕심에 행동하는 경우다.

분위기 파악을 잘하지 못함

목소리 큰 아이들이 분위기 파악을 하지 못하는 경우가 잦다. 예를 들면 다음과 같은 상황이다.

한 아이가 속상해 울고 있다. 주변 친구들과 교사가 집중하여 달래고 겨우 감정을 가라앉혀 두었다. 그런데 큰 목소리로 "쟤 왜 우니? 뭔 일 있었어?" 쩌렁쩌렁하게 울리는 그 목소리에 겨우 가라앉힌 울음이 다시 터져 나온다. 교사 입장에서는 그 순간에 지적해 주자니 그렇고, 지나간 후에 지적하면 이미 그 시점을 지나 버려 엉뚱하게 야단맞는다는 느낌이 들 테니 참 난감한 상황이다.

말꼬리를 붙들고 늘어짐

교사의 말에 목소리를 키워 번번이 토를 단다. 교사 입장에서는 건방져 보이기도 하고 불쾌하기도 하다.

음색이 사람을 자극시킴

아주 드물지만 선천적으로 타고난 음색이 거슬리는 것인데, 이 경우는 교사가 스스로의 감정을 조절하여 빨리 수용하는 것이 좋다.

쌤! 이렇게도 해 봐요

안경 바꿔 쓰기

녀석의 욕구를 수용해 주자

큰 목소리로 매사에 자주 튀어나오면 교사 입장에서는 불쾌감을 느끼기 쉽다. 자신의 권위에 대한 반항으로 여겨지기도 하고, 주도권을 뺏긴 느낌이 들기도 한다. 하지만 그러다 보면 아이를 지도할 때 자칫 감정적으로 되기 쉽다.

아이에게 문제 행동이 있을 때 우선 아이의 욕구와 행동을 분리시켜 바라보는 것이 필요하다. 다시 말해서 아이는 인정받거나, 주목받고 싶거나, 주도권을 행사하고 싶은 욕구가 있는 것이다. 그 마음을 이해하고 시작하자.

그 녀석과 둘이서

솔직하게 이야기하기

교사가 아이 때문에 수업하기 힘들 지경이 되면, 교사의 솔직한 감정 상태를 아이에게 위협적이지 않게 전달하는 것이 필요하다.

또한 아이의 분출 욕구에 대해서 수용해 주되, 욕구 충족이 존중받으려면 다른 사람을 배려하는 도덕성이 기반이 되어야 한다는 것도 알려 준다.

와글와글 함께

다 함께 목소리 크기를 조절할 수 있는 활동을 한다.

거리에 따라 목소리 크기 조절하기

목소리 크기를 거리에 따라 3가지 수준으로 조절하여 말하는 활동을 한다([활동지 14-1] 참조).

자동 볼륨 조절기 훈련

마음속에 자동 볼륨 조절기가 있다고 생각하고, 상황에 적절하게 소리 크기를 조절할 수 있도록 연습한다([활동지 14-2] 참조).

볼륨 조절 2

볼륨 조절 4

목소리 크기를 단계별로 안내하기

교실 앞쪽에 다음과 같이 소리 크기를 정하여 게시한다.

- 1단계: 소곤소곤(짝)
- 2단계: 도란도란(모둠)
- 3단계: 큰 소리로(전체)

[활동지 14-1]

목소리 크기 조절 연습

학년 반 이름:

- 지금부터 거리에 따라 목소리 크기를 조절하는 연습을 하려고 합니다. 다음 표를 보고 내용을 익힌 후, 주어진 지시에 알맞게 행동하세요.

> • 1 수준 … 짝에게만 들리는 소리 크기
> • 2 수준 … 모둠 내에서만 들리는 소리
> • 3 수준 … 교실 전체에 들리는 목소리

- 1 수준에 해당되는 말은 어떤 것이 있을까요? 사용하는 표현을 2가지 쓰세요.

> • 지우개 좀 빌려 줄래? / 자습 다 했니?
> •
> •

- 2 수준에 해당되는 말은 어떤 것이 있을까요? 사용하는 표현을 2가지 쓰세요.

> • 우리 모둠은 조상들의 식생활에 대해 발표하면 어떨까?
> •
> •

- 3 수준에 해당되는 말은 전체 발표에 해당됩니다. 다음 내용을 전체 앞에서 소리 내어 읽어 보세요.

> • 제 이름은 ○○○입니다. 저는 ( )학년 ( )반입니다.
> • 발표를 할 때는 알맞은 목소리로 똑똑하게 말합니다. 자연스러운 자세로 쉽게 말하며, 자신 있게 말합니다.

- 앞에서 쓴 1 수준의 표현을 알맞은 크기의 목소리로 짝에게 말해 보세요. 말한 후 우리 좌석의 앞뒤 친구에게 내 목소리가 적절한 크기였는지 ○ 또는 ×로 확인을 받습니다.

- 앞에서 쓴 2 수준의 표현을 알맞은 크기의 목소리로 우리 모둠 친구에게 말해 보세요. 말한 후 옆 모둠의 친구에게 내 목소리가 적절한 크기였는지 ○ 또는 ×로 확인을 받습니다.

- 전체 발표 후에 내가 앉은 분단에서 가장 먼 분단의 친구를 정하여 내 목소리가 또렷이 들렸는지 ○ 또는 ×로 확인을 받습니다.

- 친구들에게 확인받은 결과를 다음 표에 함께 표시해 보세요.

거리에 알맞게 말하기	내가 말한 목소리 크기 확인	
	적절했다(○)	적절하지 않았다(×)
1 수준(짝)		
2 수준(모둠)		
3 수준(전체)		

○: 들리지 않거나, 들렸지만 시끄럽지 않았다.
×: 주위로까지 소리가 들려 시끄러웠다.

- 앞의 결과를 보고 내가 알게 된 점과 고쳐야 할 점은 무엇인지 기록해 보세요. 그리고 친구들과 비교해 보며 함께 이야기해 보세요.

[활동지 14-2]

자동 볼륨 조절기

학년 반 이름:

내 마음속에 볼륨 조절기가 있습니다. 나는 이것을 자유롭게 사용할 수 있습니다. 지금은 마음속 볼륨 조절기를 연습 작동해 보는 시간입니다. 주어진 지시대로 순서에 알맞게 움직여 보세요.

- 지시에 따라 3초간 내가 낼 수 있는 가장 큰 소리를 내어 보세요.
- 지시대로 하였나요? 방금 여러분이 낸 소리를 볼륨 5로 하겠습니다. 볼륨 5가 필요한 경우는 어떤 것이 있을까요?

  - "불이야!" 하고 사람들을 대피시키는 경우
  -

- 다음으로 소리를 내지 않고 입만 벙긋벙긋해 보세요. 이 경우는 볼륨 0으로 하겠습니다. 볼륨 0이 필요한 경우는 어떤 것들이 있을까요?

  - 조용한 자습 시간, 친구에게 꼭 물어봐야 할 것이 있을 때
  -

- 본인이 낼 수 있는 소리 중 옆 사람이 내 발음의 내용을 확인할 수 있는 가장 작은 소리를 내 보세요. 이 경우는 볼륨 수치를 얼마로 하면 좋을까요?

  볼륨 (   )

- 각각의 볼륨이 필요한 경우는 어떤 경우일까요? 각 볼륨 크기에 적당한 상황은 어떤 경우인지 생각하여 보세요.

  - 볼륨 1의 목소리 크기로
  - 볼륨 2의 목소리 크기로
  - 볼륨 3의 목소리 크기로
  - 볼륨 4의 목소리 크기로
  - 볼륨 5의 목소리 크기로

- 다음 표의 빈칸에 볼륨 조절기의 소리가 적절한 상황을 기록해 보세요.

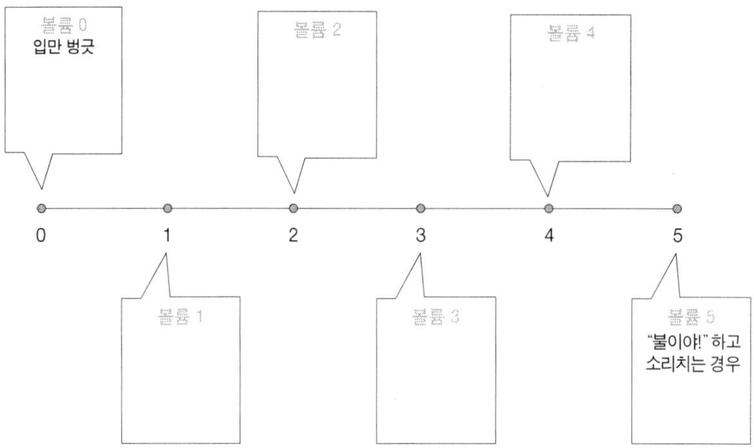

- 내가 적은 상황에 알맞게 목소리의 크기를 조절하며 실제로 말해 보세요.

• 볼륨 1의 목소리 크기로
• 볼륨 2의 목소리 크기로
• 볼륨 3의 목소리 크기로
• 볼륨 4의 목소리 크기로
• 볼륨 5의 목소리 크기로

- 오늘 활동을 통해 내가 알게 된 것을 어떻게 생활에 적용할 수 있을지 생각하고, 친구들과 이야기를 나눠 보세요.

15

냉소적인 아이

이런 녀석 꼭 있다!

냉숙아, 넌 왜 그리 차갑니

냉숙이는 시끄럽고 정신이 없는 교실 분위기에서도 늘 무표정한 모습을 하는 아이다. 아이들이 아무리 재미있는 이야기를 하며 깔깔대고 웃어도, 수업 시간에 칭찬을 받아도 냉숙이는 목석 같다. 다른 아이들 같으면 금방 얼굴이 환해지며 좋아할 텐데, 냉숙이는 오히려 칭찬이 부담스럽다는 표정인지, 아니면 가소롭다는 표정인지 야릇한 미소만 살짝 나타났다가 사라질 뿐 여전히 반응이 없다.

오늘은 냉숙이의 그런 표정에 화가 날 뻔했다. 옆에 앉은 짝꿍이 5교시 직전에 갑자기 배가 아프다며 얼굴을 책상에 파묻고 고통스러워하고 있었다. 그것도 바로 옆에 앉은 냉숙이가 먼저 이야기해 준 것이 아니라 뒤에 앉은 희철이가 말해 줘서 알게 되었다.

"냉숙이는 옆에 친구가 어떤 어려운 점이 있는지에도 관심이 없니? 만약 네가 그런 형편이 되었을 때 아무도 관심을 가져 주지 않으면 어떻겠니?"라며 직설적으로 말했다.

그런데 이렇게 말하면 적어도 "죄송합니다." 정도는 말해야 하는데, 냉숙이는 그 말조차 안 하는 것이었다. 그래서

'네가 아무리 공부를 잘하면 뭐하니? 인간관계가 엉망인데. 그렇게 차가워서 네 옆에 친구들이 모이겠니?'라는 말을 하고 싶은데 속으로 꾹꾹 참았다.

'냉소적(cynical)'인 아이 냉숙이 때문에 오늘도 맥이 빠진다.

2. 그 녀석과 나

그래.
넌 큰 말썽은 부리지
않으니 나도 널 건드리진
않으련다. 너를 보고 있노라면
저절로 맥이 빠지거든.

유아기에 부모가
어떻게 키웠길래
저렇게 감정도 없고
표현도 못하고
매사에 부정적이람?

냉숙아.
지금 선생님이
네게 말하고 있는데
그런 표정을 지으면 내 기분이 나빠져.
네 표정이 다른 사람들의
기분을 나쁘게 하는 것
알고 있니?

저런 태도는
나도 이제 어쩔 수 없어.
재를 바라보다간
나까지도 힘이 빠지니
아예 관심을 끄자!

3. 그 녀석의 이유

잘못된 양육 태도에 의한 발달적 장애

성장 초기에 파괴적인 양육을 받아 냉소적인 성격이 형성되기도 한다. 파괴적인 양육이란 주로 학대를 말하는데, 여기에는 신체학대, 언어학대, 성학대, 방임, 유기 등이 있으며, 영유아기에 학대를 받은 아동은 아동기 때 학대받은 아동들보다 더 많은 발달적 장애를 갖는다.

또한 아이의 부모가 애정을 듬뿍 받지 못하고 학대를 당하며 자랐던 경험이 있으면, 자녀를 어떻게 사랑해야 하는지 몰라서 아이에게 부적절하게 하면서 애정 표현을 키울 수 있다. 이런 양육 태도를 가진 어머니를 보면서 자란 아이들이 차가운 표정을 지닌 냉소적인 아이가 될 수 있다.

양육 환경의 문제

어린 시절에 잘못된 양육 환경에서 자란 경우에도 이런 표정의 아이가 될 수 있다. 잘못된 양육 환경의 예를 들어 보면 다음과 같다.

- ○ 폭력적인 환경
- ○ 저소득 계층
- ○ 약물 남용
- ○ 너무 이른 나이에 비정상적인 성관계로 부모가 된 사람의 자녀

이러한 양육 환경에서 자란 아동은 적절한 돌봄을 받지 못하기 쉽다. 그리

고 자기를 돌보아 줄 것에 대한 기대가 무너지는 경험을 자주 하게 되면, 세상에 대한 신뢰감이 형성되지 못하여 우울한 정서를 가지게 된다.

생물학적 요인

성장 과정에서 어떠한 쇼크로 외상을 경험하는 경우, 신경학적 경로가 손상될 수 있으며, 이것은 정서와 감정 조절 영역에 영향을 미친다는 연구가 있다. 전문적인 용어라서 낯설긴 하지만 외상 경험은 뇌의 시상하부 - 뇌하수체 부신축과 교감신경계와 중추신경계 그리고 면역체계에 영향을 준다는 연구 결과도 있다.

안정 애착에 실패한 경우

한 인간의 발달에서 결정적 시기(critical period)는 매우 중요한 의미를 가진다. 애착 형성의 결정적 시기는 영아기다. 즉, 만 3세 이전에 주 양육자와 안정된 애착관계를 형성한 아이는 대인관계를 원만하게 맺을 수 있는 성격이 형성된다. 하지만 안정 애착 형성에 실패한 경우는 상대방에 대한 불신과 세상에 대한 불신감으로 감정 공감 능력이 떨어지고 주관적인 감정반응을 못하면서 무표정, 우울한 정서, 냉소적인 표정으로 인해 대인관계에서 정상적인 감정 교류를 못하게 된다.

아동기 적대적 반항장애(ODD)와의 관련성에 관한 연구에서도 ODD의 80%가 영아기 때 안정 애착 형성에 실패하여 냉소적인 성격을 가진 아동들이었음이 밝혀졌다.

쌤! 이렇게도 해 봐요

안경 바꿔 쓰기

오해하지 말기

아이의 차가운 표정만으로 오해할 때가 있다. "저 아이가 혹시 나를 좋아하지 않는 것일까?" 하고 생각하게 되면, 괜히 그 아이에게 정이 안 가고 교사의 마음에서도 멀어질 수 있다. 그러나 관찰해 보면 교사에게만 그러는 것이 아니라 모든 사람에게 그런 표정을 짓는 것을 알 수 있다. 그러므로 공연한 오해로 불편한 마음을 갖지 말자.

인내심으로 대하며 기다리기

부적절한 양육 환경 때문이라면 아이의 사정을 고려하여 아이의 무반응이나 무표정에 대해 꾸준히 인내하며 기다려 주는 마음이 필요하다. 이런 아이들은 오랫동안 정을 듬뿍 받아야 세상과 사람들을 신뢰할 수 있게 되기 때문이다. 학교에서라도 따뜻한 돌봄(care)을 받을 수 있도록 배려해 준다.

아이는 교사하기 나름

교사는 부모와 더불어 '중요한 타자(significant others)'다. 따라서 가정에서 적절한 돌봄을 받지 못해 자존감에 손상을 받고 우울한 정서를 가진 냉소적인 아동일지라도 학교에서 교사의 지속적이고 변함없는 인정과 사랑을 받게 되면 자존감을 회복할 수 있다. 그러므로 교사는 학교에서의 부모라는 자세로 꾸준히 사랑을 부어 주자. 특별히 냉숙이에게는 다른 아이들보다 시간을 많이 투자하여 일대일의 관계를 꾸준히 맺어 가야 한다. 감당할 만한 과제를 주고 수행을 지켜보면서 과정마다 적절한 격려와 인정을 해 주어 자존감을 키워 준다.

방과 후에 간단한 게임을 하면서 이야기를 나누는 것도 좋다. 예를 들면, 주먹공 주고받기, 고리 던지기, 간이볼링게임 등이나 보드게임으로 즐거운 분위기를 연출하여 감정 표현을 자유롭게 하도록 유도한다.

함께 세우기

아이들에게 도움 요청하기

교사는 학급 아이들로 하여금 나와 다른 차이를 수용하는 마음과 자세를 가지도록 지도할 책임이 있다. "냉숙이는 원래 웃을 줄 몰라요."라든가, "쟨 원래 저래요." 라고 말하면, "얘들아, 사람은 서로 다르단다. 냉숙이가 말은 안 해도 생각은 계속하고 있어. 우리 기다려 주자." 라고 말해 준다. "쟨 원래 그래요."라는 말을 하지 않도록 부탁한다. 이것을 잘 실천한 아이들에게는 '친절상'이나 '배려상' 항목을 만들어 칭찬을 하여, 약하고 힘들어하는 부분을 서로 도와주는 따뜻한 학급 분위기를 조성한다.

결정적 시기에 받은 충격이나 내면의 상처는 짧은 시간에 치료되지 않는다. 이러한 아이에게는 부모, 교사, 친구들이 인내를 가지고 도와줄 때 아주 조금씩 진보를 보인다.

다양한 감정과 표정을 연습하기

아이들에게 일상생활 중 다양한 감정과 그 감정에 어울리는 표정에 대해 연습할 기회를 준다. 가면놀이를 통해 화가 날 때, 슬플 때, 기쁠 때, 외로울 때, 두려울 때, 아쉽고 서운할 때 등 여러 상황에서 알맞은 표정을 짓는 게임을 한다. 가장 알맞은 표정을 지은 사람에겐 '연기상'을, 제대로 못한 사람에겐 '어색상'을 주도록 한다. 그러나 냉숙이 같은 아이는 한두 번의 교육으로는 금세 표정이 바뀌지 않으므로 꾸준히 지도해야 한다.

예시 가면놀이

양 손바닥을 펴서 얼굴을 가리고 있다가 교사가 '웃는 가면!' 이라고 지시하면 가리고 있던 손을 즉시 옆으로 비끼며 웃는 표정의 얼굴을 보인다. '슬픈 가면!' 이라고 지시하면 즉시 슬픈 표정의 얼굴을 보여야 한다. 활동을 하면서 아이들은 자연스럽게 다양한 표정을 짓게 된다. 반 아이들 모두가 빠지지 않고 참여해야 쑥스러워하지 않고 활동을 할 수 있다. 냉숙이를 위해서는 '얼음' 을 외쳐 자신 있는 것을 하는 기회를 주는 것도 도움이 된다.

① 양손으로 얼굴을 가리고 있음

② 교사가 '웃는 표정' 이라고 외치면 양손을 옆으로 비끼며 웃는 표정을 짓는다.

③ 교사가 '슬픈 표정' 이라고 외치면 양손을 옆으로 비끼며 슬픈 표정을 짓는다.

그 녀석과 둘이서

사랑받을 만한 존재임을 확인시키기

부적절한 성장 환경에서 사랑을 받지 못해 그런 성격이 형성되었을 수도 있기 때문에 일단 아이에게 자주 웃어 주고 머리를 쓰다듬는 등의 간단한 신체 접촉을 해 준다. 때로는 꼭 안아 주면서 '넌 아주 소중한 아이야.'라는 마음이 전달되도록 한다.

아이와 말할 때는 그 아이의 생각을 중요하게 받아 준다. 감정에 초점을 맞추면 오히려 실망할 수도 있으므로, 생각을 표현하는 말을 하였을 때 인정해 주면서 친밀한 관계를 꾸준히 형성하도록 한다.

개인적이고 특별한 관계를 자주 갖기

냉소적인 아이에게는 의도적으로 교사와 개인적인 관계를 자주 가지도록 한다. 심부름을 시킬 때 그 아이를 불러서 시키거나, 화분에 물을 주는 일을 특별히 맡기거나, 방과 후에 남아서 교사의 간단한 일을 도와주도록 부탁하면 좋다. 가끔은 아이와 장난도 치고 간단한 게임도 함께해 본다. 그렇게 여러 달이 지나는 동안 마음의 문을 열고 세상과 사람을 받아들이며 신뢰를 하게 되면 표정도 서서히 풀릴 수 있다.

가정과 어깨 맞추기

부모 면담은 필수

냉소적인 아이의 부모 또한 냉소적인 성격일 가능성이 많다. 부모 면담을 하다 보면, 교사가 느끼는 심각성에 대해 부모는 오히려 아무 문제 없다는 듯이 반응하며, 심지어는 아무 문제가 없는 자녀를 교사가 일부러 민감하게 다루는 것이 아니냐는 반응을 보이기도 한다. 이럴 때 교사는 의욕을 잃기 쉽지만, 한발 뒤로 물러나 부모를 설득할 필요가 있다. 설득을 하기 위해서 다음과 같은 방법으로 준비해 보자.

1단계: 아동 행동 관찰표를 여러 명이 기록하기

행동 관찰표는 부모와 면담할 때 중요한 자료가 된다. 평소 관찰된 행동을 다음의 양식에 따라 누가 기록해 두자.

아동 행동 관찰표(부모 상담 자료)

날짜	관찰 행동	관계 인물	장 소	교사 의견
3. 10.	5교시가 오락 시간이었는데 친구들은 깔깔거리고 웃어도 냉숙이는 표정 변화가 없음	친구들	교실	긴장, 경직되어 있음
3. 15.	교사가 슬픈 이야기를 할 때 다른 친구들은 여러 가지 반응소리를 내는데, 냉숙이는 무표정함	교사와 친구들	교실	공감 능력이 떨어짐
3. 28.	자신의 꿈을 발표하는 시간에 아무 꿈이 없다고 말하고 꿈을 가져도 아무 소용이 없을 것이라고 말함	교사	교실	미래에 대한 기대가 없음
4. 4.	일요일에 무엇을 할 것인가를 물었을 때 무표정한 얼굴로 아무것도 안 한다고 말함	교사	운동장 (하교 시)	의욕이 없음

2단계: 부모님 면담 요청하기 및 약속하기

부모님께 전화나 이메일, 알림장 또는 메신저를 통해 정중하게 면담 요청을 한다. 요즘 부모들은 매우 바쁘기 때문에 약속 날짜나 시간을 정하는 데 교사가 주도하려 하지 말고 부모의 일정을 최대한 고려하여 조정한다.

3단계: 부모를 편안하게 맞이하기

부모는 자녀에 대해 아무 문제가 없다고 생각하고 있는데 학교에 가야 한다고 여기는 경우에 심기가 다소 불편할 수 있다. 교사가 최대한 정중하게 면담 요청을 했더라도 부모는 호출당했다고 생각할 수 있다. 이러한 부모의 정서를 고려하여 부모를 맞이하는 교사의 자세도 매우 친절하고 편안함을 느끼도록 해야 한다.

다음과 같이 이야기를 꺼내 보자.

○○ 어머니, 바쁘신데 이렇게 와 주셔서 감사합니다. 제가 이렇게 뵙자고 한 것은 그동안 아이들의 생활을 관찰해 보니 ○○이 다른 아이들과 다른 면이 자주 보여서 안타까운 마음에 뵙자고 하였습니다. 굳이 말썽을 부리는 것이 아니라서 그냥 내버려 두어도 괜찮겠지만, ○○의 앞날을 생각해 볼 때 부모님과 협력을 하면 좀 낫지 않을까 하는 생각이 들었습니다(복사해 둔 그동안의 행동 관찰표를 보여 주고 대화를 진행한다).

4단계: 부모와 약속하기

자녀를 향한 담임교사(또는 상담교사)의 진정성이 느껴지면 부모가 도움을 호소하게 된다. 그때 자녀의 성격에 가장 많은 영향을 미치는 사람은 어머니임을 강조하면서 부모가 변해야 될 부분을 알려 준 후, 다음과 같이 가정에서 시도해야 할 일과 그 변화를 누가 기록할 것을 당부한다.

‖ 자녀 행동 관찰표 양식 예시 ‖

날 짜	상 황	부모의 대처 방식		아이의 반응 또는 나의 기분
		이전 대처	새로운 대처	
5. 10.	학교에서 돌아온 냉숙에게 "오늘 학교에서 재미있었니?" 하고 물었는데 아무 답변이 없었다.	"엄마가 물어보면 대답을 해야지 벙어리냐?"라고 쏘아붙였다.	"피곤한가 보구나. 어서 와서 좀 쉬거라." 하며 주스를 한 잔 주었다.	아이의 행동을 나에 대한 반항으로 생각하지 않으니 우선 내 맘이 편하다.
5. 14.	"이번 일요일에 나 파마하고 싶어요."라고 말했을 때	"네가 벌써 파마를 한다고? 멋만 부리면 다냐? 말버릇이나 고쳐라."라고 쏘아붙였다.	"어떤 파마를 하고 싶은데? 머리에 변화를 주고 싶은 모양이구나."라고 말했다.	내가 모처럼 자기의 마음을 이해해 주니 얼굴 표정이 조금 밝아진 느낌을 받았다.
5. 16.	"1학년 때 선생님이 보고 싶어요."라고 말했을 때	"멀리 전근 가셨는데 어떻게 보니?"라고 말했다.	"스승의 날을 지내고 나더니 옛 선생님 생각도 나고……, 우리 냉숙이도 많이 컸구나."라고 말했다.	"여태까지 선생님들 중에서 제일 나를 예뻐한 분인데……."라고 말을 이었다.

5단계: 교사에게 정기적인 연락을 약속하기

오랫동안 형성된 습관이나 태도가 변하려면 그보다 더 오랜 세월이 걸림을 상기시키면서 자녀를 위해 정기적으로 연락을 취해 줄 것을 당부한다. 혹시 "선생님이 먼저 연락을 해 주세요."라고 부탁하는 부모가 있으면 어머니가 먼저 하도록 권한다. 교사가 다른 아이들에게도 관심을 가져야 한다는 것을 언급하면 대부분의 부모는 수용한다. 또한 부모가 먼저 연락을 하도록 해야 문제 해결을 위한 적극성을 끌어낼 수 있다.

6단계: 부모교육에 참석할 것을 권하기

올바른 부모 역할을 하려면 아동의 발달심리, 양육 방식, 자녀 기질과 특성, 양육 정보 등에 대해 알아야 한다. 자녀를 잘 기르기 위해 지역복지관 등에서 실시하는 부모교육에 참여할 것을 권한다. 그곳에 가서 다른 사람들과 정보 교환도 할 수 있고 양육 방법에 대한 지혜도 배울 수 있음을 안내해 준다.

지금까지 소개한 부모 면담 과정과 방법을 참고하여 실천해 보고 아이에게 조금이라도 변화가 보이면 부모의 노력을 인정하여 노력한 보람을 느끼도록 돕는다.

와글와글 함께

재미있는 교실 분위기 만들기

아이들은 놀이를 하면서 재미있는 분위기에서 자라나야 한다. 하교 후에도 몇 군데의 학원을 다니며 시달리는 요즘 아이들을 볼 때 아동기를 잃어버리는 것이 아닐까 하는 염려가 들 정도다. 이런 안타까움을 가지고 교실과 학교에서라도 아이들과 어울려 재미있는 놀이를 할 수 있도록 분위기를 조성해야 한다. 놀이를 하면서 즐거운 분위기가 될 때 아이의 마음이 편안해지며 표정의 변화도 기대할 수 있게 된다.

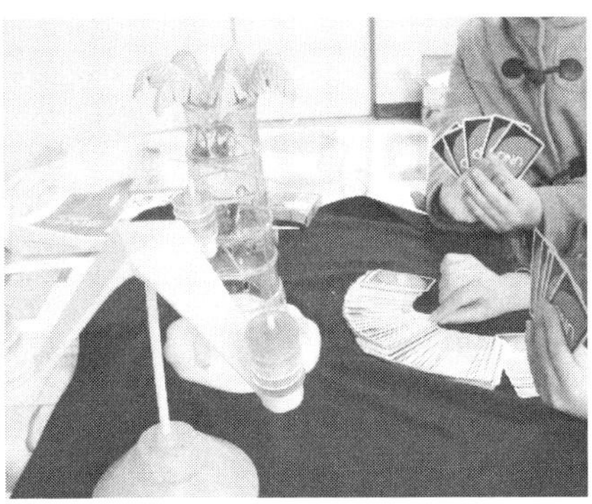

놀이

고리 던지기

16

'나 안 그랬는데요.' 하는 아이

이런 녀석 꼭 있다!

시치미 떼는 순옥이

수업이 한창 진행되고 있는데, 순옥이가 주의 집중을 하지 않고 관심을 딴 곳에 두더니 곧 옆의 아이와 잡담을 한다.

교사: "순옥아, 왜 집중하지 않고 이야기하지?"

아이: "나 안 그랬는데요."

교사: "그럼 선생님이 거짓말을 하였단 말이니?'

그러자 순옥이는 친구들을 둘러보며 이렇게 말한다.

"나 안 그랬지? 얘들아, 나 안 그랬지, 그치?"

이러다가 혼자 당하기는 억울한 듯 금방, "쟤도 그랬는데요." 하며 다른 아이를 끌어들인다. 일명 물귀신 작전을 쓰는 것이다.

순옥이는 지적을 받을 때마다 이렇게 반응한다.

집중하지 않거나, 규칙을 어기거나, 올바르지 않은 행동이 눈에 띄어서 지적을 한 것인데, 언제나 안 그랬다고 발뺌하는 순옥이 때문에 맥이 빠진다.

솔직하게 "죄송합니다. 주의하겠습니다."라고 하면 될 것을 대체 왜 그러는 걸까?

그런데 생각해 보니 순옥이만 그런 것이 아니다. 어제는 병구가 시치미를 떼서 솔직하게 말하라고 다그치다가 교사로서 자존심만 상했었다.

대체 요즘 애들은 왜 이러는지…….

2. 그 녀석과 나

금방 한 네 행동을
네가 모르다니 건망증
참 심각하구나!
어떡하니?
그래, 좋아!
떠들지 않았다면 방금
내가 설명한 내용을
말해 봐! 그럼 믿을게.
얘가 이렇게 시침 떼고
핑계 대는 것 너희도
다 보았지?
이 녀석아,
날 뭘로 보는 거야?
내가 안 본 것을 봤다고
말하는 것으로 몰고 가니?
재 또 저러네. 재만 보면
정말로 화가 난다.
저 변명하는 태도를
어떻게 고칠까?

3. 그 녀석의 이유

핑계와 변명의 습관화

누군가 잘못을 지적해 주면 곧바로 "나 안 그랬는데요." "왜 나한테만 그래요?" 하며 오히려 반발한다. 곤란한 순간을 일단 모면하려는 잘못된 태도의 습관화다. 이 아이들의 생활을 자세히 관찰해 보면, 친구관계에서도 '핑계대기' '변명하기' 등으로 곧잘 우긴다. 아주 안 좋은 버릇임에도 불구하고 이미 고착화되어 버렸다.

자기 인식이 더딘 아이

이것은 요즘 아이들의 특성 중 하나인데, 자신이 방금 어떤 행동을 했는지 인식을 잘 못하는 아이들이 있다. 교사가 지적을 하면 자기는 그런 행동을 안 했다고 재빠르게 대답한다. 예를 들면, 교과서를 보며 중요한 내용을 설명하고 있는데, 한 아이가 교과서를 엎어 놓고 있어서 "너 왜 책을 안 보니?"라고 물으면 "책 보고 있는데요."라는 말이 금방 튀어나온다. 자기가 무엇을 하고 있는지 스스로도 잘 모르는 것이다.

생존 전략

생존 전략이란 말이 좀 거창하게 들릴 수 있지만, 자신의 책임과 관련한 문제는 일단 부인하는 행동을 하는 아이들이 있다. 이런 아이들은 친구들 사이에서 문제가 생길 때도 일단 자기가 안 그랬다고 딱 잡아떼는 것이 습관화되어 있다. 자신에게 책임이 돌아오면 크게 비난을 당하거나 불리한 일을 당하게 될까 봐 강하게 부인함으로써 살아남기 위한 전략인 것이다.

부모의 잘못된 가르침

가끔은 부모도 자녀에게 책임이 돌아올 것 같은 상황에선 무조건 부인하도록 가르치기도 한다.

"너는 일단 빠지고 봐! 잘못하면 네가 다 뒤집어쓰게 돼! 너무 솔직하게 네가 그랬다고 말하면 어떡하니? 요즘 같은 상황에선 그렇게 솔직하면 바보된다."

부모의 이러한 가르침과 학교에서 교사의 가르침이 달라 혼란스러워하던 아이도 계속적인 부모의 잘못된 가르침에 자신도 모르는 사이에 습관이 되어 발뺌을 하게 된다.

수업 시간 행동에 대한 가치 기준의 차이

교사가 기대하는 수업 시간 행동의 1순위는 주의 집중이다. 설명 내용을 귀담아들으면서 주목하고 집중하는 행동을 가치 있게 생각하는 교사에 비해 학생들은 거의 그렇지 않다.

"나 안 그랬는데요." 하는 아이들이 바로 교사의 설명 내용을 그리 중요하게 생각하지 않는 아이들이다. 그들은 오히려 수업 중 어떻게 하면 친구들과 몰래 연락을 주고받는가에 관심이 더 많을 수 있다.

관찰 경험에 의한 학습

동네나 또래관계에서 다른 사람들의 행동을 보고 학습되었을 수도 있다. "나 안 그랬는데요." 하고 발뺌을 하였을 때 자신의 책임이 모면되었던 경험이 한두 번 쌓이면 곤경에서 빠져나가기 위한 방편으로 사용하게 된다. 규칙을 어기는 경우 제재와 벌이 적용되는 상황에서 벗어나기 위한 행동으로서, 일종의 관찰 경험에 의한 학습이라고 볼 수 있다.

교사를 골탕 먹이려 함

지능적인 아이들은 더러 나이 어린 교사들을 골탕 먹이려는 의도에서 순간적으로 시치미를 떼기도 한다. 교사가 어떻게 반응하는지 보고 싶은 것이다.

쌤! 이렇게도 해 봐요

안경 바꿔 쓰기

2보 전진을 위한 1보 후퇴

30~40명이나 되는 아이들의 관심을 일정 시간 동안 모두 한곳에 집중시키는 것은 쉬운 일이 아니다. 중요한 내용이라고 하면서 몇 번씩이나 집중하라고 강조하고 설명하는데도 딴짓을 하는 아이를 지적할 때, "나 안 그랬는데요." 하는 아이를 보면 화가 나기도 한다. 이때 교사가 화를 내고 언성을 높이거나 필요 이상의 반응을 하게 되면 본질을 벗어나게 되고 수업 분위기를 망칠 수 있다.

여유를 갖고 "내 관심과 네 관심이 다르구나. 나는 네가 이 내용을 듣지 않으면 나중에 후회할 거라고 생각하지만 너는 내 심정을 모르는구나!"라고 넘기도록 한다. 말이 통하지 않는 아이하고 말씨름을 해 봤자 교사만 더욱 속상하게 되기 때문이다. 즉, 2보 전진을 위한 1보 후퇴로 생각하자.

가치관의 차이 인정하기

교사의 가치관과 아이의 가치관이 서로 다른 데서 그러한 말이 나올 수도 있다. 옳고 그름에 많은 관심을 갖는 교사의 입장에서 보면, 분명히 아이가 잘못을 했는데 변명하는 모습이 곱게 보일 리가 없다. 하지만 아이는 오히려 억울하게 생각하며 교사를 원망한다. 교사는 변명의 말을 그대로 수용하면 버릇을 나쁘게 들일까 봐 더욱 혼낸다. 아이가 끝까지 자기가 안 그랬다고 주장하면 비생산적인 소모전만 거듭될 뿐이다. 이때 얼른 가치관의 차이를 인정하는 안경으로 바꿔 써 보자.

"아까는 네가 안 보고 있어서 너를 위해 지적을 했는데, 지금은 보고 있구나. 그래, 지금처럼 선생님이 설명하는 내용을 집중해서 계속 보렴. 선생님은 잘못을 인정하고 고치려는 사람을 소중하게 생각해."

소나기를 피하는 심정으로 일단 시간을 벌고 설명을 해 보자.

문제화하지 않기

상습적으로 그러한 말을 쓰는 아이들이 더러 있다. 아이들의 이러한 습관적인 말투를 이미 파악하고 있다면 바람직하지 않은 행동을 지적해 보았자 언쟁만 지속될 뿐이다. 이럴 때는 일단 문제화하지 않는다. 이것은 교사가 책임을 회피하는 것과는 다르다. 그 상황이 행동 수정을 하기에는 적절하지 않은 순간이므로, 그 문제를 그 시간에 집중하여 다루지 않고 쉬는 시간이나 방과 후에 개별적으로 남겨서 대화를 나누는 것이 효과적이다.

인정하고 넘어가기

비록 이런 순간일지라도 아이의 의견을 최대로 존중해 준다. "선생님은 네가 집중하지 않고 딴짓을 한 것으로 보았는데, 내가 착각했나 보구나. 넌 잘 보고 집중하고 있었다고 하니……, 그래. 그럼, 다음 쪽을 함께 보자. 시작!" 이라고 하면서 다음 단계로 바로 넘어간다. 이렇게 하면 여러 아이 앞에서 교사의 권위가 떨어지지 않을까 하는 염려도 들겠지만 "사람은 누구나 실수를 할 때가 있다. 실수를 인정하는 것이 때로 문제 해결에 도움이 된다." 라는 메시지를 줄 수도 있다. 교사가 끝까지 우기게 되면 오히려 문제 해결을 그르칠 수 있다.

초점 확인하기

수업 진행 도중 생긴 돌발 상황에 대해 변명하는 아이와 계속 말씨름을 하게 되면 자칫 본질을 벗어나 엉뚱한 방향으로 문제가 확산되어 교사의 자존심이 상처를 받을 수도 있다. 그러므로 교사는 항상 수업의 목표를 생각하여 아이의 문제 행동을 어디까지 다루어야 하는지, 어느 범위까지 주의를 주어야 하는지에 대한 한계를 명확히 해야 한다. 이는 단위 수업 시간에 주어진 학습 내용과 학습량과 초점을 맞추기 위함이다. 책임 회피를 말하는 것이 아니라 분별 있는 판단을 말하는 것이다.

함께 세우기

비디오로 촬영하여 보여 주기

가끔은 교실에 캠코더를 설치하여 수업 상황을 영상으로 기록해 두는 것도 좋다. 이것은 교사가 수업의 질을 평가하기 위한 자료로 활용할 수도 있지만, 아이들로 하여금 수업 중 자신의 행동이 어떠한지를 관찰하도록 하는 데도 유용하다.

"나 안 그랬는데요."라고 말하는 아이에게 비디오를 보여 주면서 자신의 행동을 스스로 평가하도록 하면 더 이상 언쟁을 할 필요가 없다. 이것은 자신의 행동을 스스로 인식하지 못하기 때문에 무의식적으로 한 행동을 부인하는 아이에게 자신의 모습을 바로 볼 수 있도록 하는 가장 효과적인 방법이 될 수 있다.

이때 주의할 일은 아이로 하여금 아무 말도 못하고 승복하게 하는 데 초점을 맞추면 안 되고, 자신의 잘못된 행동을 스스로 발견하도록 하는 데 활용되어야 한다는 것이다. 단, 촬영한 필름은 반드시 그 아이의 행동을 객관적으로 보여 주기 위한 경우에만 활용하여야 한다. 혹, 방심해서 다른 데에 유출되거나 이용하게 해서는 안 됨을 명심해야 한다.

그 아이를 감독자로 세워 보기

그 아이를 감독자로 세워 보는 방법은 매우 효과적이다. 실제로 학교 현장에서 이 방법을 써 본 결과가 성공적이었는데, 감독자 경험을 한 학생이 "왜 선생님이 지적을 하시는지 이제 알았어요."라는 답변을 하였다. 모두 집중하고 있는데 딴짓을 하는 학생이 있다면 교사의 눈에만 바로 띄는 것이 아니라 아이의 눈에도 금방 띌 것이다.

습관적으로 "나 안 그랬는데요." 하는 아이에게 잠깐 교실 앞쪽으로 나오도록 하여 교사가 설명하거나 집중시킬 때 감독을 시킨다.

"자, ○○아, 내가 설명할 때 누가 딴짓을 하는지 네가 직접 찾아볼래?"

처음엔 마치 반장이라도 된 듯이 좋아하다가 나중엔 자기의 잘못된 행동을 시인하게 되니, 야단칠 필요도 없고 공연한 긴장 관계가 될 필요도 없이 아이의 행동을 수정할 수 있다.

와글와글 함께

아이들과 의논하기

이런 상황에서 어떤 반응을 하는 것이 가장 좋을지를 교사와 아이들이 함께 의논한다. 무의식중에 습관이 되어 "나 안 그랬는데요." 하는 아이에게 당위성만 강조하게 되면 서로 피곤하게 되므로, 솔직하게 터놓고 최선의 방법을 찾는 것이다.

다음과 같이 자신의 입장을 변호해 보자.

교사의 입장을 설명하기

얘들아, 선생님은 너희가 수업 시간에 집중을 하는 것, 잘못했을 때 자신의 실수를 인정하는 것, 혹은 잘못된 판단으로 나쁜 행동을 한 것을 깨닫는 것 등을 중요하게 생각한단다. 그래서 그런 행동이 눈에 띌 때는 너희를 위해 지적해 주는 것이지, 혼내는 것이 아니야.

그런데 선생님이 뻔히 알고 있는데도 자기가 안 그랬다고 변명하거나 핑계를 대는 모습을 보면 매우 속상해! 왜냐하면 가능성이 보이지 않기 때문이지. 이런 선생님의 마음을 이해하고 다른 방법으로 반응을 했으면 좋겠구나.

아이의 입장을 듣기

가끔은 선생님이 저희를 오해해서 정말 기분 나쁠 때도 있어요. 마치 나쁜 아이인 것처럼 저희를 몰아가실 때도 있어서 우리도 속상해요. 안 그랬다고 말씀드릴 때 저희를 믿어 주셨으면 좋겠어요. 그리고 만일 떠든 아이를 지적하려면 그 주변에 있는 아이들 모두를 함께 혼내면 좋겠어요. 혼자만 지적을 받으면 얼마나 억울하다고요. 선생님이 정확하고 공평하게 대해 주시면 우리도 핑계 대지 않을게요.

최선의 방법을 선택하기

교사와 아이의 입장에 대해 솔직하게 이야기를 나누었다면 모두 양자에게 가장 좋은 방법을 선택하여 적용하도록 약속한다.

- ○ 교사의 부탁: 그럼, 혹시 선생님이 지적을 할 때 무조건 '나 안 그랬어요.' 대신 다른 말을 찾아보자. 선생님도 너희가 공평하다는 느낌이 들도록 노력하마.
- ○ 아이들의 말: 좋아요. '저도 모르게 그랬나 봐요. 죄송합니다. 주의하겠습니다.' 이렇게 말할게요.

교사와 아이가 함께 민주적인 방법으로 최선의 대안을 찾도록 터놓고 이야기하여 기대하는 효과를 거두어 보자.

울퉁이 불퉁이 감싸 안기

17

입을 열지 않는 아이

이런 녀석 꼭 있다!

입을 열지 않는 용희

2학년인 용희는 하루 종일 입을 열지 않는다. 불러도 아무 반응이 없고 친구들이 말을 걸어도 언제나 대답이 없다. 하루 종일 무표정한 얼굴로 의자에 조용히 앉아 있다가 귀가한다. 음악 시간에도 노래를 부르는 경우가 전혀 없다.

그런데 깜짝 놀랄 일이 생겼다. 용희가 결석을 해서 집으로 전화를 했는데 수화기 저쪽에서 "여보세요?" 하는 남자아이의 명랑한 목소리가 들려오는 것이었다. 그러나 "너, 혹시 용희니?" 하고 묻자 그 순간부터 아무 소리가 들려오지 않았다.

"용희야, 선생님이야. 오늘 어디 아팠니?"

계속 물어도 아무 대답이 없다. 학교에 와선 입을 전혀 벌리지 않던 아이인데 집에서는 저렇게 천연덕스럽게 말을 잘하니 도대체 이유가 뭘까?

가끔 대답을 하라고 다그치며 혼내기도 하고 답답해서 한숨을 쉬기도 했는데, 그럴 때마다 아이들이 "쟤, 원래 그래요."라고 말하였던 것이 생각났다.

'내가 담임인 것을 알자마자 말을 않고 입을 다물었을까?'

글과 손짓으로 말하는 영미

6학년인 영미는 학교에만 오면 통 입을 열지 않는다. 담임선생님은 이런 영미의 마음을 편하게 해 주려고 온갖 노력을 다한다. 그래도 영미는 아무런 변화가 없어 안타깝다.

4월 초, 벚꽃이 핀 화사한 날 음악 시간에 하천가로 야외학습을 나갔다. 선생님은 영미의 손을 붙잡고 걸어가면서 이 얘기 저 얘기 물어보았다. 영미의 입은 그래도 떨어지지 않고 고갯짓으로만 긍정 또는 부정의 의사 표현을 하였다. 바람에 벚꽃이 눈처럼 날리는 모습을 보며 일부러 선생님은 더 크게 감탄하는 소리를 냈다.

"와~ 더욱 예쁘다. 마치 눈송이가 떨어지는 것 같네. 얘들아, 이쁘지?"

야외수업을 마치고 돌아오는 길이었다. 영미가 갑자기 선생님을 '툭' 치더니 검지로 앞을 가리킨다. 선생님은 이 의아한 상황에 "왜?" 하고 영미를 쳐다보니 또 검지로 앞을 가리킨다. 그곳을 보니 바람에 벚꽃이 또 떨어지는 것 아닌가? 영미는 말만 안 할 뿐이지 순간의 감동을 나름대로 즐기고 선생님에게까지 알려 주고 있던 것이다. 교실에서도 음악을 듣고 느낀 점 쓰는 시간에 자신의 생각을 곧잘 표현하기도 했던 영미! 그래, 영미와는 이런 식으로 마음을 주고받지 뭐. 돌아오는 발걸음이 훨씬 가벼운 음악 시간이었다.

2. 그 녀석과 나

말을 해! 말을!
너 말할 줄 몰라?
벙어리야? 답답한 마음에
윽박지르며 다그친다.
내가 올해
저 아이의 입을
꼭 떼 놓고 말 거야.
내 사전에 불가능이란
없다.
재는 원래
말을 못하는가 보다.
공연히 스트레스 받지 않도록
아예 말을 시키지
말아야겠다.
무슨 이유가 있을 텐데…….
집에서는 어떨지 부모
면담을 해야겠다.
어디 네가 언제까지
말을 안 하나
두고 보자.

3. 그 녀석의 이유

조음기관의 이상

조음기관에 미세한 이상이 있으면 발음이 정상적이지 않다. 예를 들면, 'ㅅ' 소리가 잘 안 되면 'ㅊ'나 'ㅌ' 소리로 들릴 때가 있다. '선생님'은 '턴탱님'으로, '사과'는 '차과'나 '타과'로 들린다. 이런 발음을 들은 교사나 아이들이 웃음거리로 삼아 놀리거나 면박을 주면 무안한 마음에 어찌할 줄 모른다. 아이는 충격을 받고 아예 입을 다물어 버리기도 한다.

낙인이 되어서

말을 안 하다 보니 점점 주위에 친구들도 모이지 않는다. 대화할 일이 없어지니 거의 말을 하지 않고 하루를 보낸다. 책을 읽거나 발표할 기회가 와도 무반응이다. 아이들은 점점 그 아이가 말을 안 하는 것에 대해 무관심해지고 누군가 "쟤 왜 말을 안 하지?" 하고 물어보면 "쟤, 원래 그래요." 하고 낙인(labeling)을 찍는다. 그러다 보면 학교에선 아예 입을 다물고 말을 하지 않아서 목소리조차 아는 아이들이 없을 정도다.

지나치게 내성적인 아이

어쩌다 친구들과 이야기를 하거나 발표를 했는데, 듣는 아이들이 까르르 웃으면 그 아이는 매우 무안함을 느끼고 위축된다. 그 웃음이 자기가 말한 것을 가지고 비웃거나 놀리는 것이 아닌데도 그것을 개인화하여 자기가 놀림감이나 비웃음거리가 되었다고 생각하고, 다음부터 아예 입을 다물어 버리게 된다.

선택적 함구증

'선택적 함구증'의 원인은 한마디로 설명하기 어렵다. 아이마다 다양한 요인과 개인차가 존재하기 때문이다. 어떤 연구자들은 아이에게 충격적 사건이나 혹은 환경의 변화와 같은 명백한 유발 인자가 질병을 일으킨다고 보며, 다른 연구자는 가족 내 갈등의 결과로 나타난다고 주장하기도 한다. 때로는 가족 혹은 소집단 내에서는 대인관계에 아무런 문제가 없지만 특별한 상황, 장소, 대상에게는 전혀 말하지 않는 경우도 있다. 또한 최근에는 '선택적 함구증'이 불안장애의 일종이라는 주장이 제기되고 있다.

선택적 함구증의 유형(헤이든,1980)

공생적 함구증(symbiotic mutism)

어머니와의 관계가 지나치게 밀착되거나 의존적인 경우 아동은 자신의 요구 조건을 관철하기 위해 어머니에게 매달리고, 수줍어하며, 예민하게 행동하고, 특정 상황에서 말을 하지 않는다.

수동-공격적 함구증(passive-aggressive mutism)

침묵하기를 무기로 자신의 뜻을 관철하려고 한다. 대개 자기보다 연장자의 말을 못 들은 척하거나 딴청을 부리면서 상대방을 답답하고 화나게 만든다. 사람들로부터 삐딱한 아이로 평가받는 경향이 있다.

반응적 함구증(reactive mutism)

학교 입학, 이민, 입원과 같은 환경의 변화나 심리적, 육체적 외상(trauma) 후에 갑자기 말을 안 한다.

언어 공포증적 함구증(speech phobic mutism)

'내 말소리를 남들이 들으면 이상하다고 느끼지나 않을까?' 하는 말하기 공포증을 가진 아이가 보이는 함묵 증상이다.

선택적 함구증의 진단 기준(DSM-IV)

- 다른 상황에서는 말을 할 수 있음에도 불구하고 특정한 사회적 상황에서는 지속적으로 말을 하지 못한다.
- 장애가 학업적, 직업적 성취나 사회적 의사소통을 저해한다.
- 장애의 기간이 적어도 1개월은 지속되어야 한다(입학 후 초기 1개월은 포함되지 않는다).
- 말하지 못하는 이유가 사회생활에서 요구되는 언어에 대한 지식이 없거나 그 언어와 관계하여 불편한 관계가 없는 것이어야 한다.
- 장애가 의사소통장애(예: 말더듬증)에 의해 잘 설명되지 않고, 광범위성 발달장애, 정신분열증, 다른 정신증적 장애의 기간 중에만 발생되는 것이 아니어야 한다.

쌤! 이렇게도 해 봐요

안경 바꿔 쓰기

다른 생활에 장애가 없으면 문제 삼지 않기

아이들의 개별 사정을 이해한다. 말을 안 하는 것 외엔 학교에 오가는 일, 급식 시간에 식사하는 일, 운동장에 나가 줄을 서는 일, 쉬는 시간에 화장실 이용하는 일 등 학교 생활의 여러 장면에서 함께 활동하는 일에는 잘 어울리고 있다면, 문제화하지 않는 것이 아이를 더 편하게 해 줄 수 있다.

이 아이는 말만 안 할 뿐이지 나름대로 자기 생활에 만족하며 지내는 것이다.

함구증, 때로는 기다림이 필요해요!

살다 보면 특별한 인생 경험을 한 후, 그 충격으로 입을 다무는 경우도 있다.

A 교사는 고등학교 3학년 때 어머니를 잃은 충격으로 그해 1년 동안을 입을 다물고 아무와도 말을 하지 않고 보낸 적이 있다고 한다. 말만 안 했을 뿐 다른 학습 영역에서는 여전히 자기가 할 일을 잘 수행하고 교육대학교에까지 들어갈 수 있는 실력을 쌓았으니 일상생활에선 전혀 지장이 없었던 것이다. 주변의 친구들은 이런 그를 무서워하기도 했었다고 한다. A 교사는 시간이 흘러 자연스럽게 말을 하게 되었기에 고3 때 선생님의 기다림이 새삼 고맙다고 한다. 또 다른 B 교사도 고등학교 1학년 때 어떤 사건으로 선생님에게 실망한 것이 계기가 되어 학교에서 말을 한마디도 안 하고 몇 달을 지냈다고 한다. 그렇게 하루 종일 말을 안 하니 입에서 군내가 나더라고 한다. 지금은 두 교사 모두 지도적인 위치에서 역량을 발휘하는 모습을 보이고 있다. 이런 경우를 보더라도, 함묵 증상의 개선을 위해 때로는 편안하게 기다려 주거나 특별히 문제를 삼지 않는 주변 사람의 태도가 필요하다는 것을 알 수 있다.

다만, 자존감 형성의 중요한 시기에 있는 어린아이라면, 또래에서의 소외와 학습 내용 이해에 결손이 누적되는 것을 예방하기 위해 끊임없는 관심을 가져 주어야 한다.

함께 세우기

대신 대답하기

인정이 많고 성실한 아이를 옆자리에 앉히거나 가까이 붙여 주어서 말을 하지 않는 아이에게 지속적으로 간단한 말을 물어보도록 한다. 말을 하지 않는 아이가 대답을 하지 않으면 대신 답을 하면서 부담되지 않는 범위 내에서 가깝게 지내도록 하는 것이다. 가능하면 집도 같은 방향이면 좋다. 일단 학교를 나와서 집에 가게 되면 정상적으로 말을 잘할 수도 있으므로 학교에 오고 갈 때나 집에서 함께 놀면서 변화가 일어나도록 도와줄 수 있다.

예
친구: 용희야, 우리 같이 줄넘기하고 놀까?
용희: (대답 없음)
친구: 줄넘기가 없다고?
용희: (고개만 끄덕인다.)
친구: 괜찮아, 내 것 가지고 번갈아 하면 돼.
용희: (고개를 가로젓는다.)
친구: 지금은 놀기 싫구나. 그럼, 다음에 같이 놀자. 응?

다른 아이들에게 이해와 도움 청하기

아이들은 쉽게 낙인을 찍는 경향이 있다. 그래서 '쟤, 원래 그래요. 말을 안 하는 애예요.'라는 말을 쉽게 한다. 그럴수록 그 아이는 더욱 말하기 힘들어진다. 교사는 아이들이 그런 말을 하는 순간에 바로 고쳐 주도록 한다.

"얘들아, 우리는 친구들에 대해 정확한 표현을 해야 한단다. 원래 그런 사람은 없단다. 무슨 이유가 있을 거야. 앞으로는 그런 말을 함부로 쓰지 말도록 하자."라고 말하면서 아이들에게 도움을 요청한다.

놀잇감을 가지고 놀기

말을 하지 않는 아이들은 점점 친구가 없어진다. 저학년 때부터 이런 증상을 가진 아이를 교사가 세심하게 살펴 주지 않으면 고학년이 될 때까지 친구 없이 외로운 학교 생활을 할 수도 있다. 그러므로 교실에 재미있는 놀잇감을 준비해 두고 입을 열지 않는 아이와 함께 놀도록 의도적인 상황을 만든다. 아주 상냥하고 친절한 아이들에게 특별한 부탁을 하여 함께 놀도록 한다. 게임 활동에는 재미있게 참여할 수도 있으며, 그런 활동을 통해 점점 아이의 말문이 트이도록 도와줄 수 있다.

놀잇감(고리)

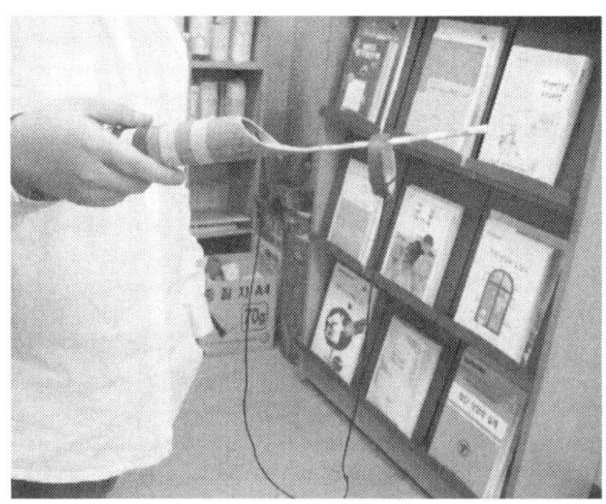

놀잇감(죽방놀이)

친절왕 뽑기

말을 하지 않는 아이와 재미있게 놀이를 잘한 아이에게 보상을 준다. '이달의 친절왕'과 같은 스티커를 주어 보상받는 기쁨을 느끼게 한다. 저학년은 교사가 스티커를 붙여 주고, 고학년은 아이들끼리 스스로 친절왕을 뽑도록 한다. 이 분위기가 학급에 정착하면 도움이 필요한 상황이나 아이들을 서로 살피게 되고 서로 배려하는 학급 분위기도 형성할 수 있다.

그 녀석과 둘이서

사랑하고 있음을 알리기

집에서는 말을 잘하는 데 학교에만 오면 말을 안 한다면, 학교가 편안하게 느껴지도록 교사가 특별한 관심을 가지고 노력해야 한다. 예를 들면, 읽기 활동이나 발표와 같이 부담되거나 아이가 원하지 않는 활동은 억지로 시키지 않는다. 이때 아이를 무시하듯 대하지 말고 "네가 원하지 않으면 안 해도 돼. 언제든지 하고 싶을 때 이야기해."라고 말하고 넘어간다.

또한 하루에 한 번씩은 꼭 안아 준다. "넌 참 사랑스러운 아이야. 난 그렇게 생각해."라며 진심이 느껴지도록 해 준다.

종이에 하고 싶은 말 적기

그 아이의 생각을 꼭 알아보고 싶을 때 말로 하는 대답은 부담을 줄 수 있으므로 종이에 할 말을 쓰게 한다. 그 아이와 의사소통할 수 있는 공책을 따로 만들어 놓고 일지를 쓰듯이 자기 생각을 적게 한다. 이 자료는 나중에 중요한 기록 자료로도 활용할 수 있다.

녹음기를 이용한 놀이하기

교사와 단둘이 앉아서 녹음 놀이를 해 본다. 교사가 묻고 아이가 대답하는 것을 반복하면서 녹음을 한 후, 재생을 해 보면서 아이가 스스로 자신의 말소리를 확인하도록 한다. 단, 친밀감이 형성되었다고 판단한 후에 실시한다.

▌녹음 놀이 방법▐

- ㅇ 녹음 버튼을 누르고 교사가 말한 후 재생한다(호기심과 관심 이끌어 내기).
- ㅇ 함께 대화하는 내용을 녹음하고 재생한다(교사의 말소리는 들리지만 아이의 말소리는 거의 들리지 않는다).
- ㅇ 자기의 말소리도 듣고 싶어 하는 심리를 이용하여 앞의 동작을 반복한다.
- ㅇ 아이의 말소리가 조금씩 커지는 것을 인정하고 기뻐해 주면서 스스로 작동할 수 있도록 허용해 준다.
- ㅇ 역할을 바꾸어 본다. 재미있어하면서 점점 말소리가 커진다.

녹음된 내용을 다시 들으면 아이는 자신의 말이 안 들리거나 아주 작게 들리는 것을 확인하게 된다. 교사의 목소리는 크게 들리는데 자기 목소리가 들려야 하는 차례에 아무것도 안 들리는 것에 대해 교사는 아무 평가를 하지 말고 스스로 느끼도록만 한다. 미약하지만 점차 달라질 수 있다.

가정과 어깨 맞추기

학교 생활 관찰의 기회 주기

학교에서 말을 전혀 안 하는 것을 부모에게 알렸을 때 곧바로 문제의 심각성을 인지하고 대처하는 부모는 매우 협조적인 부모다. 그러나 대개의 부모는 이러한 현상을 잘 받아들이지 못한다. 왜냐하면 가정에서는 아무런 문제없이 말을 잘하기 때문이다. 단지 소심하고 내성적이어서 그런 것이니 잘 보살펴 달라고 교사에게 부탁하는 정도로 심각하지 않게 여긴다.

학부모 참관수업 때는 꼭 참석하도록 하여 자녀를 관찰하도록 한다. 그동안 기록한 아이에 관한 기록장을 보여 주면서 부모로 하여금 아이가 입을 열도록 하는 데 도움이 필요함을 인식하게 한다.

기록장 양식(예시)

날 짜	장 소	함께 한 사람	활동 내용	용희의 생각 (직접 적는다)	담임 확인
3. 21.	교실 뒤	김똘똘	고리 던지기		
3. 22.	용희 자리	나친절	대신 대답하기		

18

고자질하는 아이

이런 녀석 꼭 있다!

고자질쟁이 쌍둥이 형제

우리 반에는 너무나 믿음직스러운 쌍둥이 형제 진혁이와 진수가 있다.

공부도 잘하고, 학급 규칙도 잘 지키고, 친구들 사이에서도 인기가 많다.

진혁이는 그림을 잘 그려서 미술 시간이나 그림을 그리는 시간이면 인기가 최고이고, 진수는 달리기를 잘해서 우리 반 달리기 대표선수다.

이렇듯 진혁이와 진수는 우리 반에서 없어서는 안 될 보석 같은 아이들이다. 그런데 어느 날부터 진혁이가 나에게 와서 친구들의 잘못을 고자질하기 시작하는 것이다.

"선생님, 민철이가 복도에서 뛰었어요."

"선생님, 지영이가 욕을 했어요."

"선생님, 수민이 숙제 안 해 왔어요."

"선생님이 점심시간에 나가 놀지 말라고 했는데, 수종이가 운동장에서 놀았어요."

처음에는 내가 너무나 믿음직스럽게 생각하는 진혁이의 말이기에,

"그래, 그랬단 말이지."라고 대꾸를 해 주었는데, 날이 갈수록 고자질하는 횟수가 늘어만 갔다.

그리고 내가 더욱 당황한 것은 이제까지 가만히 있던 동생 진수도 내게 와서 고

자질을 하는 것이다.

진혁이와 진수는 공부도 잘하고 너무나 모범적인 생활을 하기에 다른 아이들은 진혁이와 진수의 고자질에 뭐라고 대꾸도 못하고 '꼼짝 마'가 되어 버렸다.

'이 고자질쟁이 쌍둥이 형제를 어떡하면 좋을까?'

2. 그 녀석과 나

계속 받아주면 더 할 거야. 그냥 모른 체해야겠다.
그냥 모른 체하면 아이들이 선생님이 무관심하다고 생각할 텐데…….
오늘은 모든 것이 귀찮다. 앞으로 고자질하지 말라고 해야겠어.
이러다간 고자질이 끝이 없겠다. 위험할 때만 말하라고 했는데…….
오늘은 컨디션이 좋네. 친절하게 타일러 줘야겠다.

3. 그 녀석의 이유

해결 방법을 모름

저학년의 경우 문제가 발생했을 때 문제를 어떻게 해결할지 몰라 무조건 선생님에게 일러바치기도 한다. 이런 아이는 집에서도 문제가 발생하였을 때마다 부모에게 똑같이 일러바쳤을 것이고, 그때마다 부모가 나서서 문제를 해결해 주었기 때문에 학교에서도 똑같이 선생님이 문제를 해결해 줄 것이라고 생각한다.

친구를 혼나게 하기 위해

평소 자신이 미워하거나 싫어하는 친구가 혼나기를 바라는 마음에서 고자질하는 아이가 있다. 평소에 상대 아이를 유심히 지켜보고 있다가 잘못하는 순간 얼른 선생님에게 알려 그 아이가 혼나게 하는 것이다. 친구가 선생님에게 혼나는 모습을 보면서 작은 기쁨을 맛보고 있을지도 모른다.

교사의 관심을 끌기 위해

저학년에서 이런 아이들을 많이 볼 수 있는데, 별로 중요한 일도 아닌데 계속해서 선생님에게 친구들을 고자질하는 아이가 있다. 이런 아이들은 대부분 선생님에게 관심을 끌기 위해 그러는 경우가 많다. 즉, 친구를 야단맞게 하는 것보다 선생님에게 이야기함으로써 선생님의 관심을 끌고 싶어 하는 목적이 더 크다.

어떤 경우에는 고자질하는 것이 선생님과의 유일한 통로인 아이도 있다.

자기는 착한 아이라는 걸 내보이기 위해

친구들의 잘못을 부각시킴으로써 자신은 그런 행동을 하지 않았으니 착하다는 것을 드러내고자 하는 아이가 있다. 자신의 착함을 드러내고자 하는 이면에는 선생님에게 인정받고 싶은 마음이 숨어 있을 수 있다.

상황을 자신에게 유리하게 하기 위해

똑같이 잘못을 했어도 고자질을 하면 고자질한 아이가 상대적으로 잘못을 덜 한 느낌이 들 때가 있다. 이런 아이의 경우에는 교사가 주의를 기울여야 한다. 왜냐하면 고자질한 아이가 잘못을 덜 했다는 느낌에 상대편을 더 혼낼 수도 있다. 게다가 고자질하는 아이가 말을 잘하는 아이이고, 상대편이 말을 잘 못하는 아이라면 더욱더 그렇다.

너무 고지식한 아이일 경우

학급 아이들 중에 친구들의 잘못을 그냥 넘어가지 못하는 아이가 있다. 이런 아이는 선생님이 말씀하신 것을 모든 아이가 반드시 지켜야 하고 만약 그렇지 못할 경우 반드시 선생님에게 알려야 한다고 생각한다. 그래서 친구들이 잘못한 것에 대하여 그에 상응하는 꾸중이나 벌을 받도록 하는 것이 정당하다고 생각한다.

쌤! 이렇게도 해 봐요

함께 세우기

학기 초에 '고자질'과 '사실 알림'의 차이 설명해 주기

학기 초에 학급 아이들에게 '고자질'과 '사실 알림'에 대해 명확히 설명해 준다. 친구가 다쳤다거나 위험한 상황에 처했다는 것을 말하는 것은 고자질이 아니고 책임감 있는 행동이므로 이런 때는 꼭 교사에게 말해야 한다. '사실 알림'이란 친구들을 곤경에 빠뜨리는 것이 아니라 곤경이나 위험에서 벗어나도록 도움을 주는 것이다. '사실 알림'의 예를 들면, 친구가 높은 곳에 올라가 놀고 있는 경우, 위험한 물건을 가지고 장난을 하는 경우, 친구가 다른 형들에게 맞고 있는 경우 등이다. 하지만 이러한 경우가 아닌 단순히 친구가 혼나기를 바라는 마음에서 하는 것은 '고자질'이며, 이는 바람직하지 못한 것임을 알도록 하고, 교사는 '사실 보고'만을 중요하게 생각하고 있음을 명확히 말한다.

'고자질 금지'라는 학급 규칙 만들기

학기 초에 아이들에게 '고자질'과 '사실 알림'에 대하여 명확히 설명한 다음, 학급 규칙으로 '고자질 금지'를 만들어 모든 아이들이 지키도록 한다. 처음에는 학급 규칙으로 정해졌어도 아이들은 습관적으로 교사에게 와서 '고자질'을 할 수 있고, 일부 몇몇 아이는 '사실 보고'와 '고자질'의 의미를 명확히 알지 못해 계속해서 고자질을 할 수도 있다. 이때는 교사의 반응이 중요하다. 뒤에서 다시 교사의 대처 방법에 대하여 설명하겠지만, 아이가 고자질을 할 경우에 다음과 같이 말하는 것이 좋다.

"우리 반에는 '고자질 금지 규칙'이 있는데 선생님이 듣기엔 그건 고자질 같구나. 다음엔 친구가 위험에 처했거나, 위험할 수 있을 거라고 생각될 때만 선생님에게 이야기하기 바란다."

'신문고' 공책 활용하기

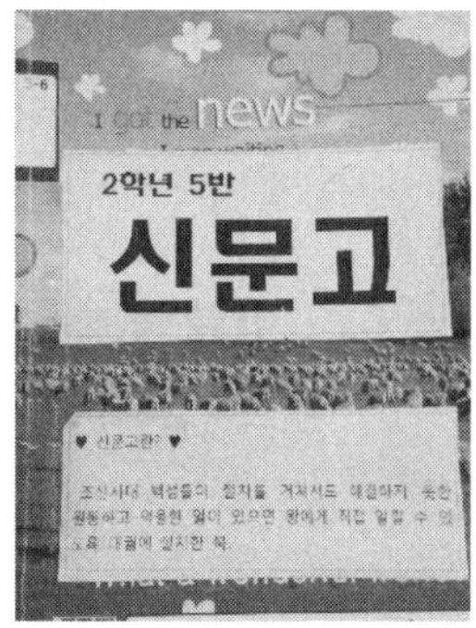

'고자질 금지' 라는 학급규칙이 있기 때문에 자신의 억울함을 선생님에게 말하지도 못하고 그렇다고 문제를 스스로 해결하지도 못한 학생의 경우에는 속상함이 남아 있는 경우가 많다. 그런 학생을 위하여 학급에 '신문고' 공책을 비치해 놓으면 좋다.

'신문고'란 조선시대 백성들이 절차를 거쳐서도 해결하지 못한 원통하고 억울한 일이 있으면 왕에게 직접 알릴 수 있도록 대궐에 설치한 북인데 이를 교실 상황에 응용한 것이다.

신문고 공책 쓰는 방법

♣ 억울한 일을 6하 원칙에 맞게 쓴다.
♣ 6하 원칙(누가, 언제, 어디서, 무엇을, 왜, 어떻게)
♣ 신문고에 내용을 적은 후 친구에게 쓴 내용을 보여 준다.
♣ 신문고에 이름이 적힌 친구는 그 내용을 읽어보고 자신이 왜 그 행동을 했는지 이유를 적고 잘못한 행동에 대해선 사과의 글을 쓴다.

예

♤홍길동: 김말똥이 0월 0일 2교시 쉬는 시간에 복도에서 나를 밀고 가서 내가 넘어졌는데 사과 없이 그냥 가버렸다.

☞김말똥: 화장실이 너무 급해서 가는 길에 홍길동과 부딪혔는데 내가 사과를 못하고 갔다. 그리고 나는 말똥이가 넘어진 줄 정말 몰랐다. 정말 미안하고 앞으로 조심할게.

신문고 공책을 활용하면 선생님에게는 쉴 새 없이 고자질하는 아이가 없어서 좋고 학생에게는 자신의 억울함을 호소할 수 있어서 좋다. 뿐만 아니라 아이들은 선생님의 개입 없이 서로 문제를 해결하는 과정을 겪으면서 문제해결력을 기를 수 있다.

또한 신문고 공책에는 학생들 사이에 일어났던 일이 누적되어 기록되어 있기 때문에 학생지도뿐만 아니라 학부모에게도 좋은 상담자료가 된다.

상대의 잘못에 칭찬 넣어 말하기

교사에게 친구에 대한 어떤 잘못을 이야기할 때 반드시 칭찬을 넣어 말하도록 한다. 이렇게 말하다 보면 아이들의 고자질이 점점 줄어드는 것을 경험할 수 있다.

"선생님, 피구를 잘하는 김민식이 제 물건 가져가서 안 줘요."

만약 아이들의 고자질이 줄어들지 않는다면 강도를 높여 칭찬의 수를 늘려 말하도록 한다.

"선생님, 발표 잘하고 그림 잘 그리는 하윤이가 복도에서 뛰었어요."

의사 표현을 직접 하도록 하기

대부분의 아이가 어떤 상황에서 문제가 발생하였을 때 자신의 의사 표현을 하지 않은 채 교사에게 고자질을 한다. 이때 고자질을 하기에 앞서 스스로 문제를 해결하기 위해 노력해 보게 한다. 예를 들면, 친구가 자꾸 놀려서 교사에게 고자질하려고 하는 아이들에게는 "네가 놀리는 것이 싫어. 앞으로 놀리지 마."라고 자신의 의사를 명확히 표현하도록 한다.

만약 자신의 의사 표현을 명확히 몇 번이나 반복했는데도 친구가 들어주지 않으면, 그때 교사에게 도움을 요청하게 한다. 만약 자신이 의사 표현이나 해결의 노력을 하지 않고 무조건 교사에게 도움을 요청하러 오는 경우에는 들어주지 않는다.

학급에서의 교사 대처 방법

고자질은 교사가 어떤 반응을 보였느냐에 따라 양상이 많이 달라진다. 그러므로 여기서는 고자질에 효과적으로 대처하는 방법에 대해 알아보고자 한다.

무관심하게 대처하기

고자질을 고칠 수 있는 가장 좋은 방법은 고자질에 무관심하게 대처하는 것이다. 아이가 고자질을 할 경우 아이가 하는 말에 무덤덤하게 반응을 하고, 고개만 끄덕하는 정도로 반응하여 알았다는 표시만 하면 된다. 고자질에 계속 반응을 하면 아이들의 고자질 행동이 강화되어 계속 이어지기 때문이다.

또는 고자질을 한 아이에게 다음과 같이 짤막한 칭찬을 한 뒤 더 이상의 관심은 보이지 않고 고개를 돌리거나 다른 일에 집중하는 모습을 보인다.

"네가 옳고 그름을 판단할 수 있어서 기쁘구나."

이것으로 아이는 고자질에 대한 보상을 받지 않고도 얼마든지 관심이나 인정을 받고 싶은 마음을 충족하게 된다.

확인은 고자질한 아이가 없을 때 하기

때로는 고자질의 내용을 들어 보면 고자질의 진위를 확인해야 할 때가 있다. 예를 들면, 학급 규칙으로 욕을 하지 않도록 되어 있는데 다른 아이에게 욕을 심하게 했다든지, 시험 시간에 다른 친구의 것을 보고 답안을 작성하는 등의 내용은 직접 확인을 한 후 벌을 줄 필요가 있다.

만약 고자질에 대한 내용을 확인하고 벌을 줄 경우에는 반드시 고자질한 아이가 없을 때 하도록 한다. 만약 고자질한 아이 앞에서 확인을 하고 벌을 주게 되면 고자질한 아이는 강화되어 고자질을 더욱 많이 하게 된다.

직접 충고하게 하기

아이가 친구의 잘못을 고자질할 경우 교사는 먼저 다음과 같이 질문하도록 한다.

"너는 그래서 어떻게 했니?"

이렇게 말하는 것은 교사의 도움을 받기 전에 고자질하는 아이가 친구들에게 직접 이야기하는 습관을 길러 주도록 하는 것이다.

다음의 대화 내용을 통해 아이가 직접 어떻게 충고하도록 하는지 알아보자.

대화 예 아이: 선생님, 민철이가 복도에서 뛰었어요.
교사: 그랬구나. 그런데 수호는 민철이가 복도에서 뛰는 것을 보고 어떻게 했니?
아이: 그냥 보고 있었어요.
교사: 그래. 다음부터는 선생님에게 이야기하기 전에 반드시 네가 먼저 민철이에게 복도에서 뛰는 것은 위험하고 다른 사람에게 피해를 줄 수 있으니 하지 말라고 이야기하기 바란다.

싸움이 벌어졌을 때는 즉시 개입하기

싸움이 벌어진 상황에서 누군가가 이야기를 하러 왔다면 교사는 즉시 달려가 일단 싸움을 중지시켜야 한다. 싸움을 하고 있다는 것을 이야기하는 것은 고자질하는 것이지만, 그대로 방치하면 싸움이 커져서 다칠 수 있기 때문이다. 하지만 싸움을 일단 멈추게 한 후에는 상황을 간단히 정리하고 조언만 해 준 다음, 아이들이 스스로 해결할 수 있도록 다음과 같이 이야기한다.

"민철이와 수호가 공 때문에 싸웠구나. 공은 하나지만 갖고 놀고 싶은 사람은 둘인데 어떻게 하면 좋을까? 너희끼리 어떻게 하면 좋을지 얘기해 본 후 선생님에게 어떻게 할지 알려 줄래?"

화를 참고 달려와서 이야기를 할 경우에는 관심을 보이기

만약 고자질하는 아이가 화가 나는 상황에서 화를 참고 도움을 요청하러 왔다면 교사는 선생님에게 와서 이야기한 것은 잘한 거라고 말해 준다. 왜냐하면 그런 상황에서 친구를 때리고 화를 낼 수도 있었기 때문이다.

잘못한 아이에게 벌을 주게 되더라도 아이가 고자질을 해서가 아니라 상대방 아이가 규칙을 어겼기 때문에 벌을 주는 것임을 명확히 말해야 한다.

하지만 이러한 사건이 반복적으로 일어나고, 싸우는 상황이 일어날 때마다 흥분하여 교사에게 달려온다면, 고자질과는 별도로 문제를 다루어야 한다.

일관성 있게 대처하기

다른 것도 마찬가지겠지만, 고자질에 관해서는 일관성 있게 대처하는 것이 무엇보다 중요하다. 교사가 일관성 없이 대처하면 아이의 고자질은 없어지지 않고 계속된다. 또한 고자질이 없어졌던 아이도 교사가 다른 아이의 고자질을 받아 주는 것을 보게 되면 다시 되살아나기 때문에 일관성 있게 대처해야 한다.

그 녀석과 둘이서

아무리 무관심한 반응을 보여도 끊임없이 고자질을 하러 오는 아이가 있다. 그럴 경우에는 아이가 왜 고자질을 하는지 원인을 생각해 보고, 그에 따른 효과적인 방법으로 지속적인 지도를 해야 한다.

해결 방법 가르치기

간혹 고자질을 하는 아이 중에는 해결 방법을 몰라서 무슨 일이든 달려와서 이야기하는 아이가 있다. 해결 방법을 알아야 교사나 부모에게 의존하는 습관을 버리고 스스로 해결할 수 있게 되므로, 이러한 아이에게는 문제를 해결할 수 있는 방법을 알려 준다.

> 예 놀리는 친구에게 다음과 같이 말한다.
> "네가 놀리니 기분 나쁘단 말이야. 앞으로 나를 놀리지 말아 줘. 너도 그런 놀림을 받는다면 싫을 거야. 하지 말라고 하는데도 계속 나를 놀린다면 선생님이나 부모님에게 얘기할 수밖에 없어."

고자질을 하지 않았을 때 아낌없이 칭찬하기

계속해서 고자질을 하던 아이가 고자질을 하지 않고 스스로 문제를 해결했을 때는 아낌없이 칭찬한다. 평소에는 고자질을 했을 상황을 그냥 넘어갔다면 이 또한 칭찬한다. 약간 과장된 칭찬을 해도 좋다. 이렇게 함으로써 아이는 고자질을 하지 않아도 교사에게 충분한 관심을 받을 수 있다는 것을 직접 느끼게 된다.

친구의 좋은 점을 찾는 특별 과제 내주기

끊임없이 고자질하는 아이에게는 오히려 친구의 칭찬거리를 찾는 특별 과제를 준다. 고자질을 할 때마다 학급에 미리 마련된 '친구 칭찬 활동지'를 해 오게 한다. 그러면 고자질한 아이는 자신이 고자질을 함으로써 친구들과 다른 특별 과제를 받게 됐음을 알고 고자질이 좋지 않은 것임을 깨닫게 된다. 또한 친구의 칭찬거리를 찾는 동안 이제까지 친구의 잘못된 점에 초점을 맞추던 시각이 변화될 것이다.

가정과 어깨 맞추기

아이들은 알게 모르게 부모가 하는 것을 따라 한다. 고자질 또한 그러하다. 어른들은 다른 사람의 잘못을 직접 고자질하지는 않지만 아이들 앞에서 다른 사람의 흉을 볼 때가 있다. 아이들은 그러한 부모의 모습을 보고 자연스럽게 배운다. 그러므로 가정에서는 아이들 앞에서는 다른 사람의 흉이나 잘못을 이야기하지 않도록 해야 한다. 이러한 내용을 학기 초에 하는 학부모 총회나 학부모 상담을 할 때, 간단한 가정통신문을 만들어 배부하여 가정에서 주의할 수 있도록 한다.

가정통신문이라 하여 크게 부담을 갖고 보낼 것이 아니라 담임교사가 아이들의 생활지도와 관련하여 가정에 알리고 싶은 내용을 간단히 적어 짧은 편지 형식으로 보내면 좋을 것이다.

가정통신문 예시

학부모님께

이번에는 지난번에 이어 아이들의 고자질에 대하여 몇 가지 말씀드리고 싶어 이렇게 글을 올립니다.

아이들의 고자질은 '다른 사람의 잘못을 일러바치는 것'으로, 고자질하는 버릇을 고치지 않으면 나중에 다른 사람을 험담하는 것으로 발전할 수 있습니다. 또한 다른 사람의 좋은 점, 잘하는 점을 보는 것이 아니라 나쁜 점, 잘못하는 점에 초점을 맞추게 되어 친구관계에서 어려움을 겪기도 합니다. 그러므로 고자질은 반드시 고쳐야 합니다.

고자질하는 버릇을 고치기 위해서는 부모님의 반응이 중요합니다. 자녀가 고자질을 할 경우 간략하게 "응, 그래." 정도로 대답하고, 자녀의 고자질에 일일이 반응하지 않는 것이 좋습니다. 다시 말하면, 무관심하게 대하는 것이 가장 좋은 방법입니다. 그리고 고자질의 내용을 확인할 필요가 있을 때는 아이가 없을 때 확인하시기 바랍니다.

어떤 때는 자신이 문제를 해결할 노력도 하지 않고 무조건 부모님에게 의존하여 고자질하는 경우가 있습니다. 이러한 경우에는 부모님께서 다음과 같이 물어봄으로써 아이에게 도움을 받기 전 스스로 문제를 해결하려는 의지를 심어 주어야 합니다.

"너는 엄마에게 오기 전에 어떻게 했니?"

그리고 평상시에 고자질을 잘하던 자녀가 고자질을 하지 않을 경우 아낌없이 칭찬해 주시고, 어떻게 문제를 해결했는지 관심을 가지고 격려해 주십시오.

고자질에 관하여 부탁드리고 싶은 것은, 자녀가 고자질을 자주 한다면 혹시 부모님께서 자녀 앞에서 다른 사람의 험담을 하지 않았는지 되돌아보시기 바랍니다. 그리고 자녀의 고자질에 일관성을 가지고 대응하시기를 당부드립니다. 부모님께서 일관성 없이 대처하시면 고자질은 절대로 고칠 수 없습니다.

저도 담임으로서 아이들이 고자질하는 버릇을 고치기 위해 노력할 것입니다. 가정에서도 많은 협조 부탁드립니다.

그럼 댁내 두루 편안하시고 (　　)반 친구들과 함께 항상 행복한 가정이 되시길 바랍니다.

년　월　일

담임 ○○○ 올림

와글와글 함께

고자질한 아이가 친구들의 잘못된 점을 찾아내어 말했다면 친구들의 잘한 점도 얼마든지 찾을 수 있을 것이다. 그러므로 아이들이 친구들의 잘못된 점에 초점을 맞추게 하기보다는 친구의 좋은 점, 친구가 잘하는 점에 초점을 맞출 수 있게 하는 활동을 한다. 잘했을 경우 지속적으로 강화를 해 주면 친구를 고자질하는 것이 많이 줄어들 것이다.

신 암행어사

본래 암행어사는 몰래 다니면서 잘못된 부조리를 캐는 사람이지만, 학급에서의 암행어사 활동은 친구들의 잘못을 캐러 다니는 것이 아니라 친구들의 잘한 점을 찾으러 다닌다.

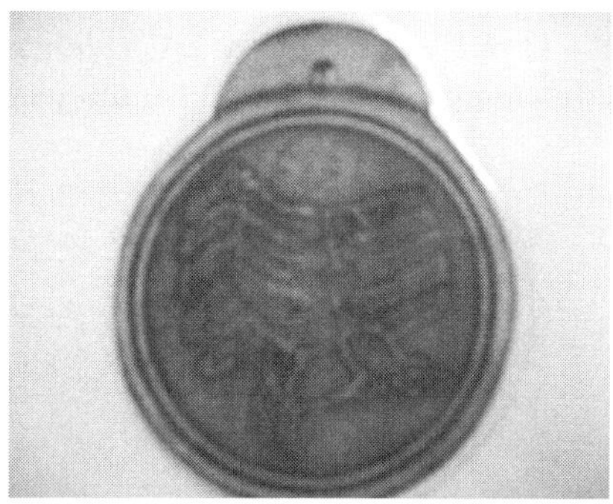

마패

일주일에 한 번 창체시간을 이용하여 암행어사를 뽑고 암행어사가 된 아이는 일주일 동안 친구들이 잘한 행동을 찾아다닌다. 그리고 한 달에 한 번이나 한 학기가 끝날 때 암행어사가 뽑은 '우리 반 선행아'를 뽑는다. '우리 반 선행아'를 뽑을 때는 암행어사 역할을 했던 아이들이 모여서 회의를 통해 결정한다.

암행어사를 뽑을 때 주의해야 할 점은 누가 암행어사인지 알면 안 된다는 것이다. 그러므로 절대로 자신이 암행어사가 되었다고 표시를 내면 안 되고, 혹시 옆 사람이 암행어사인 것을 알았다고 하더라도 절대로 비밀을 지켜 주어야 한다. 암행어사가 된 것을 비밀로 하게 했더니 장난기 많은 고학년 아이들은 자신이 암행어사가 아님에도 불구하고 암행어사가 됐다며 다른 친구들을 혼란스럽게 만드는 친구도 있었다. 그리고 한 번 암행어사를 하였던 친구는 쪽지를 받는 즉시 자신이 암행어사가 됐음을 밝히고 다른 것을 뽑도록 한다.

친구 칭찬하기

친구 칭찬하기는 말 그대로 친구의 좋은 점, 친구가 잘하는 점 등을 칭찬하는 것이다. 친구 칭찬하기는 창체시간을 이용해서 한꺼번에 해도 좋지만, 매일 한 명씩 정해서 칭찬을 하는 것이 효과적이다. 매일 하면 아이들이 계속해서 친구의 칭찬거리를 찾게 되어 학급 분위기도 좋아진다.

‖ 매일 칭찬하는 방법 ‖

- ○ 내일의 칭찬 주인공을 전날에 미리 알려 줌(저학년의 경우 알림장에 미리 적어 줌)
- ○ 매일 아침 칭찬 주인공을 앞으로 나오게 함
- ○ 각자 자신이 생각한 칭찬을 함
- ○ 칭찬 주인공은 가장 마음에 든 칭찬을 뽑음(기발한 칭찬이나 좋은 내용의 칭찬을 한 아이에게는 적절한 칭찬을 해 주어 보다 의미 있는 칭찬 활동을 할 수 있도록 동기를 부여함)
- ○ 칭찬 주인공은 칭찬을 받은 느낌을 이야기함

‖ 게임으로 칭찬하기 ‖

아이 엠 그라운드, 영철이 칭찬하기

 /  / 멋져/요,  /  / 똑똑/해.

친구 칭찬 활동은 예쁜 종이에 칭찬을 적어 친구에게 주기 등 방법을 달리하여 일 년 내내 실시한다.

친구의 보물찾기

이 활동은 일주일 동안 친구에게 감추어졌던 보물을 찾아 주는 것이다. 보물이라는 것은 친구가 특별히 잘하는 것도 되지만, 그런 것뿐만 아니라 친구에게 할아버지와 할머니가 계신 것, 멋진 형이 있는 것, 꾸미기를 잘한다는 것, 태권도를 잘하는 것 등의 보물을 찾아 준다. 잘 알고 있는 보물은 물론 평소에는 지나쳐 버리기 쉽지만 나에게는 없는 것, 부러운 것 등의 보물을 찾아 준다.

이 활동을 하고 나면 친구에 대하여 더 자세히 관심을 갖게 될 뿐만 아니라, 친구들이 찾아 준 보물을 받는 당사자도 평소에 자신이 생각하지 못했던 것을 친구들이 보물로 생각하고 찾아 줌으로써 자기 자신에 대한 자긍심이 높아진다([활동지 18-1] 참조).

친구 새로 바라보기

이 활동은 친구의 단점을 장점으로 고쳐 주는 활동이다. 평소 자신의 단점이라 생각하는 것을 적으면 다른 친구들은 그 밑에 장점으로 고쳐서 써 주는 것이다. 예를 들면, "난 목소리가 너무 커서 선생님에게 지적될 때가 많다."를 장점으로 고쳐 주면, "너는 목소리가 커서 네가 발표할 때면 잘 들려서 너무 좋아."라고 고쳐 줄 수 있다.

이는 나쁘게만 생각하던 친구의 단점을 좋은 쪽으로 생각해 보게 함으로써 사람은 누구나 장점을 가지고 있음을 알게 해 준다([활동지 18-2] 참조).

[활동지 18-1]

친구의 보물찾기

학년 반 이름:

● 친구가 미처 생각하지 못하고 있던 친구의 보물을 찾아 주세요.

순서	친구 이름	내가 찾은 보물
예	강민규	민규는 라면을 아주 맛있게 잘 끓인다.
	김수호	수호는 손자를 너무나 사랑해 주시는 할머니가 계신다.
1		
2		
3		
4		
5		
6		
7		
8		

[활동지 18-2]

친구 새로 바라보기

학년 반 이름:

● 친구의 고민이나 단점을 보고, 친구의 고민이나 단점의 긍정적인 면을 찾아 주세요.

나의 고민이나 단점은

입니다.

아니야, 걱정하지 마. 그건 이런 좋은 점이 있어.

출처: 한국청소년상담원(2002). 초등학생용 또래상담 프로그램. p. 20 재구성.

19

눈치 없는 아이

이런 녀석 꼭 있다!

눈치맹 민수 (1)

쉬는 시간이라 다음 수업 준비를 위해 교재를 살펴보고 있는데, 교실 뒤쪽에서 아이들이 소란스럽다.

"너희 또 무슨 일이지?"
하며 가까이 다가가니 아이들이 빙 둘러서 있다. 들여다보니 순희가 쭈그리고 앉아 울고 있다.

그 자리에 함께 있던 아이가 자초지종을 설명하고 있는데, '푼수대장'이라는 별명의 민수가 "누가 뚱뚱하다고?"라고 소리치며 달려온다. 그 말에 순희는 더 큰 소리로 울기 시작한다. 순희가 뚱뚱한 건 모든 아이가 이미 알고 있는 사실이고, 순희는 자신의 외모에 매우 민감해서 '뚱뚱'이란 말만 들어도 금세 표정이 달라진다. 그래서 학급 아이들에게 순희를 배려하는 마음으로 순희가 싫어하는 말은 하지 말자고 약속을 했건만, 기어이 민수가 끼어들어 문제를 더 심각하게 만들었다.

'눈치 없는 녀석 같으니라고!' 한숨이 절로 나왔다.

눈치맹 민수 (2)

학년 공개수업의 날이다. 우리 반에 부모님과 선생님들께서 많이 오시니까 다른 때도 잘했지만 오늘은 더욱 잘하자고 신신당부한 날이다. 드디어 공개수업 시간이 되었다. 한참 수업을 하고 있는데 뒷자리에 앉은 민수가 소리친다.

"선생님, 오늘은 우리한테 칭찬만 하시네요."

뒤에 서 있던 부모님들과 몇몇 선생님들이 까르르 웃는다. 당황하여 무슨 말을 어떻게 했는지 생각이 안 난다.

'저렇게 눈치가 없으니 저 아이를 어떻게 하지?'

2. 그 녀석과 나

아유, 이 푼수데기야.
그렇게 눈치가 없어서
어떻게 하니?
우리 반 푼수,
또 일을 저지르는구나.
요즘 왜 조용한가
했더니만…….
상황 파악 좀 해라.
넌 이 상황에 그런 말이
나오니? 이제 네가
책임져!
저런! 오늘 손님이 많이
오신다고 그렇게 주의를
주었건만…….
망신 다 시키네.

3. 그 녀석의 이유

조망 수용 능력의 부족

조망 수용 능력이란 다른 사람의 입장, 인지, 사고 등을 추론해서 이해하는 것을 말한다. 조망 수용 능력은 대체로 공간조망, 감정조망, 인지조망으로 구분하는데, 학급에서 눈치 없는 말이나 행동을 하는 아이들은 감정조망이나 인지조망 능력이 부족한 것이다. 그렇기에 다른 사람의 감정이 어떨지, 행동의 원인은 무엇일지에 대한 고려 없이 함부로 말하는 것이다.

감맹

감맹(感盲)이란 요즘 아이들에게서 볼 수 있는 특성 중의 하나로, 상대방의 감정을 바르게 읽어 내지 못하는 것을 말한다. 즉, 공감 능력이 결여된 것이다. 이런 아이들은 정서지능(EQ) 발달도 더뎌서 남의 감정이나 기분을 이해하는 일, 자신의 감정을 인식하여 적절히 표현하는 일, 주변 상황과 대상에 따라 자신의 감정을 적절히 조절하는 일 등에서 자연스럽지 못하다.

자기만의 세계에 몰입된 아이

혼자서 자기만의 세계에 몰입하기 때문에 방금 이 자리에서 어떤 이야기를 나누고 있었는지, 분위기가 어떠한지 제대로 파악을 못하고 엉뚱한 말을 한다. 주제와 다른 엉뚱한 말을 해서 친구들에게 핀잔을 들을 때도 많지만 쉽게 고쳐지지 않는다. 이는 감정에 대한 인지(認知)가 안 되기 때문이다. 이런 일이 자주 생기면 사회적인 관계 형성에서 어려움을 겪는 것은 당연하다.

자기 생각에 몰두하는 아이

소아정신과 의사 신의진 씨는 자기만의 세계에 빠져 있는 아이들에 대해 다음과 같이 말하고 있다.

어릴 때부터 잘 노는 아이들 중에서 커서 '엉뚱하다' 라는 말을 듣는 사람들이 있다. 친구들과 노는 중에도 다른 친구들한테는 크게 관심이 없고 자기만의 세계에 빠져 있다. 그래서 가끔 친구들이 나누는 대화와 전혀 다른 주제를 불쑥 꺼낸다. 왜 그 이야기를 하는지, 그래서 뭐 어쩌자는 건지도 알 수 없다. 친구들이 에버랜드에 가자는 이야기를 한참 하고 있는데 갑자기 어제 먹은 사과 이야기를 하는 식이다. 그러니 친구들에게서 '사오정' 이라는 말을 자주 듣는다.

이런 아이들은 언어발달이 느려서 그런 것이 아니라, 사회적인 머리가 좀 늦게 트여서 이런 특징을 보인다. 그래서 다른 사람의 입장을 고려해 이야기하지 못하고 남이 이해하도록 말하지도 못한다. 언뜻 보기에는 남의 이야기를 듣는 것 같지만 머릿속에는 딴 생각을 하기 때문에 어떤 주제를 가지고 길게 대화를 하는 게 어렵다. 또한 이 아이들은 어떻게 해야 자신의 이야기가 남에게 설득력을 가지는지 잘 모르기 때문에 자기에게 인상적인 부분만 말하는 경향이 있다.

출처: 신의진(2005). 현명한 부모들이 꼭 알아야 할 대화법.

쌤! 이렇게도 해 봐요

안경 바꿔 쓰기

핀잔 받아도 재미있는 아이

엉뚱한 말을 하는 아이를 핀잔하게 되면, 그 아이는 자기에게 관심을 보이는 교사의 반응이 더 재미있어서 점점 더 그런 말을 할 수 있다. 눈치 없는 아이를 핀잔하는 대신에 무관심으로 대하도록 하자.

감정조망 능력이 없는 아이

다른 사람의 감정을 읽지 못하는 아이일 수도 있다. 친구의 마음이 슬픈지, 기쁜지를 파악하지 못하여 자기 기분대로 말하는 것이다. 핀잔을 받아도 무안해하지 않고 계속 그런 행동을 하는 이유는 바로 감정조망 능력이 부족하기 때문이다.

함께 세우기

사회적 기술 익히기

다른 사람들과 좋은 관계를 맺으며 잘 지내기 위해서는 사회적 기술을 습득해야 한다. 사회적 기술을 향상시키는 데 상대방의 감정이나 기분을 알아주고 표현해 주는 일은 중요하다. 다음과 같은 활동을 통해 감정 읽기를 연습해 보자.

역할놀이하기

(채점한 시험지를 받은 날을 상황으로 설정하여 각각의 역할을 할 세 사람 필요)

○ 학력고사를 치른 후 시험지를 받은 영미가 계속 울고 있다.

○ 순식이가 무슨 일인지 활짝 웃는 얼굴로 박수를 치면서 교실로 뛰어들어 왔다.

○ 건영이는 갑자기 책을 거칠게 덮으며 시험지를 던져 버렸다.

영미, 순식, 건영이의 감정에 대해 말해 보기

인물	감정 읽기
영 미	속상하다, 억울하다, 후회스럽다 등
순 식	기쁘다, 자랑하고 싶다, 신난다 등
건 영	화가 난다, 포기하고 싶다, 누군가를 한 대 치고 싶다 등

영미, 순식, 건영의 역할을 맡았던 아이들이 자신의 감정을 정확하게 표현한 아이를 지목하면, 교사가 칭찬이나 인정을 해 준다.

공감 언어로 표현하기

느낌을 말로 적절히 표현하는 연습을 한다. 공감 언어를 표현하는 과정은 다음과 같다.

○ 상대방이 말할 때 그 사람을 쳐다보고 표정을 관찰한다.
○ 그 사람이 어떤 감정을 느끼는지를 생각한다.
○ 내가 생각하는 대로 느끼고 있는지 그 사람에게 물어본다.
○ "너를 돕고 싶어."라고 말한다.
○ "지금 굉장히 ○○○○구나."라고 말한다.

이 과정을 앞 사례의 민수에게 적용한다면 다음과 같다.

○ 순희가 울고 있는 모습을 바라본다.
○ 순희의 마음이 어떤 심정일지 헤아려 본다.
○ 내 생각에는 네 마음이 많이 슬플 것 같아. 그렇지?
○ 어떻게 하면 너를 도울 수 있지? 너를 돕고 싶은데…….
○ 순희야, 지금 굉장히 속상하지?

이 과정은 상황에 따라 유연하게 활용하도록 한다. 이때 반드시 진심 어린 어조로 말해야 한다. 이와 같은 과정을 거치면서 공감 언어를 표현하는 훈련을 한다.

공감왕 뽑기

아이들에게 특별한 공감 훈련을 시키려면 한 주간을 정해서 공감을 가장 많이 한 '공감왕'을 뽑는 행사를 해도 좋다.

뽑힌 공감왕에게는 특별한 역할을 맡긴다. 기분이 나쁘거나 속상해하는 친구들을 위로하는 도우미 역할이 적절하다. 공감왕을 학급의 또래 상담자로 세워 주어도 좋다.

우리 반 공감왕은 누구

다음과 같은 표를 만들어 교실 뒤쪽에 붙이고, 공감받은 아이가 표에 직접 기록한다. 공감왕은 공감해 준 횟수와 공감의 내용을 보고 아이들이 스티커를 직접 붙여서 뽑는다.

날 짜	이 름	상 황	공감 언어	해 준 아이	느 낌
4.15.	한미순	놀림받고 속상해서 울고 있었음	미순아, 많이 속상하겠다.	김석호	내 속마음을 이해받은 느낌
4.24.	김석호	점심시간에 싸워서 화가 많이 났음	시험을 못 봐서 속상할 텐데 싸움까지 해서 선생님께 혼나다니……. 얼마나 속상할까? 오늘은 석호가 참 운이 없는 날인가 보다.	한미순	내 사정을 이해해 주는 친구가 있어서 마음이 가벼워졌음
4.24.	이소라	아침에 지각해서 혼났을 때	늦을까 봐 부지런히 왔을 텐데 혼나서 더 기분이 안 좋았겠다.	한미순	날 위로해 주는 친구가 고마웠다.

그 녀석과 둘이서

핀잔 대신 입장 바꿔 생각해 보기

상황 판단이나 분위기 파악을 못하고 자기가 하고 싶은 말만 불쑥해서 분위기를 깨는 아이에게는 핀잔을 주는 대신 구체적 상황을 예로 들어 지도할 필요가 있다.

예화 자료

뚱뚱한 미순이는 자기의 신체에 대해 말하는 것을 지극히 싫어한다. 그런 미순이가 급식을 먹다 말고 훌쩍거리고 있다. 이유는 뒤에 앉은 건우 때문이다.

"야, 미순아. 넌 오늘 메뉴 중에서 돈가스가 제일 좋지? 먹지 않는 것이 좋을 걸. 자꾸 뚱뚱해지면 돼지라고 놀림 받는다."라고 걱정해 주는 듯이 말한 것이 기분을 상하게 했기 때문이다.

그런데 이때 눈치 없는 석호는, "야, 왜 그래? 누가 미순이에게 멧돼지라고 그랬다고?"라고 크게 말하며 끼어든다.

이 말을 들은 미순이는 더 화가 나서 식판을 아예 밀어 놓고 고개를 책상에 파묻고 있다. 보다 못한 미순이 짝꿍 영미가 손가락을 입에 대며 조용히 하라고 신호를 보냈는데도 석호는 알아채지 못한다. 계속 "괜찮아, 점심에 돈가스 한 개 더 먹는다고 멧돼지 되겠니? 어차피 메뉴로 나온 것이니까 맛있게 먹어."라고 말한다.

석호와 둘이서

1단계: 다른 사람이 처한 상황을 설명하도록 하기

석호야, 미순이가 지금 왜 울고 있는지 생각해 보았니?

2단계: 자신이 같은 입장에 처했다면 어떤 생각이나 느낌이 들지 말하도록 하기

만일, 네가 가장 듣기 싫어하는 말을 일부러 자주 한다면 네 기분은 어떠하겠어?

3단계: 그때 친구들이 어떻게 행동해 주거나 반응을 해 주면 좋을지 말해 보고 기록하기

네가 기분이 나쁠 때 친구들이 어떤 말을 해 주면 좋겠어?

4단계: 실제로 역할을 시연해 보기

그럼, 지금 미순이에게 가장 필요하고 적합한 말을 해 볼까?

엉뚱한 말을 하는 순간에 지도하기

아이가 엉뚱한 말을 하는 순간에 핀잔을 주거나 무시하지 말고 그 즉시 관심을 가져 주는 것이 좋다. 예를 들면 다음과 같다.

"그 이야기를 왜 지금 하는 거야?"

"네가 말하는 그것은 이런 이야기니?"

만일 아이가 '됐어요.'라고 대충 넘기려 한다면,

"아니야. 선생님이 궁금해서 물어보는 거야."라고 말하면서 아이의 생각이 무엇인지를 알아내도록 유도한다.

아이가 질문에 답하는 하나하나의 말을 연결시켜 하나의 완결된 이야기로 만들어 주면, 아이는 자기가 이야기를 할 때 어떤 점을 갖춰서 말해야 하는지를 조금씩 깨닫는다.

예 시

○ 그 이야기를 왜 지금 하는 거야?

답변 예) 재미있으라고요, 뚱뚱하잖아요, 건우가 먼저 말했어요, 몰라요 등

○ 네가 말하는 그것은 이런 이야기니?

질문 예)
- 너만 재미있으면 다른 사람은 기분 나빠도 상관없다는 말이니?
- 다른 사람이 기분 나빠 하는 말을 함부로 해도 될까?
- 다른 사람의 말에 대한 너의 판단은 없어?
- 방금 내 질문이 무엇이었는지 생각해 봐!

○ 정리하기

석호도 미순이가 어떤 말을 들으면 기분이 나쁜지는 알고 있구나. 난 그것도 모르는 줄 알았네. 그런데 단지 재미있어서 덩달아 말했구나(남이 말한다고 자기도 아무 생각 없이 따라서 말했구나).

석호가 다르게 말해 본다면 뭐라고 말하면 좋을까? 석호는 노브레인맨(no brain man)도 아니고 잔인한 사람도 아닐 텐데…….

그러면서 석호의 말을 이끌어 낸 후 인정하고 칭찬해 준다. 이때 다르게 말할 수 있었음을 반드시 짚어 주어야 한다. 그래야 아이는 자신의 선택이 잘못되었음을 인정하고 더 나은 선택을 위해서는 늘 심사숙고해야 함을 깨닫게 된다.

말! 말! 말! 말 때문에 늘 일이 생긴다

미국 조지타운대학교 언어학과 교수인 데보라 테넌은 사람들, 특히 남녀 사이에 말싸움이 생기고 충돌이 일어나는 이유 가운데 90%가 '대화 방식의 차이' 때문이라고 하였다.

말은 말하는 사람의 뜻대로 받아들여지지 않고 듣는 사람이 자기의 관심이나 습관, 태도 등에 따라 다르게 해석한다.

이 말은 바로 인간관계에서 공감 언어의 중요성을 말해 주는 것이다.

눈치 없는 말로 사람을 힘들게 하는 아이들에게 공감 언어의 필요성을 경험하도록 해 줄 필요를 느끼게 하는 내용이다.

출처: 데일 카네기 저, 공병호 역(2003). 대화를 잘하는 아이 & 대화를 못하는 아이.

가정과 어깨 맞추기

눈치가 필요한 상황에서 적절한 언행을 지도하기

부모 면담을 통해 학교에서 자녀가 눈치 있는 행동을 하지 못해서 친구관계가 매끄럽지 못한 내용을 이야기해 준다. 상대방의 상황이나 기분을 알아차리는 것이 정서지능의 구성 요소 중 하나임을 알려 주고, 가정에서도 특별한 관심을 가지고 공감 훈련을 해 줄 것을 구체적으로 안내한다.

○ 부모(형제)가 힘들어 할 때
- 엄마, 무척 힘들어 보이세요. 제가 어깨 주물러 드릴게요. 힘내세요.

○ 부모(형제)가 기분 좋아할 때
- 무슨 좋은 일이 있으신가 봐요. 축하해요. 저도 기분이 좋아지는데요.

○ 부모(형제)가 우울할 때

- 형, 무슨 속상하거나 기분 나쁜 일이 있나 봐. 같이 게임할까?

○ 부모(형제)가 화가 나 있을 때

- 형, 화가 많이 났어? 잠깐 눈을 감고 좀 쉬어. 물 한 잔 갖다 줄까?

이와 같은 다양한 상황에서 가족의 기분을 바로 알아차리고 적절한 말이나 행동을 하였을 때 칭찬해 주고, 교사에게도 알림장을 통해 실천과 변화의 내용을 연락해 주도록 한다.

20

걸핏하면 우는 아이

이런 녀석 꼭 있다!

울보 회장

학년 초 학급 임원 선거를 마치고 급식실에서 유석이의 작년 담임선생님을 만났다.

"선생님 반은 유석이가 회장이 되었네. 정말 의외야. 작년에 유석이가 만날 울어서 힘들었는데……."

'유석이가 울보라니?'

오늘 회장 선거 때 유석이가 회장 후보자 연설을 정말 똑똑하고 야무지게 잘했기에 나는 내심 유석이가 우리 반 회장이 된 것이 잘되었다고 생각하던 참이었다. 그 후 며칠이 지나도 유석이의 우는 모습은 볼 수 없었다. 그래서 난 유석이가 한 학년 올라오기도 하고 회장이 되어서 변했다고 생각을 했다.

그런데 나의 생각도 잠깐, 유석이의 울음은 2학년이 시작된 지 열흘쯤 지났을 때 드디어 시작되었다. 급식실에서 점심을 먹고 있는데,

"선생님, 재민이가 회장이 밥 천천히 먹는다고 놀려요."

라고 울면서 얘기하는 것이다. 그 뒤로도 유석이는

"선생님, 엄마가 오늘 준비물 안 챙겨 주셨어요."

"선생님, 달리기하는데 태성이가 밀었어요."

정말 하루가 멀다 하고 울어 대는 것이다.

"회장이 울면 되겠니?"

라고 이야기하면 얼굴은 더욱 울상이 된다.

이렇듯 매일 울어 대는 회장 유석이 때문에 우리 반은 하루도 조용할 날이 없다.

아이들도 유석이가 울면 '걘 또 울어.'라는 표정을 짓는다. 그리고 짓궂은 남자아이들은 "회장이 만날 우냐!"라며 놀리기도 한다.

매일 울어 대는 우리 반 회장 유석이를 어떻게 하면 좋을까?

2. 그 녀석과 나

처음에는
(친절한 목소리로)
너 왜 우는 거니?
어디가 아프니?
선생님에게 말해 줄래?
우는 행동이 반복될 때,
왜 우는지 말을 해야지
그렇게 울기만 하면
어떻게 하니? 넌 만날 우니?
우는 것도 한두 번이지.
울 테면 울어 봐.
선생님이 눈 하나
깜짝할 줄 아니?
얘가 한 번
받아 줬더니
끝이 없네.
뚝 안 그칠래!
어서 그치지
못해.

3. 그 녀석의 이유

교사의 관심을 받기 위해

교사에게 좀 더 많은 관심을 받기 위해 우는 아이가 있다. 이런 아이는 가정에서 울었을 때 부모가 관심을 보였기 때문에 그것이 습관화되어 학교에서도 그대로 하는 것이다.

자기 의견을 관철시키기 위해

자기 의견을 관철시키기 위해 울음으로 의사를 표현한다. 자기가 하고 싶은 것을 아무리 주장해도 들어주지 않았는데 자기가 울어 버림으로써 부모가 자신이 원하는 대로 해 주었다면 아이는 그것이 강화되어 학교에서도 걸핏하면 우는 것이다.

적절한 대처 방법을 찾지 못하였을 때

자신의 입장을 설명해야 하는데 어떻게 해야 할지 모를 때, 울음으로 모든 상황을 회피해 버리는 것이다. 예를 들면, 잘 있다가도 교사가 약간만 잘못을 지적하거나 질문을 하면 그냥 울어 버리는 아이가 있다. 이 아이는 자신의 입장을 어떻게 설명할지 몰라 그냥 우는 것이다. 울면 교사에게 더 이상 대답하지 않아도 되기 때문이다.

동정심을 유발하기 위해

상대방으로 하여금 동정심을 유발하여 자신에게 유리하도록 하기 위한 경우도 있다. 많은 어른의 경우 두 아이가 똑같은 잘못으로 싸웠다 하더라도 화를 내며 씩씩거리는 아이보다 울고 있는 아이에게 측은함을 느끼며 관대하게 대하는 우를 범할 때가 많다. 이러한 것을 경험한 아이라면 자신에게 불리한 상황이 오면 우는 행동을 통해 상황을 유리하게 만들려고 할 것이다.

한편 교사는 아이의 우는 행동에 흔들려 상황을 공정하게 처리하는 데 실수하는 일이 없도록 주의해야 한다.

천성적으로 민감한 아이인 경우

유석이처럼 천성적으로 민감한 성격을 타고난 아이들이 있다. 이런 아이들은 다른 아이들이 대수롭지 않게 생각하는 것도 마음이 움직여 크게 반응한다.

친구들의 작은 농담도 이런 아이들에게는 너무나 크게 마음에 와 닿게 되어 울게 되는 경우가 생긴다.

허약한 경우

어른들도 너무 아프면 우는 것처럼 몸이 너무 허약해서 우는 아이도 있다. '머리가 아파요.' '배가 아파요.'라며 울면, 달래거나 야단치기에 앞서 아이의 건강 상태를 점검해 보아야 한다. 관심을 끌려고 하는 것이 아니라 정말 몸이 너무 허약해서 견디기 힘들어 울 수도 있기 때문이다.

쌤! 이렇게도 해 봐요

그 녀석과 둘이서

화를 내거나 야단치지 않기

아이가 울 때는 화를 내거나 야단을 치지 않도록 한다. "대체 뭣 때문에 우는 거니?" "말을 해야 알지 그렇게 울기만 하면 선생님이 네 마음을 어떻게 아니?"라는 식의 말을 하며 화를 내거나 야단을 치지 않는다. 교사가 아이의 울음에 스스로 감정을 다스리지 못해 충동적으로 소리를 지르거나 야단을 치는 것은 오히려 역효과다. 일시적으로는 큰 소리로 야단치는 교사의 태도에 울음을 그칠 수도 있지만 화를 내거나 야단을 치면 아이는 수치심을 느끼거나 불안감을 느껴서 울음을 더욱 그치지 않게 된다.

울음을 멈출 때까지 관심 보이지 않기

걸핏하면 우는 아이를 다루는 데 가장 효과적인 방법은 울음을 멈출 때까지 관심을 보이지 않는 것이다. 모른 척하면 처음에는 더욱 크게 울지만 점차 울음소리가 작아지면서 멈춘다.

울음을 그치면 그때 관심을 보이고 아이가 하는 말을 진지하게 들어 준다. 아이가 원하는 것을 무조건 들어 주는 것이 아니라 교사가 해 줄 수 있는 것인지 아닌지를 정확히 이야기한다. 앞으로는 울면서 이야기하면 절대로 들어 주지 않을 것임을 명확히 한다.

고집을 피우는 경우 상대하지 말고 자리 피하기

4학년 교실에서 있었던 일이다. 한 여자아이가 급식을 자기가 먹고 싶은 것만 먹고 남겨왔다. 다시 먹고 오도록 했는데, 아이는 얼마 후에 안 먹고 다시 가져왔다. 배가 아픈 것도 아니었고 음식에 알레르기가 있는 것도 아니었는데 단지 맛이 없는 반찬이라는 이유로 안 먹고 그냥 가지고 나왔다. 다시 먹고 오라고 하니까 식판을 들고 가만히 한참 서 있더니 울기 시작하는 것이다. 자신은 먹기 싫은데 선생님이 먹으라고 하니 서서 버티다가 우는 것이었다.

이와 같은 사례처럼 고집을 피우려고 우는 경우에는 교사가 상대하지 말고 자리를 피하는 것이 좋다. "왜 안 먹니?" "네가 좋아하는 것만 먹으면 어떡하니?" 등의 말을 하는 것은 오히려 교사의 체력만 낭비하고 인내심만 시험하게 되므로 이럴 때는 그냥 내버려 두는 것이 좋다. 괜히 울음을 그치게 하려고 "그래, 먹지 마."라고 말하며 원하는 것을 받아 주면 그 아이는 자신의 요구 조건을 관철하기 위해 언제든지 울어 버릴 것이다.

민감한 성격을 타고났다면 부드럽게 다가가기

천성적으로 민감한 성격을 타고난 아이는 모른 체한다거나 야단을 칠 것이 아니라 조금 엄한 목소리로 말하는 것만으로도 충분하다. 너무 엄하게 다가가면 우는 횟수만 늘어난다. 이런 아이는 선택의 기회를 주는 말을 하면 좋다. 예를 들면, '이렇게 울면서 미술 시간을 보내겠니? 아니면 작품을 멋지게 만들까?' 라는 식으로 제시한다.

한편으론 이런 아이는 타인이 자신에게 하는 것에 대하여 잘못된 신념(생각)을 가지고 있지는 않은지 살펴볼 필요가 있다. 예를 들면, 친구들은 그냥 웃었는데 이 아이는 그 행동이 자신을 놀리는 것이라고 생각할 수 있다.

미리 관심 보이기

운 것에 대한 보상이 아니라 아이가 울기 전에 미리 관심을 보일 필요가 있다. 아이들의 문제 행동을 살펴보면, 자신이 잘못할 때만 관심을 보이기 때문에 교사의 관심을 받기 위해 그런 행동을 하는 경우가 많다. 그러므로 교사는 아이가 큰 문제가 아닌데도 교사에게 관심을 받기 위해 우는 것이라고 판단되면 평상시 아이가 울기 전에 관심을 가져야 한다. 예를 들면, "오늘 남아서 10분만 선생님 도와줄래?"라고 하며 아이와 단둘이 이야기하는 시간을 가질 수 있다(아이를 학교에 남기는 것을 싫어하는 학부모도 있지만 10분 정도는 크게 문제되지 않을 것이다).

평소 자신의 감정이나 요구 사항을 말하는 연습시키기

걸핏하면 우는 아이들을 보면, 대부분 자신의 감정이나 요구 사항을 똑바로 말하지 못하고 울음으로 대신 표현하는 경우가 많다. 이런 아이들의 경우에는 별도로 자신의 의사를 표현하는 훈련을 한다.

울음을 그친 후에 자신의 감정이나 요구 사항을 말로 표현해 보는 연습을 시킨다. 어려워하면 처음에는 종이에 적어 보게 한 후 교사가 말을 만들어 주고 따라 하도록 한다. 큰 소리로 여러 번 반복시킨 다음, 아이가 스스로 똑바로 말하면 많은 격려를 해 준다.

종이에 적기 → 교사가 말을 만들어 주고 따라 하기 → 스스로 말하기

울지 않고 말할 때 더 칭찬해 주기

문제 행동을 고칠 때 중요한 것은, 잘못한 행동을 할 때는 무시하고 잘했을 때는

관심을 가지고 칭찬하는 것이다. 우는 행동 또한 마찬가지다. 아이가 울지 않고 자신의 의사를 명확하게 표현할 때 더욱 칭찬해 준다면 점차 울면서 의사를 표현하는 버릇이 고쳐질 것이다.

스마일 스티커 활용하기

걸핏하면 우는 아이에게 스마일이 그려진 스티커판을 나누어 준 후 하루 동안 한 번이라도 울지 않고 생활했다면 스티커판에 스마일 스티커를 붙여 준다. 또는 스마일이 그려진 스티커판에 잘했을 때는 노란 색연필로, 못 지켰을 때는 빨간 색연필로 칠하게 한다.

스티커판을 보고 교사가 적절히 보상을 해 준다.

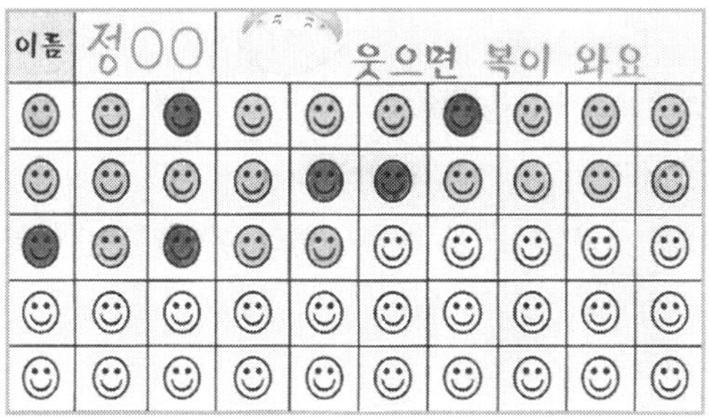

교사의 감정을 아이에게 솔직하게 표현하기

교사도 인간이기 때문에 우는 아이를 달래다 보면 화가 나게 마련이다. 화가 난다고 소리를 높이고 감정을 표출한다면 우는 아이와 다를 게 없다. 이럴 때는 우선 아이에게 교사의 감정을 솔직히 표현하는 것이 좋다. 부드럽지만 엄한 말투로,

"네가 우는 이유를 잘 모르겠구나. 하지만 선생님은 지금 네가 말도 하지 않고 계속 울기만 하니까 화가 나. 네가 울음을 그치고 선생님과 이야기를 하든지 울음을 그칠 때까지 의자에 앉아 있는 게 어떻겠니? 그렇지 않으면 선생님은 너를 도울 수 없단다."라고 말하는 것이다. 이것은 타임아웃을 사용하기 전에 예고용으로 할 수 있는 말이다.

아이의 마음을 읽어 주세요

아이들이 먼저 말하기 전에 교사가 아이들의 기분을 알아주고, 마음을 읽어 준다면 어떨까? 다음과 같은 아이들의 기분을 알 수 있는 방법을 한 가지 소개하고자 한다. 아마 아이들과 더욱 가까워지고 문제 행동도 줄어들 것이다.

뒤 게시판에 아이들의 이름이나 사진을 붙이고, 그 밑에 아이들의 그 날의 기분을 나타낼 수 있도록 하는 색깔 카드를 걸어 놓거나 압정으로 꽂아 놓는다. 아이들은 아침에 등교하면서 기분이 좋으면 를, 슬픈 일이 있거나 우울하면 를, 화가 나는 일이 있으면 를 맨 앞으로 놓도록 한다.

아이들이 아침 자습을 하는 동안 교사는 아이들의 표정 카드를 보고 간단하게 이야기를 나눈다. 만약 동규 이름 밑에 슬픈 표정 카드가 앞으로 나와 있다면,

"오늘 동규가 슬픈 일이 있었구나, 무슨 일이 있었니?"

라고 간단하게 아이의 마음을 알아준다.

또한 여유가 있다면 집에 가기 전에 아이들의 기분이 어떤지 표정 카드를 바꾸어 놓도록 한 후, 기분이 좋지 않은 아이들의 경우 마음을 풀어 주는 간단한 대화를 나누면 모든 아이가 행복한 마음을 안고 집으로 향할 수 있을 것이다.

타임아웃 활용하기

아이가 울음을 그치지 않을 경우에는 타임아웃을 시킨다. 타임아웃 장소(교실에서는 생각의자)로 데려다 놓고 혼자 있도록 내버려 두는 것이다.

주의할 점은 아이가 울고 있는 상황에서만 타임아웃을 시켜야 하는데, 이렇게 해야 아이는 자기의 어떤 행동 때문에 벌을 받는지 알게 된다.

가정과 어깨 맞추기

걸핏하면 우는 행동은 대개 가정에서 하는 버릇이 그대로 학교 생활로 이어지는 경우가 많다. 그러므로 이런 아이가 있으면 먼저 부모와 상담하여 가정에서는 어떤 모습을 보이며, 아이가 울 때 부모가 어떻게 대처하였는지 알아본 후 적절한 조언을 해 주어야 한다.

와글와글 함께

스마일 학급 만들기

걸핏하면 우는 아이를 효과적으로 다루는 것도 좋지만, 학급 구성원 전체가 행복한 웃음을 가진 아이들로 만드는 것 또한 매우 중요하다. 그러므로 학급에서 한 달에 한 번 또는 일 년에 서너 차례 '스마일 콘테스트'를 하는 것도 좋다.

아이들의 웃는 모습을 사진으로 찍어서 전시한 후에 아이들이 가장 멋진 미소를 가진 사람을 선정한다. 이때 사진은 될 수 있는 대로 얼굴을 클로즈업하여 찍는다. 교사가 직접 사진을 찍을 수도 있지만, 고학년의 경우에는 학급회장 등을 시켜 쉬는 시간이나 점심시간에 사진을 찍도록 하면 된다.

아이들에게 2장의 작은 스티커를 준 후 멋진 미소라고 생각되는 사진 밑에 스티커를 직접 붙이게 하여 가장 많은 스티커를 받은 아이가 '스마일왕'으로 뽑히게 된다. 스티커를 붙이기 전에 교사는 아이들에게 예쁘고 잘생긴 얼굴이 아닌 다른 사람을 행복하게 할 수 있는 유쾌한 미소, 다른 사람을 따뜻하게 해 줄 수 있는 온화한 미소 등을 중심으로 보라고 말해 준다.

사진 찍는 것이 번거로울 경우 미술시간을 이용하여 아이들이 행복하게 웃는 모습을 그리게 한 뒤 게시판에 붙일 수 있다. 보는 것만으로 우는 모습이 아닌 웃는 모습이 얼마나 행복한지 느낄 수 있을 것이다.

21

화나면 집에 가는 아이

이런 녀석 꼭 있다!

민철이 특공대

우리 반에는 특공대가 있다. 그 이름은 바로 '민철이 전담 특공대'다. 이 특공대는 민철이가 집으로 도망갈 때마다 민철이를 잡으러 가는 역할을 한다. 아이들은 그런 '민철이 전담 특공대'가 된 것을 몹시 자랑스럽게 생각하고 있다.

민철이는 수업과 관계없는 다른 책을 읽다가 지적당하기는 하지만, 평소에는 아

이들과 잘 어울리고 공부도 잘한다. 하지만 민철이가 가진 결정적인 문제가 있는데, 그건 바로 화가 나면 집에 가 버리는 것이다.

친구들과 싸워서 혼이 나거나 체육 시간에 경기를 하다가 자기편이 억울하게 졌다 싶으면 씩씩거리며 화를 내다가 가방을 싸서 집에 가 버린다.

처음에는 아이들이 달려와서,

"선생님, 민철이가 축구할 때 친구들이 골키퍼를 잘 못해서 졌다고 하니까 화를 내며 집에 가 버렸어요."

라고 하는 것이다.

이 말을 듣고 너무나 당황을 해서,

"얘들아, 빨리 민철이 데려와."

라고 말하자마자 남자아이들 대여섯 명이 우르르 달려갔는데, 얼마 후 벌써 집에 갔는지 안 보인다며 돌아왔다. 그런데 재영이는 다른 아이들이 그만 학교로 돌아가자고 했는데 끝까지 민철이를 쫓아갔다는 것이다. 이러다가는 큰일이 나는 게 아닌가 싶어서 회장인 현섭이에게 재영이를 데려오라고 했다.

이렇게 민철이가 집에 가 버리는 바람에 우리 반은 거의 한 시간 동안 공황 상태에 빠져 있었다. 한 시간이 조금 지나서 재영이와 현섭이가 땀을 뻘뻘 흘리며 교실로 들어섰다. 비록, 민철이는 데려오지 못했지만 재영이를 보니 반가웠다.

이렇게 화가 나면 집에 가 버리는 민철이를 어떻게 하면 좋을까?

2. 그 녀석과 나

화만 나면 집에 가 버리는 버릇을 어떻게 고쳐 준담.
다른 아이들이 보고 있으니 이 상황을 슬기롭게 넘겨야 할 텐데……. 이 아이를 어떻게 집에 못 가게 하지?
이번에 단단히 버릇을 고쳐 놔야지. 앞으로 집에 가 버리면 다시는 학교에 못 온다고 해야지. 그리고 부모님도 불러야겠어.

3. 그 녀석의 이유

화나면 집에 가 버리는 아이들은 그리 흔하지 않지만, 한 학년에 1~2명 정도는 볼 수 있다. 예전에는 교사가 집에 가라고 해도 "선생님, 학교에 있을 거예요." "학교에 있게 해 주세요."라고 사정하며 버텼다. 그러나 요즘은 오히려 교사가 아이의 가방을 붙잡고 못 가도록 실랑이하는 모습을 볼 수 있다. '화나면 집에 가 버리는 아이들'이 점점 늘어만 가는 현실이다.

상황을 회피하기 위해

수업 도중 집에 가 버리는 아이의 가장 큰 목적은 당장 당면한 상황을 모면하기 위해서다. 일단 그 상황을 떠나 집에 가게 되면 집에서야 어떻든 학교에서 겪게 되는 어려움은 피할 수 있기 때문이다. 대부분의 아이는 상황을 받아들이고 헤쳐 가려 하지만 집에 가는 아이들은 상황을 받아들이고 해결하려 하기보다 일단 회피하고 보자는 생각이 크다.

집이라는 안전한 곳으로 숨어 버리는 것인데 대부분 문제 해결 능력이 떨어지는 아이들이 이런 행동을 취한다.

부모의 과잉보호

수업 도중 집에 가는 아이들을 살펴보면 부모의 과잉보호를 받는 경우가 있다. 부모가 '학교에서 어려운 일이 있으면 언제든지 엄마에게 연락해라.'라는 식으로 평소에 아이를 과잉보호하는 것이다. 이런 아이는 집에 가면 부모가 자신의 문제를 해결해 줄 것이라 믿고, 한편으로는 자신이 어떤 일을 해도 받아 줄 것이라는 기대감으로 학교를 박차고 집에 가는 것이다.

이차적 이득이 있기 때문에

집에 감으로써 부모의 관심을 더 받게 되거나, 컴퓨터 게임을 할 수 있는 등의 이차적인 이득 때문에 집에 가는 아이가 있다. 평소에 부모가 자신에게 관심을 가지지 않다가 자신이 수업 도중 집에 갔더니 큰 관심을 가지고 대하는 것을 보고 관심을 받기 위한 수단으로 그럴 수도 있다.

집에 아무도 없을 경우

집에 부모님이 계시면 아이들이 수업 도중에 집에 가기는 쉽지 않다. 부모님에게 혼날 것이 뻔하기 때문이다. 집에 가는 아이들 중에는 낮에 부모님이 집에 안 계신 경우가 많다. 집에 가도 자신을 혼낼 사람이 없고, 만약 교사가 연락을 하지 않는다면 무사히 넘어갈 가능성도 높기 때문에 이런 행동은 종종 재발된다. 게다가 부모가 자녀에게 무관심하다면 가능성은 더욱 높아진다.

쌤! 이렇게도 해 봐요

안경 바꿔 쓰기

교사도 반성의 시간 갖기

아이가 집에 가 버렸을 경우, 대부분 아이에게도 문제가 있지만 교사도 자신을 되돌아보는 시간을 갖는 것이 반드시 필요하다.

'나의 어떤 행동이 아이를 집에 가게 했는가?'

'평소 아이와 특별한 갈등은 없었는가?'

'자신의 대처 방법은 옳았는가?'

'평소 아이들을 다루는 데 문제점은 없었는가?'

이와 같이 자신을 되돌아보는 시간을 가져 자신의 문제점을 파악하고, 고칠 수 있도록 한다. 그래야만 다음에는 똑같은 실수를 반복하지 않게 될 것이다.

함께 세우기

학급 규칙으로 만들기

학급에 이런 아이가 있다면 수업 도중에 집으로 갈 경우에 대한 학급 규칙을 만들고, 모든 아이가 볼 수 있도록 붙여 놓는다. 예를 들면, 열이 38도 이상이거나 구토를 하는 등, 몸 상태가 좋지 않은 경우에 갈 수 있거나 혹은 부모의 요청이 있을 때,

교사에게 특별히 허락을 받았을 경우를 제외하고는 수업 도중 집에 갈 수 없음을 명확히 한다.

이렇게 하는 것은 집에 가는 것을 대수롭지 않게 생각하는 아이에게 본인의 행동이 학급 규칙을 어기는 것이 될 수 있음을 알도록 하여 습관적으로 집에 가는 행동을 예방할 수 있다.

그 녀석과 둘이서

수업 도중 아이가 집에 가려고 할 때

집에 가 버린 후에 조치를 취하는 것보다 집에 가기 전에 효과적으로 대처해야 한다.

교사가 흥분한 채 아이를 대하지 않기

아이가 씩씩거리며 화를 내거나, 자기가 잘못해 놓고 오히려 집에 가겠다고 가방을 챙기고 있으면 교사도 화가 나는 건 당연하다. 하지만 이때 교사는 자신의 화난 감정을 그대로 표출해서는 안 된다. 화를 내면 오히려 아이의 화나 불안을 가중시켜 집에 갈 빌미를 더 제공하게 되는 경우가 많다. 또한 다른 아이들에게 교사가 화를 내거나 실랑이를 벌이는 모습을 보이는 것은 교육상 바람직하지 않다.

그러기 위해서 마음속으로 '10'까지 센다든지, 크게 심호흡을 하는 등 스스로 마음을 가라앉힐 수 있는 방법 한 가지 정도는 가지고 있는 것이 좋다.

아이 또한 가방을 놓고 화난 마음을 가라앉히기

교사가 화를 가라앉히는 것도 중요하지만 아이의 화를 가라앉히는 것도 중요하다. 차분하고 조용한 목소리로 단호하게 말한다.

"네가 화가 났다는 건 선생님도 충분히 알고 있어. 하지만 네가 그대로 집에 가는 것은 옳지 않다는 생각이 드는구나. 선생님도 지금 화가 나지만 화를 가라앉히고 있는 중이란다. 너도 가방을 내려놓고 잠시 마음을 가라앉히기 바란다."

아이가 계속 고집을 피운다면 타임아웃 시키기

아이가 계속 가방을 내려놓지 않고 흥분 상태에 있다면 아이를 잠시 타임아웃 장소에 가 있도록 한다. 타임아웃 장소에 안 갈 경우 교사가 완력으로 일정 시간 동안 잡고 있는 것도 필요하다.

타임아웃이 끝난 후에 아이와 함께 이야기하는 시간을 갖기

타임아웃 동안 아이의 마음이 조금 가라앉았다면 다음과 같은 내용을 이야기하여 화가 났을 때 집에 가는 행동은 문제 해결에 전혀 도움이 되지 않으며, 오히려 득보다 실이 많음을 알도록 한다.

- ○ 왜 화가 났니?
- ○ 왜 집에 가려고 하지?
- ○ 학교에 남아 있을 때는 어떤 좋은 점이 있을까?
- ○ 집으로 갔을 때는 어떤 좋은 점이 있을까?
- ○ 부모님께 이 상황을 어떻게 설명해야 할까?
- ○ 내일 아침에는 어떻게 학교에 올 거니?
- ○ 학교 생활을 하면서 친구들이 너를 어떻게 생각할까?

집에 가 버렸을 경우 반드시 부모에게 연락하기

아이가 집에 가는 것을 막기 위한 교사의 노력에도 불구하고 아이가 집에 가 버렸다면, 교사는 반드시 부모에게 연락을 해야 한다. 일부 교사들은 부모에게 연락하는 것을 나중으로 미루는 경우가 있는데, 이는 자칫 위험할 수도 있다.

학교에 온 이상 안전에 대한 책임은 교사에게 있기 때문에 부모에게 연락하여 상황을 설명한 후 조치를 취할 수 있도록 협조를 구해야 한다. 부모가 직장에 있다면 다른 사람의 도움을 구해서라도 아이의 소재를 담임 교사에게 알려 주도록 부탁한다.

그리고 아울러 부모에게 문제가 무엇이든 간에 학교에서 있었던 일은 학교에서 해결하고 오는 것이라고 아이에게 이야기하게 하여 아이를 학교로 돌려보내도록 해야 한다.

이것만은 반드시 피하세요

많은 교사가 아이가 수업 중에 집에 갔을 때 흔히 취하는 행동이 있다. 즉, 다른 아이들을 시켜서 그 아이를 찾아오게 하거나 집에 가 보도록 하는 것이다. 하지만 이것은 절대로 삼가야 할 일이다. 교사의 지도 감독 없이 아이를 찾으러 갔다가 오히려 아이들이 사고가 날 수 있으며, 그들의 학습권도 빼앗는 것이 되기 때문이다.

그렇다고 교사가 많은 아이를 남겨 놓고 한 마리 양을 찾으러 나가는 일은 더욱더 안 될 일이다. 학교에서 아이를 찾으러 갈 만한 대체 인력은 없으므로 앞에서도 언급하였듯이, 부모에게 연락하여 도움을 청하는 것이 현재로선 최선의 방법이다.

부득이하게 찾으러 가야 할 경우에는 학년부장, 교감과 의논한 후 옆 반 교사나 교과 교사에게 부탁하는 등 학급을 맡을 대체 인력을 확보한 후 찾으러 가야 한다.

또한 만약의 사고를 대비하여 반드시 진행 상황에 대해 시간과 함께 기록을 남기도록 한다.

아이가 돌아왔을 경우

아이가 학교로 돌아오면 돌아온 것에 대해 칭찬해 주기

자의든 부모의 설득에 의한 것이든 돌아왔다면 칭찬해 주어 아이가 다시 돌아오기를 잘했다는 생각이 들도록 해야 한다. 교사와 학생 간에 해결해야 할 문제는 이것과 별도로 다루어야지 처음부터 다시 돌아온 아이에게 다짜고짜 문제를 들먹이며 혼을 내서는 안 된다.

아이가 돌아온 후에는 문제에 대하여 별도로 상담하기

아이가 돌아온 후에는 일단 안심을 시키고, 방과 후에 별도로 오늘의 문제에 대하여 이야기하는 시간을 갖도록 한다.

"왜 화가 났었니?"
"왜 집에 가 버렸니?"
"집에 갔을 때 어떤 느낌이 들었니?"
"어떤 생각을 가지고 학교에 돌아왔니?"

이때 먼저 아이의 이야기를 충분히 들어 주고 아이의 마음을 읽어 주되, 수업 도중에 집에 가는 것은 옳지 않은 일임을 명확하게 이야기한다. 그리고 앞으로 이러한 일이 발생했을 경우 어떻게 문제를 해결할 것인지에 대하여 구체적으로 이야기를 나눈다. 대부분 이러한 아이들의 경우, 문제 해결 능력이 떨어져 무조건 집에 가는 것이므로 앞으로 이러한 일이 있을 때 할 수 있는 일들을 적어 가며 하나씩 구체적으로 이야기하고, 나중에 이것들 중에서 선택하여 문제를 해결할 수 있도록 해야 한다. 또한 앞으로 수업 도중에 집에 가는 것을 예방하기 위해 행동 계약서를 쓰고 지키도록 한다([활동지 5-1] 참조).

가정과 어깨 맞추기

아이가 집에 가 버렸을 경우, 일단 부모와의 통화로 신속한 조치를 요구한 다음, 별도로 아이의 문제에 대하여 부모와 상담을 해야 한다. 부모와 통화를 할 때 아이를 찾는 것에 대한 교사가 가진 한계점과 아이의 소재를 파악하는 등의 부모가 해야 할 책임을 명확히 이야기한다.

집에 가는 아이들을 보면 부모의 태도가 상당히 중요한 것임을 알 수 있다. 집에 가는 행동이 처음 있는 일이라면 아이가 집에 가 버린 직후 통화를 할 때 부모가 단호한 행동을 취하도록 강력히 요청해야 한다. 하지만 이 행동이 습관적으로 반복된다면 반드시 부모와 별도의 상담을 통해 아이의 문제 행동의 원인을 정확히 파악하고 부모의 대처 방식에 대하여 이야기하는 시간을 가져야 한다.

"아이가 왜 이런 행동을 하게 되었을까요?"
"아이가 수업 도중에 집에 왔을 때 어떠한 태도로 아이를 대하셨나요?"
"평소 아이에게 수업 도중 집에 오는 것에 대하여 어떻게 말씀하셨나요?"
"평소 이런 일이 있을 때 아이의 행동 패턴은 어땠나요?"
"부모가 발견한 교사나 친구와의 문제점은 없었나요?"

이와 같이 자세한 이야기를 나누어 아이의 문제를 함께 해결해 나갈 수 있도록 한다.

22

불평불만이 많은 아이

이런 녀석 꼭 있다!

불평꾼 재식이

4학년 아이들에게 그동안 준비한 현장학습에 대해 안내하는 시간이었다.

"이번 현장학습은 우리가 배우는 사회과 단원과 관련지어 서울 시내를 한 바퀴 돌아보는 서울 투어예요. 자세한 안내는 가정통신문을 통해 다시 할 거예요. 기대가 되지요?"

그런데 낯익은 재식이의 목소리가 끊임없이 들려온다.

"에이, 난 싫어요. 시시하게 서울 투어가 뭐예요? 다른 학교는 놀이동산에 가는데……."

"더 좋은 데 없어요? 하루 종일 차 타는 건 정말 싫어요. 전 멀미도 심하단 말이에요."

"차라리 KTX를 타고 부산을 갔다 오는 건 어때요?"

"자리는 좋아하는 사람과 앉게 해 주세요. 싫어하는 사람과 함께 앉으면 짜증나요."

나는 말할 틈도 없다.

'어머나! 선생님, 그날이 빨리 왔으면 좋겠어요. 빨리 가고 싶어요. 카메라 가져와도 돼요?'

이런 식으로 반응하면 나도 아이들도 신이 날 텐데…….

'저 불평쟁이 아이의 버릇은 어떻게 고칠까? 쟤만 떼어 놓고 갈 수도 없고…….'

2. 그 녀석과 나

그래? 그럼 너 혼자 잘 가라. 넌 선생님이 말할 때마다 꼭 투덜거리더라.
그럼, 대안을 제시해 봐! 그렇게 불평만 하지 말고!
속으로, '또 저렇게 나올 줄 알았어. 네가 언제 좋은 말을 하겠니?' 하며 무시한다.
저 불평하는 버릇을 고쳐 놔야지. 저 녀석 땜에 늘 맥이 빠진단 말이야.

3. 그 녀석의 이유

사고형 기질의 소유자

기질적으로 사고 성향(T 성향)이 있는 아이들은 가끔 불평이나 불만을 맡아 놓고 한다는 오해를 받는다. 사고형 아이들은 다른 사람의 기분을 고려하는 감정적인 면은 약하기 때문에 감정 성향(F 성향)의 사람들이 보기에 불평하거나 비판하는 것처럼 보이기 때문이다. 교사의 의견에 동조하지 않고 반대 의견을 내게 되면 때로는 반항하는 것처럼 보이기도 하지만 타고난 성향으로 이해하면 수용할 수 있다.

* 성격유형 검사인 MBTI에 따르면, 행동을 결정하기 위한 판단 기능을 사고형(T, thinking)과 감정형(F, feeling)으로 나눈다.

나의 존재를 알아줘요

자신의 존재를 다른 사람에게 알리고 싶어 하는 동기에서 불평을 하기도 한다. 교사와 다른 의견을 말함으로써 자신은 남과 다름을 스스로도 확인하고 남에게도 확인시켜 주고 싶은 것이다.

부모를 닮음

불평을 많이 하는 아이들의 부모를 보면, 대개는 그 부모도 불평을 많이 하는 모습을 발견할 수 있다. 어린 아이들은 성장하면서 자연스럽게 부모의 대인관계 양상이나 언어 습관을 모델링한다. 부모가 불평이나 불만을 자주 표출하는 것을 보았기 때문에 자녀도 그러한 상황이 되면 자연스럽게 불평을 하게 된다. 이것은 가족의 의사소통 문화를 자연스럽게 반영하는 것이다. 본인은 그러한 분위기에 익숙해져 있어서 그것이 불평이라는 것을 전혀 인식하지 못하고 반복적인 행동을 한다.

인기를 끌기 위해

아이들 중에서는 남과 다르게 불평을 많이 하면서 친구들에게 인기를 끌려고 하기도 한다. 남들은 용기가 없어서 못하는 불평불만을 큰 소리로 말하면서 아이들의 반응을 즐기는 것이다. 그러나 수업 시간의 방해 행동에 대해서는 다음과 같은 단호한 제지가 필요하다.

"나는 너의 그 용기와 남다른 생각은 인정하지만 이 시간에는 환영할 수 없구나."

낮은 자존감

자존감이 낮은 아이들은 다른 사람을 향해 불평불만이 많다. 자존감이란 자기 자신을 소중한 존재로 인식하여 매사에 긍정적인 생각을 하고 새로운 상황에서도 도전을 할 수 있는 심리적인 힘을 말한다. 자존감이 높은 아이들은 스트레스에 직면하거나 어려움에 부딪힐 때 문제 자체에 관심을 가지고 문제 해결을 위해 애쓰지만, 자존감이 낮은 아이들은 문제 해결보다는 친구들을 원망하고 책임을 돌려 인간관계에 금이 가는 일이 생긴다.

자존감 구성 요소

학업 자존감	사회적 자존감	신체적 자존감
↑	↑	↑
국어, 수학, 사회 과학, 예체능 과목	가족, 친구, 교사 등 대인관계	신체 기능, 외모 이미지

스트레스가 많은 아이

지나친 스트레스와 긴장감에 눌려 있어도 불평을 많이 한다. 학교 공부에 눌려 스트레스가 많은지, 집안에 복잡한 문제가 있어서 늘 힘들어하는지, 다른 친구들에게 혹시나 압박당하고 있지는 않은지 살펴볼 필요가 있다.

쌤! 이렇게도 해 봐요

안경 바꿔 쓰기

창의성이 잠재된 아이로 보기

환경에 순응적인 아이들은 교사의 설명이나 안내를 일단 긍정적으로 받아들인다. 그러나 자기 속에 다른 생각이나 의견을 가진 용기 있는 아이들은 곧바로 불평의 소리를 낸다. 그럴 때 그 아이를 핀잔주기보다는 내면에 창의적인 생각이 있음을 알아주어 인정해 주면 단순히 불평하는 태도가 누그러진다. 다른 의견이 있을 때는 정당한 방법으로 예의를 갖추어 의견을 제시하도록 지도하면 불평하는 자세를 교정할 수 있다.

신체적 건강 체크하기

만성적인 질병을 가지고 있는 경우에도 불만을 가지고 불평을 할 수 있다. 신체적인 컨디션이 좋지 않아서 늘 짜증을 잘 내고 무언가 부담되는 일이 주어질 것 같으면 불평부터 하는 아이들이 있다. 아이들을 잘 관찰해서 신체적 건강이 안 좋다고 생각되면 부모에게 병원 진료를 받아보도록 권유한다.

존재감을 갖도록 인정해 주기

언제나 불평불만을 하는 아이들을 보면 교사도 즉각적으로는 기분이 안 좋아진다. 그래서 자동적으로 무시하거나 핀잔을 줄 수 있다. 그러나 거울의 뒷면을 보듯이 그 아이의 반대 측면을 생각해서 말해 주도록 한다.

"아, 너 거기 있었구나."

"아, 너는 다른 생각이 있구나."

라고 말해 주어 자기의 존재를 교사가 인정한다는 생각을 갖도록 해 준다. 이렇게 아이들이 인정받다 보면 자기를 알아주는 사람 앞에서 불평스럽게 말하는 행동이 점점 사라질 것이다.

함께 세우기

대안 없는 단순 불평에 벌점 주기

학급 규칙을 정할 때 의도적으로 언어 생활에 대한 영역을 설정한다. 고운 말을 쓰도록 권장할 뿐만 아니라 불평이나 비난하는 말을 하지 않도록 제한을 설정한다. 대안을 제시하지 못하고 단순 불평을 많이 하는 학생에게 벌칙을 적용하는 것이다. 건설적인 비평을 하는 것은 허용하도록 한다.

벌칙 예시(벌칙 내용에 따라 시간 제한을 두도록 함)

- ○ 부모님께 감사한 일 10가지 이상 말하기
- ○ 선생님의 좋은 점 3가지 이상을 10초 이내에 말하기
- ○ 우리 학교의 자랑거리 5가지 이상 말하기
- ○ 내 짝꿍의 좋은 점 3가지 이상 말하기
- ○ 지금까지 자라는 동안 감사한 일 5가지 이상 말하기
- ○ 오늘 날씨는 어떤 사람들에게 좋을지 3가지 이상 말하기

옛 이야기를 통한 지혜 발견

우산장수와 짚신장수

옛날에 두 아들을 둔 어머니가 살았습니다. 큰아들은 우산장수이고 작은아들은 짚신장수입니다. 그런데 이 어머니는 근심이 끊일 날이 없었습니다. 왜냐하면 햇볕이 쨍쨍 내리쬐는 맑은 날엔 우산장수 아들 걱정을 하느라고 하루 종일 마음이 편치 않았기 때문입니다.

'아유, 이렇게 날이 더우니 우산이 안 팔릴 텐데 우리 큰아들 장사가 안되어 어쩌나? 햇볕은 왜 이렇게 쨍쨍 내리쬔담!'

이러다가 비가 오는 날이 되면 또 걱정입니다.

'아유, 이렇게 비가 오면 짚신장사 하는 우리 작은아들 장사가 안되는데 어떻게 하지? 비 좀 그만 내릴 수 없을까?'

이런 식으로 매일매일 날씨에 대한 불평이 끊이지 않았고, 두 아들에 대한 걱정으로 마음이 불편하였습니다.

이 이야기를 바꿔 보도록 과제를 준다. 불평하는 마음을 바꿀 수 있는 좋은 아이디어를 낸 아이를 칭찬하거나 상을 준다.

아무리 힘든 상황이라도 생각하기에 따라서 긍정적인 상황으로 만들 수 있음을 발견할 수 있다.

누가 누가 잘하나?

아이들 중에서는 누구나 좋게 생각하는 상황에서도 늘 부정적인 생각과 행동을 하는 아이들이 있다. 예를 들어, 학예회를 보고 나서 소감문을 쓴 것을 봐도 대부분의 아이들이 '재미있었다.' '또 했으면 좋겠다.'라는 식의 표현을 하는데, 어떤 아이들은 '재미없었다.' '지루했다.' '이런 것은 하지 말았으면 좋겠다.'라는 반응을 보인다. 긍정적인 생활 태도는 학교 생활에서 좋은 학업성취와도 관련이 있다는 연구 결과도 있음을 볼 때 부정적인 아이들의 생각의 패턴은 바로잡아 주어야 한다.

다음과 같은 게임을 해 보자. 즉, 일반적으로 긍정하기 힘든 상황을 제시한 후 아이들과 함께 누가 긍정적인 생각을 가장 많이 하는지, 또는 남과 다른 것을 찾는지 게임을 한다.

예 비가 와서 운동장 체육을 못하게 된 상황

아이 1) 신발이 안 젖어서 좋아요.
아이 2) 옷도 안 젖어서 좋아요.
아이 3) 그동안 햇빛의 고마움을 잊었었어요. 햇빛에 감사해요.
아이 4) 땀을 안 흘려서 냄새가 안 나서 좋아요.
아이 5) 실내에서 할 수 있는 재미있는 놀이도 많음을 알았어요.

그 녀석과 둘이서

고장 난 레코드 기법 활용하기

고장 난 레코드가 같은 말을 되풀이하듯이 불평이 심한 아이에게는 같은 말을 되풀이해 주어 그 아이 스스로 지겨움을 느끼게 만드는 것이다. 예를 들면 다음과 같이 말한다.

예 급식시간에 반찬이 맛이 없다고 불평하는 아이와 고장 난 레코드 기법을 사용하는 교사

아이: 선생님, 우리 학교 급식은 아주 맛이 없어요.

교사: 급식이 아주 맛이 없다구요?
아이: 네, 그래요.
교사: 급식이 맛이 없다는 말이지요?
아이: 네, 그렇다니까요.
교사: 우리 학교 급식이 맛이 없다구요?
아이: (할 말을 잃고 교사를 바라본다.)

자기 행동 관찰 기록부 쓰기

불평불만이 습관화된 아이가 스스로 고치고자 하는 의지가 엿보이면, 다음과 같은 자기 행동 관찰 기록부를 사용하여 행동 빈도를 줄이도록 한다.

불평하고자 하는 마음이 생길 때마다 기록하게 한다. 스스로 체크하면서 자신이 변해 가고 있음을 확인하게 되면 자기효능감도 높일 수 있는 좋은 기회가 될 수 있다.

이제부터 불평불만은 뚝! - 이름: 김 ○○

날 짜	상 황	나의 말	효 과 (칭찬하기)
7. 16.	내일이 제헌절인데 휴일이 아니어서 좋다 말았다.	"누가 이렇게 만들어 놨어?" 하고 불평하는 대신 친구들과 일찍 나와 축구하자고 했다.	나, 잘 참았다.
10. 5.	우리 분단이 점심을 제일 꼴찌로 먹게 되었다.	평소 같으면 속상해서 누군가의 책임을 묻고 불평을 했을 텐데, "그래 봤자 5분 차이야."라고 스스로에게 말했다.	더 기분이 좋아 진다.
10. 29.	학력고사가 내일인데 오늘 음악 실기시험을 본다고 한다.	"선생님, 너무하시는 것 아니에요?" 하고 따지고 싶었으나 "선생님, 이틀만 연기해 주시면 안 될까요?" 하고 공손히 말해서 허락받았다.	공손히 말해서 허락받아 낸 이 기쁨!!!

와글와글 함께

감정 코칭(coaching)하기

불평불만을 말할 때 그 아이의 감정 상태는 좋지 않다고 볼 수 있다. 아이의 상한 감정을 무시하게 되면 겉으로는 표현하지 않아도 아이는 속으로 더욱 억압을 하면서 불만을 쌓아 두게 된다. 그렇게 되면 교사와 아이의 신뢰관계가 깨지게 되고, 아이는 더욱 불평하는 마음을 가질 수밖에 없다. 이와 같은 경우에 교사는 감정을 코치하는 역할을 함으로써 불평불만을 감소시킬 수 있다.

감정 코칭 과정

- ○ 1단계: 아이의 감정을 포착하기
- ○ 2단계: 그 기회를 친해지고 가르치는 기회로 활용하기
- ○ 3단계: 아이의 감정을 들어 주며 공감하기
- ○ 4단계: 감정을 표현하도록 도와주기
- ○ 5단계: 스스로 문제를 해결하도록 이끌어 주기

다음과 같은 과정에 따라 처음에 제시한 사례를 해결하는 과정을 함께 연습해 보자.

상황: 현장학습을 다녀와서 소감문을 쓰는 시간이 되었는데 별로 쓸 것이 없을 뿐만 아니라 현장학습이 매우 재미없어서 다시는 가기 싫다고 하는 불평이 쏟아지고 있다. "현장학습이 지겹기만 하고 아무 재미도 없었어요. 그런데 무슨 소감문을 쓰라는 거예요. 이러면 다시는 현장학습 안 가요."

단계	내 용	대 화
1	감정 포착하기	현장학습에 많은 기대를 걸었는데 많이 실망했었나 보구나!
2	친해져서 가르치는 기회로 활용하기	네가 실망한 모습을 보니 선생님도 기분이 안 좋구나. 그런데 어떤 부분이 제일 재미없었지?
3	아이의 감정을 들어 주며 공감해 주기	줄을 잘 서도록 하는 것이 부담이 많이 되었구나. 나도 너희 줄 세우느라고 힘들었는데…….
4	감정을 표현하도록 도와주기	자유롭게 다니고 싶었는데 여러 규칙을 지키느라고 얼마나 답답했니?
5	스스로 문제를 해결하도록 이끌어 주기	그럼, 다음 현장학습엔 어떻게 하면 좋을까? 너희도 기분 상하지 않고 선생님도 기분 좋게 다니려면 어떻게 해야 할까?

가정과 어깨 맞추기

가족 간에 칭찬 문화 조성하기

바람직한 대화의 습관은 가정에서부터 형성되어야 한다. 불평불만이 심한 아이는 대인관계에서 부정적인 피드백을 자주 받게 되고, 그렇게 되면 자존감에 손상을 입을 수 있다. 그러므로 부모와 상담을 하여 가족 간에 칭찬과 감사의 분위기가 조성되도록 노력해 줄 것을 당부한다.

순명이네 가족의 가족 친화 활동

순명이네 가정에는 상담 봉투가 준비되어 있다. 이 상담 봉투에는 가족 간에 서로 말하고 싶은 것이나 바라는 것을 적어 넣게 되어 있다. 일주일에 한 번 상담 봉투를 열어 거기에 적힌 내용을 서로 읽으면서 자신의 생각을 말하고 서로에게 공감을 주면서 가족 간에 정을 두텁게 하고 있다. 이런 활동을 통해 상대방의 기분을 좋게 하는 기술이 터득되고 불평불만 대신 서로에게 감사하는 습관을 기를 수 있어서 순명이는 학교에서도 친구 간의 대화 기술이 단연 뛰어나다.

불평불만(상담 봉투)

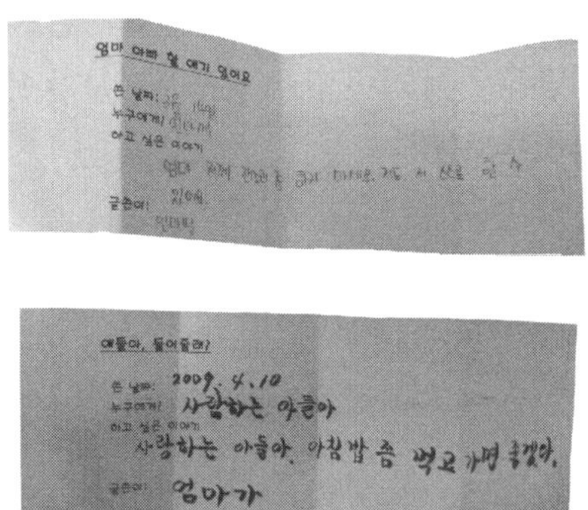

불평불만(상담 내용)

23

항상 거짓말을 하는 아이

이런 녀석 꼭 있다!

또 거짓말을 하는구나

생활부장 선생님이 아침 조회 시간에 분리수거에 대해 특별 훈화를 한 날이다. 교실 뒤쪽엔 분리수거 상자가 종류별로 준비되어 있다. 거의 모든 학생은 분리수거를 잘한다. 그런데 조금 전까지도 없던 비닐주머니가 폐휴지함 안에 들어 있는 것이다.

"누가 이것을 폐휴지 상자에 버렸는지 손들어 봐!"

"선생님, 웅큼이가 그랬어요."

"난 안 그랬어~~. 선생님, 저 안 그랬어요. 억울해요~~~."

하고 소리를 친다.

"선생님, 아침 자습 시간에 웅큼이가 저 비닐주머니 안에서 과자 꺼내는 거 봤어요."

"맞아요. 저도 봤어요."

웅큼이는 이런 순간에도 솔직하게 이야기하지 않고 억울하다는 표정만 짓고 있으니 이럴 때마다 속이 끓는다.

이 상황을 확실히 해결하는 것이 나을지, 아니면 그냥 넘어가는 것이 나을지 잠시 생각한 후, 일단 1교시 수업을 위해 서둘러 마무리를 지었다.

"웅큼이는 이따가 따로 선생님과 만나자."

캔
폐휴지

2. 그 녀석과 나

또 거짓말이야? 애들도
이미 다 알고 있어.
진작 사실대로 말했으면
덜 혼나잖아.
누가 또 속아 넘어갈 줄
아니? 넌 뻔히 아는 것을
거짓말하고 있니?
참 어리석구나.
거짓말과 변명하는 것을
뻔히 알고 있는데
또 거짓말을 하는군. 이젠
말하기도 싫다. 저리 가서
반성문 써 오거라.
이미 거짓말임을 다 알고
있기에 뭐라고 핑계를 대거나
못 들은 척한다.

3. 그 녀석의 이유

매체의 영향력

아이들에게 영향을 많이 미치는 TV 프로그램 중에서 특히 개그 프로그램은 거짓말을 하는 것에 대해 그다지 심각하게 다루지 않고 오히려 능력으로 몰아가기도 한다. 거짓말을 매우 금기시하면서 엄격하게 금하던 과거와는 달리 요즘은 적당한 거짓말로 상대방을 골려 주는 것을 재미로 즐기는 분위기를 매체를 통해 자주 볼 수 있다.

판단력이 미숙한 아이들이 올바른 가치관이 형성되기도 전에 이러한 분위기에 젖으면 도덕적 판단력이 흐려지는 것은 당연하다.

자기 과시의 표현 수단

자기를 과시하기 위해 거짓말을 하는 아이들도 있다. 예를 들면, 한부모 가정인 아이가 일기에 아빠를 자주 등장시켜서 행복한 분위기를 연출한다. 이는 자신의 약점을 숨기고 상상 속에서 현실을 위장하려는 행동이다.

책임 회피적 삶의 태도

성장 과정에서 정직하게 말했을 때 크게 혼난 경험이 있는 아이는 일단 자신의 잘못을 부정하고 보는 삶의 태도를 형성하였을 수 있다. 함께 잘못을 한 아이들은 모두 도망가거나 잘못을 끝까지 인정하지 않아 책임을 면했는데, 자신은 정직하게 말했다가 오히려 불이익을 당했다면 그 이후부터는 일단 자신의 책임을 회피하는 전략을 사용하는 것이다.

상대방을 실망시키지 않기 위해

사람은 누구나 상대방에게 인정받고자 하는 욕구가 있다. 자신을 믿고 기대하고 있는 사람을 실망시키지 않으려는 동기에서 거짓말을 하거나 변명하기도 한다. 비록 잘못을 했더라도 자신에 대한 기대를 포기하지 않도록 하려는 의도에서 그럴 수도 있다.

못마땅하거나 불안감을 느낌

거짓말을 하거나 변명하는 것이 도덕적으로 어긋나는 것이지만 아이들은 무언가 못마땅한 일이 있거나 불안할 때 거짓말이나 변명을 하게 된다. 특별한 일이 없는데 거짓말을 하거나 변명을 하는 아이들은 혹시 주변 여건에 불만이 있거나 못마땅한 일이 있는지를 살펴본다.

복수하고 싶은 마음

누군가에게 복수하고 싶은 마음이 있을 때 일부러 거짓말을 하기도 한다. 예를 들어, 교사와 마음이 맞지 않아 싫어하거나 골탕을 먹이고 싶을 때 자신만이 알고 있는 사실이 있다면 일부러 숨기고 거짓말을 하여 교사에게 복수를 하는 것이다.

쌤! 이렇게도 해 봐요

안경 바꿔 쓰기

아이가 거짓말을 한 원인을 살펴보기

아이의 거짓말이 다른 사람의 주의와 관심을 끌기 위해서인지, 자기의 힘을 과시하기 위해서인지, 책임을 회피하기 위해서인지를 살펴보고, 그에 적절한 대처를 한다.

주의와 관심을 끌고 싶어 할 때	→	충분히 사랑받는다는 느낌을 줌
힘이 있음을 과시하고 싶어 할 때	→	진실을 말하는 순간에 더 인정해 줌
책임을 회피하고 싶어 할 때	→	단호하게 책임을 직시하도록 해 줌

확실한 증거가 확인되기 전에는 아이를 믿어 주기

확실한 증거도 없으면서 의심을 하게 되면 아이를 위축되게 만들 수 있다. 만일 확실한 증거가 있다면, "나는 네가 숙제를 하지 않은 것을 알고 있어."라고 직접 대면하여 말한다. 여러 사람 앞에서 말하는 것은 인격을 존중하지 않는 태도이므로 삼가도록 한다.

아이가 계속 거짓말을 해도 비난하지 않기

설령 아이가 계속 거짓말을 해도 교사는 아이에게 낙인을 찍지 말고 그 아이에 대한 기대를 버리지 말아야 한다. "나는 너의 이야기를 이해하기 어렵고 받아들이기도 힘들구나. 이야기를 처음부터 다시 시작해 볼까?"라고 하면, 아이를 거짓말쟁이로 만들지 않으면서도 아이의 말을 그대로 받아들이지 않고 있다는 교사의 마음을 전할 수 있다.

함께 세우기

진실의 힘 찾아보기

아이들과 더불어 정직, 진실이 무엇인가에 대해 함께 생각하는 시간을 갖는다. 그리고 참된 정직이란 거짓말이나 변명하지 않는 것이 아니라 자신의 잘못을 솔직하게 말하는 것임을 강조한다. 크럼볼츠(J. D. Krumboltz)는 "거짓말을 하는 아이가 거짓말을 하는 그 순간이 참말을 가르칠 수 있는 순간(If a child can learn to lie, he can learn to tell the truth)"이라고 말했다.

참된 정직을 지도할 때는 다음과 같은 순서로 말한다.

① 정직은 잘못한 것을 시인하는 것이다.
② 정직하기 위해선 용기가 필요하다.
③ 솔직해질 때 사람들로부터 신뢰를 얻을 수 있다.

토크쇼의 여왕 오프라 윈프리 이야기

흑인인 그녀는 어린 시절 외할머니 손에서 자랐는데 가난과 주변 사람들의 냉대 및 폭력 속에서 불우하게 자랐다. 1976년 대학 4학년 때부터 방송에 몸담기 시작하여 지금은 미국 방송가에서 가장 비싼 출연료를 받는 진행자로 성공하였다. 그런 그녀에게도 어린 시절 기억하기 싫은 아픈 상처가 있었지만 그것을 용기 있게 드러내지는 못하였다. 인기가 높아질수록 더욱 감출 수밖에 없었다. 성공을 위해서 어쩔 수가 없었던 것이다.

그러던 어느 날, 방송에 출연한 게스트와 대화를 나누던 중에 게스트가 당한 어린 시절의 성폭력에 대한 이야기를 듣는 동안 오프라 윈프리는 몹시 불안해졌다. 왜냐하면 게스트가 당한 아픔은 바로 자신의 이야기였기 때문이다. 그 순간 오프라 윈프리는 용기를 내어 게스트를 위로하며 자신도 어린 시절 똑같이 성폭행당했음을 털어놓았다. 오프라 윈프리가 어린 시절 친척에게 성폭행을 당했다는 아픈 과거를 털어놓자 방송국 전체는 울음바다가 되었다. 그 장면이 미국 전역에 방송으로 나갔을 때 많은 사람은 어린이에 대한 폭력의 심각성과 잔인성을 깨달았다. 항상 진실만을 말하는 것을 신조로 삼은 그녀의 용기 있는 고백이 미국을 감동시켰고, 그 사건 이후 그녀는 더욱 신뢰받는 방송인으로 인기가 올라갔다.

선택한 행동은 자신이 책임져야 함을 받아들이기

아이들의 일상생활에서 자신이 선택할 수 있는 일과 선택할 수 없는 일을 구분하게 한다. 그래서 아이나 어른이나 살아간다는 것은 선택의 연속이며, 그 선택의 결과는 자신이 책임지고 수용해야 함을 가르친다. 여러 경우의 대안이 있을 수 있음을 생각해 보는 훈련을 통해 후회 없는 선택을 할 것을 연습한다([활동지 23-1] 참조).

그 녀석과 둘이서

거짓말한 것을 종이에 적기

아이가 거짓말한 것을 알게 되면 의심하는 말을 하거나 아이가 무시받는 느낌을 가지지 않도록 하면서 방금 말한 내용을 종이에 적도록 한다.

"선생님이 생각해 볼 것이 있으니 방금 내가 한 말을 이 종이에 적어 주겠니?"

말로 하는 거짓말보다는 글로 남기는 거짓말이 더 부담이 되기 때문에 아이는 스스로를 생각해 볼 수 있다.

요청하기

거짓말하는 확실한 증거가 없을 때는 그 아이에게 아이가 하는 이야기를 받아들이기 어렵기 때문에 더 자세한 이야기를 해 달라고 요청한다. 아이에게 사실대로 이야기할 기회를 주는 셈이다.

"네 말을 내가 믿을 수 있도록 좀 더 자세하게 말해 주겠니?"라고 말하면 또다시 아까와 같은 거짓말을 해야 하는 부담감 때문에 사실대로 말하게 된다.

비슷한 상황을 가상하여 이야기하기

아이의 문제와 비슷한 가설적인 상황을 들려주고 아이의 생각을 들어 본다. 자신의 문제를 객관적으로 볼 수 있게 하고 그 아이의 도덕적 판단 능력도 알아볼 수 있다. 이야기할 때는 왜 그렇게 생각했는지를 더 알아보도록 한다. 교사와 단둘이 있게 되면 아이의 체면을 지켜 주면서 정직성에 대해 지도할 수 있는 기회가 된다.

진실을 말할 때 칭찬하기

아이가 항상 거짓말을 하는 것은 아니다. 그러므로 아이가 진실을 말할 때를 잘 포착하여 인정하거나 칭찬을 해 주도록 한다. 그러면 아이는 자신감을 가지면서 점점 거짓말을 안 하게 된다.

가정과 어깨 맞추기

부모와 함께

아이가 도덕적인 판단을 할 수 있는 나이임에도 불구하고 거짓말을 자주 하게 되면 부모와 대화를 나누어 봐야 한다. 혹시 욕구불만이 쌓이지는 않았는지, 가정에서 형제 서열에 따라 인정해 주는 정도에 차이가 있지는 않은지, 성적 스트레스가 많지는 않은지를 살펴보도록 한다.

이때 주의할 것은 아이가 거짓말하게 된 동기에 초점을 맞추어야 하며, 결과만 가지고 아이를 판단하여 꾸짖지 않도록 조언을 한다.

와글와글 함께

거짓말 풍선 터뜨리기

거짓말을 한번 시작하면 그것을 감추기 위해 계속 거짓말을 하게 되어 나중엔 감당하기 힘들 정도로 커져 버린다. '차라리 처음부터 사실대로 말할 걸.' 하는 후회를 하게 된다. 아이들과 함께 이런 경험에 대해 이야기를 나누어 보고서 다음과 같은 활동을 해 본다.

맨 앞사람이 빵빵하게 분 풍선을 들고 거짓말을 시작한 후 풍선을 뒤로 보낸다. 풍선을 받은 뒷사람은 3초 이내에 새로운 거짓말을 보태며 또 뒤로 보낸다. 3초 안에 거짓말을 하지 못하면 사회자가 그 사람에게 풍선을 뻥 터뜨리라고 말한다.

> 활동 예시 맨 앞사람: (거짓말 시작) 우리 집에 최신 게임기 있다.
> 사회자: 오늘 너희 집에 가서 같이 놀까?
> 뒷사람 1: 우리 엄마가 아무도 없을 땐 친구 데리고 오지 말랬어.
> 사회자: 너희 엄마가 언제 계시는데?
> 뒷사람 2: 우리 엄마 직장 다니셔서 밤에 오셔.
> 사회자: 어제는 일찍 집에 계셨잖아.
> 뒷사람 3: 어제는 특별히 일찍 오셨어.
> 사회자: 그럼 학교에 한번 가져와 봐.
> 뒷사람 4: 학교에 가져오면 선생님께 혼나잖아.
> 뒷사람 5: 도저히 거짓말을 보태지 못하겠어, 뻥!

활동 후 소감을 말한다. 본 게임은 의도적으로 거짓말을 해야 하는 상황이므로 다소 회의적으로 볼 수 있지만 거짓말은 한번 시작하면 계속하게 되므로 애초에 거짓말을 하지 말아야겠다고 다짐하는 데에 초점을 맞춘다.

[활동지 23-1]

정직한 (   )를 위한 더 나은 행동 선택하기

학년 반 이름:

상 황		나의 선택	결과 및 느낌이나 소감
선생님이 내가 폐휴지 상자에 몰래 담은 과자봉지를 발견하시고 누가 그랬냐고 묻는다. 가슴이 두근두근거린다.	1	창피하니까 손들지 않는다.	나중에 일이 더 커져서 더 크게 망신당하고 후회한다.
	2	얼른 손을 들고 잘못을 빈다.	
	3	혹시 다른 애가 버렸을지 모른다는 생각을 하고 끝까지 시치미를 뗀다.	

- 가장 지혜로운 선택은 몇 번일까요?

- 왜 그렇게 생각했나요?

24

집에 가서 말을 잘못 전하는 아이

이런 녀석 꼭 있다!

사실대로 말하거라

아이들이 모두 돌아간 교실에서 다음날 가르칠 내용을 준비하고 있는데, 한 어머니가 헐레벌떡 교실에 들어와서 따지듯이 언성을 높여 말했다.

"선생님, 해도 해도 너무하시는 것 아니에요?"

"어머니, 무슨 말씀을 하시는지 잘 모르겠네요. 제가 이해할 수 있도록 자초지종을 천천히 말씀해 주세요."

"우리 이순이가 집에만 오면 매일 하는 소리가 '엄마, 우리 선생님은 내가 손을 들어도 안 시켜줘!'라고요. 이 말 들을 때 얼마나 속상한지 몰라요. 저도 참다 참다 이렇게 왔어요. 오늘도 여러 번 손을 들었는데 한 번도 안 시켜 주었다고 하던데, 대체 이유가 뭐예요?"

아이들에게 골고루 발표 기회를 주려고 그렇게 애를 쓰는데도 이순이는 왜 사실과 다른 말을 했을까?

답답했지만 일단 어머니의 감정을 가라앉혀야겠다는 생각으로 의자를 끌어다 자리에 앉으시라고 말했다.

2. 그 녀석과 나

이순이 이 녀석 좀 봐라. 혼을 내줘야겠네. 내 진심을 모르고 엄마한테 가서는 엉뚱하게 말하다니!
너 사실과 사실 아닌 것을 구별 못하는 아이니? 오늘만 해도 너 발표 몇 번 했어?
어디 한번 따져 봐야겠다. 어째서 이순이는 집에 가서 사실과 다르게 말하는 걸까?
이순이 어머니, 너무 과장하는 것 아냐? 분명히 이순이는 학교에선 그런 낌새가 없었는데……

3. 그 녀석의 이유

순간적인 둘러대기가 버릇됨

어린 아이들이 순간적으로 둘러대는 경우는 두 가지가 있다. 하나는 사실과 상상을 구별하지 못해서이고, 또 하나는 스스로 잘못했다고 느낄 때 처벌을 받을 것이라는 두려움 때문에 둘러대기를 하는 것이다. 전자는 정상적인 발달 과정에서 잠깐 나타났다가 사라지는 현상이므로 크게 나무랄 필요가 없다.

욕구 충족의 기회로 삼기 위함

자기 욕구를 충족하려고 집에 가서 다르게 말하는 경우는 의도성이 깔려 있다. 만일, 교사의 전달 내용이 자기에게 불리할 것 같으면 얕은 꾀를 써서 자기에게 유리한 내용으로 살짝 바꾸어 전달한다. 또한 부모에게 학교에서의 수행 결과를 과시하기 위해 엉뚱한 내용으로 바꾸어 전달하기도 한다. 이러한 것들은 모두 이야기 전달 과정에서 자신의 욕구를 충족시키는 기쁨을 맛보기 위한 방법이다.

선택적 기억

아이들은 자기에게 유리한 쪽으로 생각하거나 인상적인 것만 선택하여 기억하는 경우가 있다. 이것은 옳고 그름을 판단하기 힘든 것으로, 아이들의 심리를 이해해야 한다. 아이가 나빠서 그런 것이 아니라 자신의 기대나 기억하고 싶었던 부분만을 확대해서 말했다고 이해해 주는 편이 낫다. 부모 중에는 가끔 이러한 이해가 부족하여 아이의 선택적 기억을 전체로 확대 해석하여 필요 이상으로 흥분하면서 학교로 달려오기도 한다.

사례 예) 얘들이 나를 발로 차고 던졌어요.

실제로 있었던 일이다. 한 교사가 하교 지도를 마치고 교실에 돌아오니 어떤 남학생이 교실 바닥에 누워 꿈쩍도 않고 있었다. 의아해하는 교사에게 "얘들이 나를 발로 차고 던졌어요."라며 누운 채로 아이들의 잘못을 일러바치는 것이다. 상황이 매우 심각하게 느껴져서 청소를 중단하게 하고 관련된 아이들을 모두 불러 자세한 내막을 알아보았다. 전후 맥락을 들어 보니 누워 있는 남학생이 자기에게 유리한 쪽만 기억하여 확대해서 말한 것임이 확인되었다.

청소 시간에 함께 협동하지 않고 장난만 치고 있어서 다른 아이들이 "그러려면 아예 하지 마."라고 했더니 "그래. 난 누워서 놀 거야."라며 배짱을 부려서 청소 시간만 길어지게 만들었다. 빗자루질을 하던 아이들이 누워 있는 아이에게 일어나라고 발로 툭툭 건드려도 안 일어나서 여러 명이 들어서 옮겨 놓았는데, 그것이 '얘들이 발로 차고 던졌다.'는 말로 발전된 것이다. 만일 그 아이가 집에 가서 그대로 말을 전했다면 그 부모가 가만히 있었을까?

맥락을 고려하지 않고 말함

아이들은 어떤 상황이 일어나게 된 맥락을 고려하지 않고 자기 이야기만 늘어놓거나 강조하는 경향이 있다. 친구들과 함께 경험했던 상황에서 상대방의 감정이 어떨지, 자신의 이야기가 타인에게 어떤 피해를 줄지를 전혀 생각하지 않고 말하는 것이다. 가정이라는 환경이 아이에게는 가장 편안한 곳이기 때문에 부모에게 말하는 내용 중에는 거의 맥락이 고려되지 않은 이야기들이 많다. 이것은 사회조망 능력이 미처 발달하지 못하였기 때문이라고도 볼 수 있다.

셀먼(Selman, 1975)의 사회조망 능력의 발달 과정

- **0단계 – 미분화적, 자아 중심적 사회조망(3~6세):** 다른 사람들의 물리적 특성과 심리적 특성을 뚜렷이 구별하지 못한다. 사람의 감정과 사고를 관찰하고 인지할 수는 있지만 주관적(심리적) 측면과 객관적(물리적) 측면을 구별하지 못한다.
- **1단계 – 분화적, 주관적 사회조망(5~9세):** 다른 사람들이 자신과는 다른 상황 속에 있거나 다른 정보를 갖고 있기 때문에 자기와는 다른 사고와 감정을 가질 수 있다는 사실을 이해한다.
- **2단계 – 자기 반성적, 두 사람 간의 상호 호혜적 사회조망(7~12세):** 자신의 사고와 감정에 대하여 반성적으로 사고할 수 있는 능력을 가지고 있다. 자신의 심리 상태에 대한 타인의 조망을 예상하고, 이러한 예상이 타인에 대한 자신의 조망에 영향을 미치게 됨을 깨닫는다.
- **3단계 – 제3자의 상호 이해의 관점(10~15세):** 제3자의 관점, 즉 공평한 관찰자의 조망이나 중립적인 조망을 할 수 있는 능력을 가지게 된다. 순환적인 조망을 이해할 수 있으며, 양자 간의 관계에서도 제3자의 입장에서 이해 · 추리가 가능하다.
- **4단계 – 심층적, 사회 구조적 사회조망(12~성인):** 인간의 행동, 사고, 동기 및 감정 등이 심리적으로 결정된다는 것을 이해할 수 있게 된다. 따라서 이 시기의 사회조망은 보다 조직적이고 체계적인 형식을 취하면서 법률과 도덕성으로 발전된다. 사회조망 능력이 정상적으로 발달하게 되면 자신의 사고와 감정에 대해 객관적으로 볼 수 있는 안목이 열린다. 집에 가서 말을 잘못 전하는 아이들은 자신의 말이 어떻게 영향을 미치게 될지 미처 생각하지 못하고 오직 부모에게 인정받고 싶은 마음에서 그렇게 하는 것으로 이해할 수 있다.

담임 교사를 골려 주려고 사실과 다르게 말함

고학년에서 가끔 볼 수 있는 일이다. 아주 소수의 아이들은 담임 교사를 골탕 먹이려는 의도에서 학급에서 있었던 일을 집에 가서 다르게 말하여 교사를 곤란하게 하기도 한다. 가령, 수업 중에 휴대전화로 전화를 걸다가 압수당했을 때 자신의 잘못은 살짝 빼고, '휴대전화를 쓰지도 않았는데 담임이 뺏었다.'고 말한다. 수업 중 방해 행동을 거듭해서 타임아웃을 한 경우에도 교실에서 자기만 내쫓겼다고 왜곡시킴으로써 교사를 곤란하게 하기도 한다.

쌤! 이렇게도 해 봐요

안경 바꿔 쓰기

아이가 집에 가서 말을 어떻게 전하는지는 확인하기가 쉽지 않다. 앞의 사례처럼 부모가 항의라도 한다면 아이가 말을 잘못 전했음을 알고 바르게 해명할 기회라도 가질 수 있다. 하지만 그렇지 않으면 교사는 오해를 받으며 생활하게 된다.

이러한 경우에는 사실과 다르게 말한 아이를 무조건 혼내기보다는 다른 관점에서 지도해 보도록 한다.

아이의 심리 이해하기

아이들은 사실 여부를 떠나서 자기에게 유리한 것을 먼저 생각하고 행동한다. 아이가 말을 잘못 전한 것을 알게 되면 한심한 생각이 들겠지만, 그 아이가 왜 그랬을까를 먼저 생각하여 동기를 알아보고 바르게 지도하도록 한다.

강조했던 내용을 기억하기

혹시 아이가 교사의 전달 내용 중에서 강조되었던 부분만을 기억하고 있는 것은 아닌지를 돌이켜 본다. 아이들은 전후 맥락을 생각하기보다는 인상 깊게 남아 있는 부분만을 선택적으로 기억하는 경향이 있기 때문이다. 가령 학교 급식에 맛있는 것이 나왔을 때 아이들에게 골고루 분배하기 위해 "맛있는 것은 나누어 먹어야지 혼자서 많이 먹으려 하면 안 된다."라고 한 것을 "우리 선생님이 맛있는 것은 먹지 말라고 했다."라고 하는 경우를 말한다. 맛있는 것을 더 먹고 싶었던 아이는 골고루 먹은 것은 생각을 안 하고 자기가 더 먹고 싶은 것을 못 먹은 것만 생각하여 불평하는 말을 집에 가서 전할 수 있다.

함께 세우기

학부모 총회나 가정통신문을 통한 홍보

해마다 3월이 되면 학부모 총회를 한다. 1년 동안 담임 교사의 지도 방향과 내용에 대한 안내를 하고 부모에게 자녀교육에 협조를 요구하는 내용을 소개한다. 이때 이번 주제와 관련한 내용으로 '집에 가서 말 잘못 전하는 사례'를 자세히 소개하는 것이 좋다. 그리고 다음과 같이 안내를 해 준다.

〈알림장을 보실 때 확인할 사항〉
- ○ 알림장 내용은 정확하고 구체적으로 썼는지 확인해 주세요.
- ○ 알림장에 혹시 사실과 다른 내용은 없는지 확인해 주세요.

예를 들어, 성금을 거둘 때 교사는 '희망자는 성금에 참여하기' 라고 써 주지만 아이는 '희망자는'을 빼고 쓸 수 있다. 이렇게 되면 교사의 의도가 와전될 수 있음을 학부모에게 알리고 사실 확인의 필요성을 강조해야 한다.

이렇게 함으로써 불필요한 오해를 예방할 수 있고, 또 부모와 교사 사이에 신뢰관계를 수립할 수 있다. 학부모 총회에 참석하지 못한 부모에게는 꼭 가정통신문으로 전달한다. 문제는 항상 전달받지 못하였거나 직접 듣지 못한 사람들에게서 발생할 수 있기 때문이다.

잘못 전할 수 있는 내용에 대해 예방적인 접근하기

간혹, 교사가 급히 동 학년 모임을 가질 필요가 있어 수업 중 잠깐 교실을 비울 때가 있다. 혹시 아이들 중에는 어쩌다 있는 이런 일을 확대 해석하거나 과장하여 집에 가서 "우리 선생님은 만날 수업 중에 나가서 커피 마시고 온다."라고 잘못 전하기도 한다. 이렇게 와전되면 나중에 수습하기도 힘들고 모양도 우스워진다. 그래서 혹시 집에 가서 말을 잘못 전하는 일이 없도록 사전에 예방지도를 하여야 한다. 아이들에게 사실을 바로 알도록 안내하는 것이다.

"애들아, 선생님들이 수업 중에 잠깐 모여서 의견을 나누어야 할 일이 급하게 발생했는데 어떡하지? 아마 매우 중요한 일 같은데 선생님이 지시하는 것을 잘하고 있으면 선생님이 마음 편하게 다녀올 수 있을 텐데, 선생님 심정을 이해하고 도와주겠니?"

이렇게 동의를 구하고 모임에 갔다가 될 수 있는 대로 빨리 돌아와야 한다. 돌아온 다음에는 반드시 의논했던 내용에 대해 친절하게 알려 준다. 아이들을 위한 모임이었음을 알려 줌으로써 불필요한 오해를 줄이는 것이다. 이렇게 하면 집에 가서 엉뚱하게 오해한 내용을 잘못 전하는 일을 사전에 예방할 수 있다.

학급일지 기록하기

학급일지를 기록하면 여러 면에서 유용하다. 학급일지에는 학교에 등교한 후부터 아이들의 생활을 자세히 기록한다. 아침 자습 시간부터 오전 시간, 점심시간, 오후 시간, 그리고 청소 시간 및 방과 후까지 그 날의 당번이 세세히 기록하고 교사의 확인을 받는다. 혹시 가정에서 오해가 생길 경우에 그 학급일지가 중요한 단서가 될 수도 있다. 기록은 언제나 중요한 정보를 제공해 줄 수 있다([활동지 24-1] 참조).

문자나 이메일로 근거 남기기

부모와 의사소통이 잘 안 되어 교사가 곤란해지는 경우도 간혹 발생한다. 특히 아이의 엉뚱한 말로 상호 간에 오해가 생기지 않도록 근거 자료를 확실히 남겨야 한다. 요즘은 문자를 남기거나 교사의 홈페이지를 활용하여 지도한 흔적을 공개적으로 남겨서 혹시 생길지 모를 분쟁에 방어할 수 있는 자료로 삼을 수 있다.

깜찍한 순영이

오래전의 일이다. 요즘과 달리 학교는 난방이 잘 안 되어 3월도 실내는 매우 추웠다. 계절의 변화에 민감한 여자아이들은 새 학년이 되면 화사한 색깔의 치마를 입고 오기 시작한다. 수업 중 여기저기서 콜록콜록하는 기침소리가 들리기에 알림장에 '교실이 아직 쌀쌀하니 치마를 입혀 보내지 마세요.'라는 글을 써 주었다. 며칠 뒤 알림장을 검사하다가 재미있는 일을 발견했다. 3학년인 순영이가 "치마를 입혀 보내세요."라고 살짝 고친 것이다. 순영이가 바로 가장 먼저 치마를 입고 왔던 아이였다. 귀여운 발상이라고 해야 할지 맹랑하다고 해야 할지……. 그때의 알림장 조작이 아직도 기억에 남아 있다.

그 녀석과 둘이서

사실과 거짓의 영향력을 확인하기

아이는 집에 가서 말을 잘못 전하는 것을 별로 대수롭지 않게 생각할 수 있다. 아이로 하여금 사실과 거짓의 영향력에 대해 생각할 수 있는 시간을 갖도록 해 준다. 간혹 '불우이웃돕기 성금 500원 이상'을 '5000원 이상'이라고 단위를 높여 적어 가는 경우도 있다. 저학년은 실수로 적지만, 고학년은 고의적으로 적기도 한다. 그러므로 대화를 통해 정확한 전달자가 될 것을 다짐하도록 한다.

"네가 만일 선생님이 적어 준 내용과 다르게 적어 가면 선생님이 오해를 받을 수도 있는데 그래도 괜찮겠니? 내가 만일 너에 대해 사실과 다르게 너희 부모님께 말하면 괜찮겠니? 중간 역할을 하는 네가 어떻게 해야 되겠니?"

그리고 만일 사실과 다르게 말한 내용이 있다면 반드시 자신의 입으로 정정하도록 한다. 자신의 선택에 대해 책임을 지도록 함으로써 거짓말을 하고 나면 뒷수습하기가 매우 번거롭다는 것을 깨닫게 한다.

가정과 어깨 맞추기

사실 확인을 먼저 한 후 정직한 태도 형성의 기회로 삼도록 하기

무조건 아이의 말을 믿지 말고 약간이라도 의아한 일이나 이해가 안 되는 일이 있을 때는 직접 교사에게 확인을 하도록 당부한다. 이러한 과정은 아이를 의심하라는 것이 아니고 아이들의 심리를 이해하는 차원에서 진행되어야 한다. 이웃에 같은 학급의 아이가 살고 있으면 꼭 확인을 하여 아이의 말이 일치하는지를 알아보는 것도 좋은 방법임을 알린다.

정직한 태도를 기르도록 하려면 아이로 하여금 사실대로 말하지 않은 것에 대해 반성하고 고치도록 다짐할 기회도 주어야 한다. 용기를 내어 사실대로 말하였을 때는 부모가 아이의 손을 잡아 주거나 꼭 안아 주고, '네가 사실대로 말해 주었구나! 너에 대한 신뢰가 더 깊어져서 다행이다.'라는 말을 해 주도록 부모에게 당부한다.

학부모가 직접 전화를 한 경우의 교사 응대

가끔은 학부모가 직접 교사에게 전화를 걸어오는 경우도 있는데 이런 경우는 차라리 잘된 경우다. 아이의 말만 듣고 오해를 하다가 교사에게 직접 따져보려고 또는 교사가 정말 그랬는지 확인차 전화를 하기 때문에 말에 매우 힘이 들어가 있는 것을 느낄 수 있다.

학부모가 흥분해서 전화할 때 교사는 절대로 함께 흥분해선 안 된다. 심호흡을 하고 마음을 가라앉힌 후에 "전화하시길 참 잘 하셨어요."라고 일단 반응을 한다. 학부모가 하는 말을 모두 다 들은 다음에 학교에서 일어났던 일을 사실대로 차분히 말해 준다. 그리고 "○○에게 다시 한 번 정확한 것을 물어보시길 바랍니다. 아마 전달 과정에서 오해가 있었거나 ○○이가 착각을 하지 않았나 싶군요."라고 정중하게 그리고 권위 있게 응대하도록 한다.

[활동지 24-1]

우리 반의 하루 생활 이렇게 했어요

날 짜　　　　　　　　　　년　　월　　일　　요일　(기록자)____________

교시	한 일 (시간표)	특별한 일 (진도나 변경된 일)	인정 받은 일	지도(꾸중) 받은 일	관계된 사람
자습					
1교시					
2교시					
3교시					
4교시					
점심					
5교시					
6교시					
청소					
개별 상담 및 기타	(객관적으로 기술하되 주고받은 말이나 두드러진 행동 및 대화 내용은 필요에 따라 기록한다.)				
교사 확인	(하루 생활을 보낸 교사의 소감이나 지도 내용 또는 강조하고 싶은 내용을 기록한다.)				

25

다른 사람이 말할 때 끼어드는 아이

이런 녀석 꼭 있다!

툭툭 끼어들지 말란 말이야

오늘따라 앞자리에 앉은 진철이가 장난을 치기에 주의를 주고 있었다. 한참 진지하게 이야기하고 있는데 뒤쪽에 앉은 선민이가 느닷없이 끼어든다.

"선생님, 이따 점심시간에 축구하러 나가도 돼요?"

못 들은 척하고 진철이에게 계속 이야기하는 중인데, 이번에는 미숙이가 한마디 거든다.

"선생님, 진철이는 교과 시간에도 혼났어요."

진철이에게 진지하게 주의 주고 있는데, 여기저기서 끼어드는 아이들 때문에 제대로 이야기를 나눌 수 없다.

수업 시간에도 종종 이런 일이 생겨서 수업의 흐름이 끊기는 일이 다반사다. 무슨 방법이 없을까?

2. 그 녀석과 나

너 왜 자꾸만 끼어드니? 지금 선생님이 네 말을 들을 수 없는 상황이라는 것 눈에 안 보여? 한 번만 더 그러면 혼난다.
또 끼어드네. 그냥 무시하고 내 얘기하자.
너도 말할 때 다른 사람이 끼어드는 거 싫지? 그러니까 그 버릇 고쳐.

3. 그 녀석의 이유

자기 존재감 확인하기

아이들은 '중요한 타인(significant others)'에게 인정받고 싶어 하는 강한 욕구를 가지고 있다. 아이들에게 중요한 타인 역할을 하는 사람은 일차적으로 부모고, 다음이 교사다. 집에 손님이 와서 부모가 이야기를 나눌 때 그 곁을 뛰어다니며 슬금슬금 대화의 장면에 관심을 가지고 끼어드는 것과 마찬가지로 교사가 다른 사람과 말할 때 끼어드는 것이다.

눈치 없음

눈치가 없어서 다른 사람이 대화하고 있는 상황을 고려하지 않고 끼어드는 것이다. 초등학생이 되면 다른 사람의 상황을 고려하는 사회조망 능력이 발달하게 되는데, 이것이 부족하면 자제가 안 되고 끼어들게 된다.

잘못된 대화 습관

가정에서 부모가 말할 때 끼어들기를 해도 별로 제재를 받지 않았던 경우 자연스럽게 그러한 버릇이 생겨 학교에서도 나타날 수 있다.

기다리지 못하는 성급한 성격

기질적으로 서두르는 특성을 가진 사람, 즉 성격이 급한 아이들은 끝까지 인내하며 듣지 못하고 말이 다 끝나기 전에 끼어들기를 자주 한다. 특히 주의가 산만하고 과잉행동(ADHD)을 하는 아이들이 흔히 보이는 현상이다.

쌤! 이렇게도 해 봐요

안경 바꿔 쓰기

네가 말하는 것도 중요하지만 지금은 아니야

교사는 대개 아이가 자주 말을 끊으면 수업이나 생활지도에 방해가 되기 때문에 화를 내거나 버릇을 고쳐 주려 한다. 그렇지만 눈치가 없다고 타박을 주거나 무시하는 등의 방법은 효과적이지 않다. 아이의 마음에 상처를 주어 교사에게 반드시 해야 하는 말도 안 하게 되거나 마음의 문을 닫을 수 있기 때문이다.

아이들은 나름대로 중요한 내용을 교사에게 말한다. 그렇기 때문에 그것을 존중하는 태도를 보여 준 다음, 아이의 잘못된 습관에 대해 말해 주는 것이 바람직하다.

예 선민아, 넌 축구를 좋아하니까 점심시간에 축구하러 나가도 되는지가 너무 궁금했겠다. 그렇지? 그런데 아까 네가 선생님한테 말할 때 선생님이 진철이랑 얘기를 하고 있어서 제대로 대답을 할 수가 없었어. 진철이랑 하던 얘기를 뚝 끊고 네 얘기에 대답을 하면 진철이가 속상해할 수도 있고, 선생님도 꼭 그 시간에 진철이한테 할 얘기가 있었거든. 다음부터 선생님한테 하고 싶은 말이 있는데 선생님이 누군가와 이야기를 나누고 있으면 그 얘기가 끝날 때까지 기다려 주면 어떨까? 그럼 너랑 더 재미있게 이야기할 수 있을 거야.

함께 세우기

원칙 정하기

학기 초 선생님께 말씀드리는 바른 예절에 대해 가르치고 원칙을 지키도록 한다.

선생님께 말씀드릴 때는 이렇게!

① 높임말을 사용한다. 예 내가요 → 제가요

② 수업 시간에는 손을 들고 선생님이 허락하시면 말을 시작한다.

③ 선생님께서 대화를 나누고 계실 때는 대화가 끝나기를 기다린다.

④ 화가 나는 일이 있어도 심호흡을 세 번 한 후 말씀드린다.

⑤ 정말 급한 일로 선생님의 대화 중에 말씀을 드려야 할 때는 양해를 구한다.

예 대화 중에 정말 죄송한데요.

대화 중임을 알려 주기

아이들이 선생님이 대화할 수 없는 상황임을 모른다면 교사가 아이들에게 알려 주는 것도 한 방법이다. '선생님은 대화 중' 카드를 만들어 필요할 때 칠판에 붙여 놓거나 탁상 달력에 올려놓으면 된다.

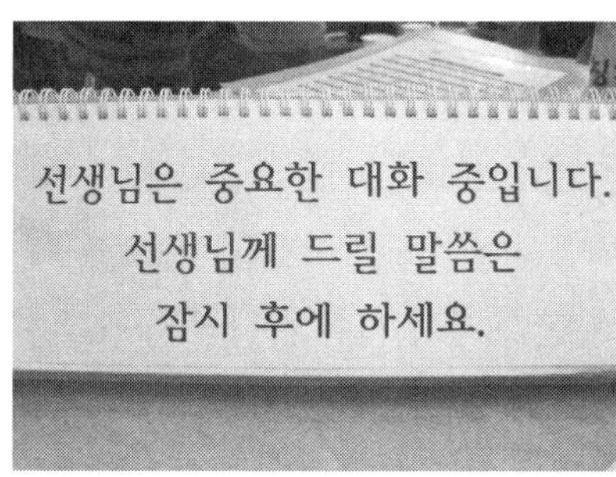

쇼크요법

출처: 교통안전관리공단

말하는 중에 끼어드는 버릇이 상대방에게 얼마나 실례가 되는지에 대해서 별로 심각하게 생각하지 않는 경우가 있다. 그래서 실제로 끼어들기가 얼마나 위험한 사고를 유발하는지 교통사고 현장을 보여 주는 것도 효과적이다.

아이가 대화 중에 끼어들려고 하면 교사가 'stop!'을 외친다. 그때 아이들은 이 사진을 떠올리며 멈칫하게 되고, 이것이 몇 번 거듭되면 자신의 버릇을 스스로 인식하고 확실하게 끼어들기가 줄어든다. 뿐만 아니라 아이들 사이에서도 서로 'stop!'을 외치면서 대화에 끼어드는 것이 현저하게 줄어드는 것을 볼 수 있다.

그 녀석과 둘이서

사과하기

일단 교사가 다른 사람과 대화할 때 끼어들었으면 아이에게 자신의 실수를 인정하고 사과하게 한다. 사과를 정중하게 하기 위해 다음과 같이 연습한다.

> 죄송합니다. 대화하고 계시는데 제가 방해를 한 것에 대해 사과합니다. 다음부터는 이런 실수를 하지 않도록 조심하겠습니다.

자기 조절 경험 모음 기록으로 보상 체제 활용하기

간단한 기록 카드를 활용하여 얼마나 자기 조절을 잘하고 있는지, 그래서 결과적으로 얼마나 끼어들고 싶은 충동을 자제하였는지를 확인하여 적절한 보상을 준다. 이 방법을 잘 활용하면 자기효능감도 키울 수 있고 점점 자신감이 붙어서 유능한 존재로서의 자기존재감도 얻을 수 있다.

(민철이의) 자제력 활용 카드	
날 짜	년 월 일 요일
상 황	선생님이 순영이 어머니와 말씀하고 계실 때 물청소를 할지 여쭈어 보고 싶었다. 그런데 다가가 보니 두 분이 진지하게 말씀하고 계셨다.
나의 선택과 느낌	참고 기다렸다가 말씀이 다 끝날 때까지 다른 일을 먼저 했다. 하고 싶었던 일을 참았더니 결과가 좋았다.

'빨간 신호등' 활용 – 레드카드

다른 사람이 대화할 때 끼어들지 않기로 약속한 후에 만일 규칙을 어길 경우엔 레드카드를 받기로 약속한다. 이것을 '빨간 신호등'이라고 명명한 후 빨간 신호등을 3번 받으면 경고를 받고, 정한 벌칙을 적용한다. 경고를 2번 받으면 좋아하는 것을 빼앗는 벌칙을 준다(예: 점심식사를 제일 나중에 하고 급식대를 정리하기, 체육활동에 참여하지 못하기, 쉬는 시간에 자유놀이를 못하기 등).

부록
학급 규칙을 만들어요

1. 우리 반 학급 규칙(예시)
2. 학급 규칙 만들기

부록 1

우리 반 학급 규칙(예시)

선생님과 학생 사이

서로가 지켜야 할 예절

① 선생님은 학교에서 학생들을 보호하고 사랑해 주시는 어른이다.

② 학생은 선생님께 먼저 인사드리고 선생님께서는 웃음으로 받아 주신다.

③ 선생님께는 높임말을 써서 공손하게 말씀드리고, 선생님께서도 아이들에게 친절하게 말씀하신다.

④ 속상한 일이 있어서 선생님께 말씀을 드릴 때는 가까이 다가가서 선생님께만 들리는 목소리로 차분히 말씀드린다.

선생님께 말씀드릴 때는 이렇게!

① 높임말을 사용한다. (예) 내가요 → 제가요

② 수업 시간에는 손을 들고 선생님이 허락하시면 말을 시작한다. 큰 소리로 앞질러 말하지 않는다.

③ 선생님께서 대화를 나누고 계실 때는 대화가 끝나기를 기다린다.

④ 화가 나는 일이 있어도 심호흡을 세 번 한 후 말씀드린다.

⑤ 정말 급한 일로 선생님의 대화 중에 말씀을 드려야 할 때는 양해를 구한다. (예) 대화 중에 정말 죄송한데요…….

⑥ 선생님께 말씀드릴 때 "나 안 그랬는데요." 대신 "제가 그랬군요."라고 바꾸어 말한다.

⑦ 부모님께 선생님의 말을 전할 때는 '이 말이 정확한가?'를 세 번 생각하고 전

한다. 만일 부모님께 사실과 다른 내용을 의도적으로 전해서 선생님을 곤란하게 했을 때는 부모님도 그 상황을 파악하고 선생님께 함께 사과한다.

학생과 학생 사이

① 우리 반은 다른 친구를 때리거나 싸우고 헐뜯는 등의 폭력이 없는 '평화의 반'이다. 다음과 같은 말이나 행동으로 다른 사람을 괴롭히지 않는다.

친구를 괴롭히는 행동

○ 외모에 대해 말하기, 놀리기	○ 이름 가지고 놀리기
○ 다른 사람을 손가락질하면서 말하기	○ 말 따라 하기
○ 친구를 보며 귓속말로 수군거리기	○ 친구의 부모님에 대해 비웃기
○ 친구가 발표할 때 야유하거나 비웃기	○ 친구에 대한 나쁜 소문내기
○ (장난으로) 친구가 싫어하는 별명 부르기	○ 휴대전화나 개인 홈페이지에서 욕하기
○ 활동을 잘 못한다고 구박하기	○ (장난으로) 친구의 물건 숨기기
○ 째려보거나 못 본 척 외면하기	○ 소외시키기
○ (장난으로) 친구 때리기, 툭툭 건드리기	○ 싫어하는 티 팍팍 내기
○ 돈 가져오라고 하기, 돈 뺏기	○ 친구가 지나간 자리 더럽다고 하기
○ 내 낡은 물건과 친구의 새 물건 바꾸기	○ 친구가 옆에 앉는 것 싫어하기
○ 주기 싫다는데 음식 달라고 자꾸 조르기	○ 친구 위에 군림하기

○ 친구가 이름 부를 때 대답 안 하기
○ 내가 할 일을 친구에게 대신 시키기(청소, 숙제 등)
○ (장난으로) 고의로 친구를 놀라게 하거나 소리 지르기
○ (장난으로) 친구의 물건을 망가뜨리거나 가져가기

② 욕이나 놀리는 말을 하지 않는다. 욕은 아니지만 상대방을 기분 나쁘게 하는 말, 유행하는 말 중 바람직하지 않은 말, 의심스러운 말(애매모호한 말)도 입 밖에 내지 않는다. 특히 어떤 경우에도 친구의 가정 형편으로 놀리는 일은 없게

한다.

③ 우리 반은 파벌을 만들어 친구들 간에 다투지 않는다.

④ 친구를 괴롭히는 행동을 한 아이는 자신의 잘못을 사과한다.

⑤ 고자질을 하지 않는다. 단, 친구가 다쳤다거나 위험한 상황에 처했다는 것을 말하는 것은 고자질이 아니고 사실을 알려 주는 책임감 있는 행동이다.

⑥ 친구들 사이에 돈을 빌리고 빌려 주는 돈거래는 어떤 형태라도 하지 않는다.

⑦ 친구들을 사귀기 위해 먹을 것이나 장난감, 학용품을 사 주지 않는다.

⑧ 친구 집을 갈 때는 반드시 부모님의 허락을 받고 간다. 특히 부모님의 허락 없이 친구 집이나 집 밖에서 잠을 자지 않는다. 친구가 집에 자러 올 때는 친구의 부모님께 반드시 확인한다.

학습 관련

① 등교 시간을 잘 지킨다.

② 숙제를 잘 해 오고, 준비물을 잘 챙겨 온다.

③ 모둠활동에 적극적으로 참여한다.

④ 수업 시간에는 필요한 학습도구만 책상 위에 둔다. 전 시간에 배운 교과서나 학원 교재 등 다른 것은 책상 위에 올려놓지 않는다.

⑤ 선생님이 설명하실 때는 하던 일을 멈추고 선생님의 눈과 입에 시선을 맞춘다.

⑥ 교실에서 내는 모든 목소리는 상황에 맞게 적절한 크기로 낸다. 발표할 때는 큰 소리로 말하고, 모둠별 활동을 할 때는 작은 소리로 소곤소곤 말한다.

⑦ 선생님의 지시 사항을 듣지 못했으면 먼저 옆 친구에게 작은 목소리로 물어본다. 친구의 답을 듣고도 이해가 되지 않으면 선생님께 질문한다.

⑧ 수업 시간에 해야 할 활동을 다하지 못하면 수업이 끝난 후 반드시 다하고 집에 간다.

⑨ 수업 도중에 선생님의 허락 없이 집에 갈 수 없다. 단, 건강 상태가 좋지 않거나 부모님의 특별한 요청이 있을 경우 선생님께 허락을 받고 집에 갈 수 있다.

⑩ 어떤 경우에도 자신의 실력으로 정직하게 평가받는다.

⑪ 학교에서 본 시험지를 학원 같은 곳에 유출하지 않는다.

생활 관련

안 전

① 안전과 관련된 선생님의 지도에 절대 순종한다.

② 교실이나 복도에서는 뛰지 않는다.

③ 친구나 자신을 위험에 빠뜨리는 장난이나 행동은 절대 하지 않는다.

④ 자신의 잘못으로 친구가 다치면 부모님을 모시고 함께 병원에 간다.

물건 관리

① 자신의 물건에는 이름을 쓴다(단, 책가방이나 신발주머니 등에는 안쪽에 이름을 쓴다-유괴 예방).

② 자신의 물건은 자기 자리 및 사물함에만 둘 수 있다.

③ 학급 내에서 남의 물건을 허락 없이 만지지 않는다. 친구나 선생님의 물건은 반드시 허락을 받고 사용한다.

④ 가져다 쓴 물건을 파손하거나 분실하였을 경우에는 똑같은 가치가 있는 물건이나 그에 해당하는 금액만큼을 돌려주어야 한다.

급 식

① 급식을 받는 순서는 모둠별로 정해진 순서를 따른다. 단, 필요에 따라 선생님께서 조정해 주실 경우 순서가 달라질 수 있다.

② 급식을 받을 때 말을 하면 침이 튈 수 있으므로 말하지 않는다. 만약 말해야 할 상황이 되면 고개를 음식 쪽에서 돌려서 말한다.

③ 급식은 기본으로 정해진 양만큼을 받는다.

④ 아프거나 알레르기가 있으면 선생님께 미리 말씀드리고 받지 않는다.

⑤ 먼저 받은 음식을 다 먹고 더 먹고 싶으면 처음 받아간 양(선생님이 정해 주시는 양)만큼만 더 받는다.

우유 마시기

① 우유는 모둠에서 정해진 당번이 가져가고 갖다 놓는다.
② 알레르기가 있거나 소화가 잘 안 되는 아이들은 미리 선생님께 말씀드려 우유를 신청하지 않는다.

신체 위생

몸은 청결하도록 항상 노력한다. 머리를 자주 감고, 손·발톱을 단정히 하며, 목욕을 자주 한다. 실내화도 일정한 주기로 반드시 세탁한다.

컴퓨터, 휴대전화 사용

① 컴퓨터나 휴대전화는 게임을 하기 위한 오락기가 아닌 통신과 정보의 도서관, 생활도구, 문화도구로 유용하게 활용한다.
② 컴퓨터와 휴대전화는 사용 시간과 내용을 정하여 사용하고, 해야 할 일을 마친 후에 한다.
③ 자신의 아이디나 비밀번호를 다른 사람에게 공개하지 않는다.
④ 친구를 비방하는 글이나 욕설, 음란물, 저작권을 침해하는 글 등을 올리지 않는다.
⑤ 자신의 나이에 맞는 게임을 선택하여 하고 일상생활에서 게임의 승패로 친구를 괴롭히지 않는다.
⑥ 음란 사이트 등 이상한 사이트에 접속되었을 때 고민하지 말고 부모님과 상의한다.
⑦ 휴대전화나 컴퓨터 게임 이외에 가족, 친구와 함께하는 시간을 갖는다.

부록 2

학급 규칙 만들기

1. 3월 첫 주에 날을 정하여 4교시 정도는 학급 규칙만 정한다.
2. 교사는 절대 관여하지 않고, 방법만 제시한다. 학급 규칙을 정하는 목적은 벌이 아닌 '서로가 행복해지기 위해서'라는 점을 분명히 밝힌다.
3. '규칙이 필요한 상황'을 아이들의 의견을 통해 정한다. 이때 일정한 방법 없이 그냥 의견을 듣기 시작하면 혼란스러워지기 때문에 모둠별로 규칙이 필요한 상황을 작성하게 한다.
4. 모둠별로 작성이 되면 2~3개의 모둠으로 분단을 형성하여, 분단별로 작성한 종이를 모아 비슷한 것과 첨가할 부분을 정리한 후 발표한다. 발표 내용을 칠판에 받아 적고, 규칙이 필요한 상황을 최종 정리한다. 아이들의 동의를 반드시 구하고 빠진 것은 없는지 최종 확인한다.
5. 확인 후 교사는 표를 만들어 아이들에게 제시한다. 표의 왼쪽은 규칙이 필요한 상황을 적고, 오른쪽은 비워 두어 아이들이 그 규칙을 이행하지 못할 때 해야 할 일을 스스로 생각하여 적게 한다.

규칙	규칙이 필요한 상황	규칙을 이행하지 못하였을 때 해야 할 일
1	예) 수업이 시작되면 그 수업 시간의 책을 펴야 함	왼쪽 상황을 이행하지 못할 때 해야 할 일을 적는다.

6. 규칙을 이행하지 못하였을 때 해야 할 일을 적고 나면, 모둠별로 의논하여 가장 적절한 것을 뽑게 한다. 그리고 난 후 다음의 보기와 같이 표결을 거쳐 최종 결정을 내린다. 표결을 할 때는 자기 분단의 의견이 아니더라도 자신이 생각하기에 가장 적절한 내용에 손을 들게 한다.

번호	지켜야 할 일	모둠 의견			최종 결정
		모둠	의견	표결 수	
1	지각하지 않기	1	지각하면 제일 일찍 오는 친구가 전화해 주기(5일간)	9	늦게 온 시간만큼 교실 뒤에 서 있기
		2	늦게 온 시간만큼 교실 뒤에 서 있기	10	
		3	반성문을 써서 부모님 사인 받아 오기	2	
		4	학교 수업이 끝나고 남아서 청소하기	7	
2	수업 시간 좋은 태도(장난치지 않기, 옆 사람에게 말 걸지 않기, 뒤돌아보지 않기) 유지하기	1	운동장 1바퀴 달리기	4	책상을 선생님 옆자리로 옮기고 하루 동안 수업하기
		2	남아서 내용이 많은 책 읽고 가기	10	
		3	책상을 선생님 옆자리로 옮기고 하루 동안 수업하기	13	
		4	발표하기	1	
3	자습 시간에 떠들지 않기	1	임원이 경고를 주고(조용하면 지울 수 있음) 3번 이상 걸리면 선생님께 말씀드리기	2	'자습 시간에 떠들지 않겠습니다.' 30번 쓰기
		2	'자습 시간에 떠들지 않겠습니다.' 30번 쓰기	16	
		3	남아서 자습 내용 2번 쓰기	3	
		4	경고를 3번 받으면 자리를 옮겨 혼자 앉기	7	
4	자습 꼭 하기 숙제 꼭 하기	1	방과 후에 다한 후 집에 감	3	남아서 끝까지 다하고 가기
		2	3번의 기회를 주고 버릇이 고쳐지지 않으면 숙제를 2배로 해 오기(1번)	2	
		3	못한 숙제와 오늘 숙제를 한 후 집에 감	3	
		4	남아서 끝까지 다하고 가기	20	

* 위에 제시된 사례는 5학년 아이들이 작성한 실례를 보기로 든 것임.

7. 최종적으로 확정된 학급 규칙의 예

우리 스스로가 지킬 일(우리가 정했어요, 잘 지켜요!)

번호	지켜야 할 일	지키지 못하였을 경우에 할 일
1	지각하지 않기	늦게 온 시간만큼 교실 뒤에 서 있기
2	1인 1역을 잘하기	교실 전체 책상 닦아 주기(3일간)
3	수업 시간에 좋은 태도(장난치지 않기, 옆 사람에게 말 걸지 않기, 뒤돌아보지 않기) 유지하기	책상을 선생님 옆자리로 옮기고 하루 동안 수업하기
4	자습 시간에 떠들지 않기	'자습 시간에 떠들지 않겠습니다.' 30번 쓰기
5	자습 꼭 하기/ 숙제 꼭 하기	남아서 끝까지 다하고 가기
6	친구의 별명을 부르지 않기/ 친구가 기분 나빠 하는 말 하지 않기	5분 동안 쉬지 않고 친구 칭찬하기
7	욕을 사용하지 않기	'욕을 하지 않겠습니다.' 30번 쓰기 또는 선생님이 제시한 시를 제시한 만큼 쓰기
8	친구를 때리지 않기(폭력으로 문제 해결하지 않기-말로 하기)	맞은 사람에게 정중하게 사과하기
9	청소를 꼭 하고 가기	그 뒤 3일 동안 청소 당번과 함께 청소하기
10	준비물(교과서, 공책, 연필, 지우개)을 꼭 챙겨 오기	다른 반에서 빌려 오고 못 빌릴 시 그 시간 동안 뒤에 서 있기
11	안전을 생활화하기 (위험한 장난하지 않기)	안전이 어떤 것인지 공책에 10줄 이상 쓰기
12	친구의 물건을 망가뜨릴 경우 원상 복구를 해 주거나 배상해 주기	부모님께 연락해서 배상해 주기
13	친구랑 돈거래 하지 않기	'돈거래 하지 않겠습니다.' 전체 친구들 앞에서 3번 복창
14	복도나 교실에서 뛰지 않기	복도를 발소리 내지 않고 두 손 허리에 올린 후 5바퀴 돌기
15	이동할 때 줄을 잘 맞추기	맨 뒤에서 '질서를 지킵시다.' 피켓 들고 가기
16	교실에서 생활할 때와 수업 시 이상한 괴성 내지 않기	서서 공부하기(그 수업 시간 동안, 또는 그 다음 시간까지)
17	수업 시작 때 수업 준비(교과서, 공책)가 책상 위에 되어 있기	뒤로 나가서 수업하기(그 수업 시간 동안)
18	선생님이 말할 때 고개를 숙이거나 다른 책 보지 않기	교탁 옆에 책상을 가지고 와서 수업 듣기
19	발소리 내지 않기	바른 걸음으로 복도 한 바퀴
20	우유 나눠 줄 때 던지지 않기	던진 우유와 자신의 우유를 바꿔 먹기
21	나갈 때 문 닫고 나가기	다른 아이들이 열고 나간 문을 하루 동안 닫아 주기
22	그 외	그 날 할 일을 하지 못했을 경우 남아서 완성하고 집에 가기 선생님 물건이나 친구 물건을 함부로 건드리지 않기 친구를 다치게 하면 병원에 부모님을 모시고 함께 가기

8. 학급 규칙이 확정되면 이 내용을 가정통신문으로 가정에 보낸다. 아이들이 만든 과정을 안내하고, 앞으로 이 규칙에 따라 아이들을 지도하는 것에 대해 동의를 구한다. 부모가 동의하지 못하는 부분에 대해서는 별도로 원하는 내용을 알려 주도록 요구하고, 그 내용을 교사는 충분히 수용한다.

9. 학급 규칙을 항상 잘 볼 수 있도록 눈에 잘 띄는 자리에 게시한다.

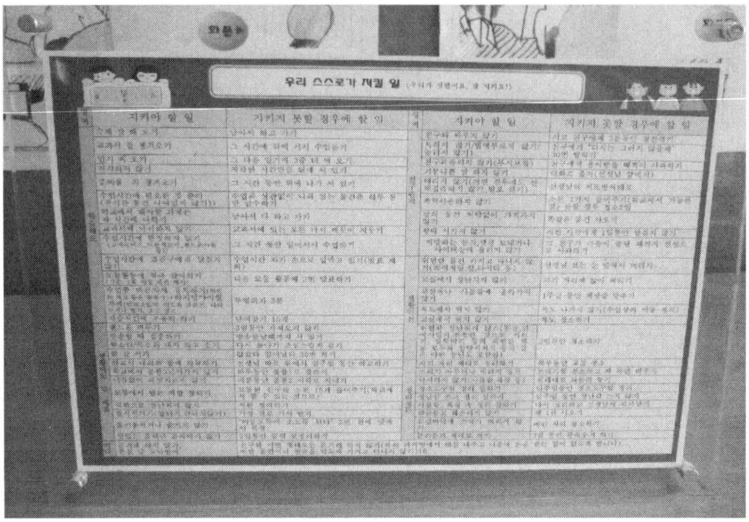

학급 규칙 제정의 이점

○ 서로 간의 합의를 통해 만들었으므로 아이들 스스로 규칙이 필요한 상황을 잘 알고, 그 규칙을 어길 때 해야 할 행동을 잘 안다. 따라서 문제가 발생하였을 때 교사의 지도에 순순히 동의하게 된다. 뿐만 아니라 부모도 교사의 지도과정을 예측할 수 있으며 신뢰할 수 있다.

참고문헌

강경미(2006). 아동행동수정(2판). 서울: 학지사.

공병호 역(2003). 대화를 잘하는 아이, 대화를 못하는 아이(데일 카네기 저). 서울: 청솔.

곽영숙 역(2000). 행동장애 어린이를 돕는 기술(Michael L. Bloomquist 저). 서울: 하나의학사.

교육인적자원부(2000). 초등학교 교사용 지도서 바른생활 1-2.

구승준 역(2006). 화내는 부모가 아이를 망친다(매튜 매케이 외 공저). 서울: 한문화.

김계현(1990). 카운슬링의 실제. 서울: 성원사.

김영숙, 이재연 편역(1998). 아동을 위한 상담 이론과 방법(Thompson & Rudolph 공저). 서울: 교육과학사.

김옥분(1997). 현장사례로 본 유아교육 상담. 서울: 어린이뜰.

김유미(2002). 두뇌를 알고 가르치자. 서울: 학지사.

김태련, 강우선, 김경은, 김도연, 김문주, 박랑규, 서수정, 양혜영, 이경숙, 장은진, 정은정, 조현섭, 허요연(2005). 발달장애심리학. 서울: 학지사.

김혜경, 이승희 공역(2005). 우리 아이 38가지 나쁜 습관 바로잡기(미셸 보바 저). 서울: 고즈윈.

박신식(2005). 초등학교 1학년 우리 아이 어떻게 지도할까?. 서울: 대교출판.

박재황 역(2005). 어떠한 어린이도 상담할 수 있다(윌리엄글레서 저). 서울: 한국심리상담연구소.

법무부, 교육인적자원부(2008). 2008 학교폭력예방가이드북.

서울시교육청(2006). 학교폭력예방 이럴 땐 이렇게.

서울시교육청(2008). 심성수련직무연수 교재.

송종용(2006). 친구들이 따르는 아이 친구들이 떠나는 아이. 서울: 팝콘북스.

신의진(2005). 현명한 부모들이 꼭 알아야 할 대화법. 서울: 랜덤하우스 코리아.

신홍민 역(2003). 교사와 학생 사이(하임 기너트 저). 서울: 양철북.

양억관 역(2002). 물은 답을 알고 있다(에모토 마사루 저). 서울: 나무심는사람.

오인수, 이동궁, 김영조, 김은향, 송선원, 고정자, 이은경, 이정희, 이보경, 황애현, 장현일 (2005). 상담으로 풀어가는 교실이야기. 서울: 교육과학사.

응용발달심리연구센터 역(2002). 사회적 기술 향상 프로그램. 서울: 시그마프레스.

이노은 역(2005). 피해의식의 심리학(야야 헤릅스트 저). 서울: 양문.

이덕남 역(2004). 완전한 육아(엘리자베스 팬틀리 저). 서울: 북뱅크.

이보연(2005). 우리 아이 이럴 땐 어떡하죠?. 서울: 꿈이 있는 세상.

이선영 역(2003). 갈등해결의 기술(팀 어시니 저). 서울: 씨앗을뿌리는사람.

이소영 역(2007). 남자아이 여자아이(레너드 삭스 저). 서울: 아침이슬.

이재영(2013). 학교폭력에 대한 회복적 접근. 좋은 교사 학교폭력대안마련을 위한 연속토론회 자료집 3.

이양희 역(2002). 어린이 마음을 여는 기술(로버트 우볼딩 저). 서울: 사람과사람.

조현춘, 송영혜, 조현재 공역(2001). 아동이상심리학(Eric J. Mash & David A. Wolfe 공저). 서울: 시그마프레스.

중앙기독교초등학교협동학습연구 역(2000). 협동학습(미구엘 케이건, 로리 케이건, 스펜서 케이건 공저). 서울: 디모데.

천성문, 송재홍, 윤치면, 윤호열, 이영순, 박천식, 김경일, 하영자, 김상희, 원요한 공역(2003). 아동상담의 이론과 실제(Charles L. Thompson 저). 서울: 시그마프레스.

평화를 만드는 여성회 갈등해결센터(2003). 청소년을 위한 갈등해결교육 교안집.

한국심리학상담학회 역(1994). 효과적인 부모역할교육 워크숍 교재(토마스 고든 저).

한국 아나뱁티스트 센터(2003). 갈등해결과 또래중재.

한국청소년상담원(1997). 바른 행동의 길 다지기.

한국청소년상담원(2001). 또래상담 프로그램.

한국청소년상담원(2006). 바른 행동의 길 다지기.

한국초등상담교육학회(2006). 초등학교 생활지도와 상담. 서울: 학지사.

Krumboltz, J. D., & Krumboltz, H. B. (1972). *Changing Children's Behavior*. Englewood

Cliffs, NJ: Prentice-Hall.
EBS 다큐프라임 아이의 사생활 제1부 남과 여. 2008년 2월 25일 방영.
소년조선일보 2007년 1월 10일자.
우리교육 2005년 5월호.

http://safety.kotsa.or.kr(교통안전관리공단 홈페이지)
http://www.kace.or.kr(한국지역사회교육협의회)
http://blog.naver.com/lalala909

저자 소개

김민정

김민정 선생님은 서울교육대학교, 이화여자대학교 교육대학원에서 교육심리학을 전공했습니다(교육학석사). 전문상담교사(1급), 청소년상담사(2급) 자격이 있으며, 서울교육연수원, 서울시교육청 및 부산광역시, 울산광역시, 경북 교육연수원 직무연수 강사, 아이스크림 원격교육연수원 '교사를 당황하게 하는 아이들' 연수 강사, 서울시 교육청 생활지도컨설팅 장학지원단, 서울시교육연구정보원 진로진학정보센터 상담교사로 활동하였으며, 현재도 생활교육 관련 강의를 계속하고 있습니다. 그리고 서울시교육청 장학자료(다문화편견예방, 진로, 심성수련, 수업기술, 상담자원봉사자교육, 교사감정코칭프로그램 개발)를 집필했습니다. 집필한 인정교과서로 『즐거운 초등진로 1, 2, 3』(2012, 삼양미디어)이 있습니다. 현재 서울개봉초등학교에 근무하고 계십니다.

박미향

박미향 선생님은 서울교육대학교, 서울대학교 사범대학원에서 교육상담을 전공했습니다(교육학석사). 교육과학기술부 장관상(생활지도부문, 2008)을 수상하였으며, 서울시교육청 우수교사 학습연구년 대상자(2013)로 선정되었고, 서울교육대학교 연수원 · 평생교육원, 서울교육연수원, 서울시교육청, 삼성생활문화센터 상담실, 한국고용정보원 직무연수, 아이스크림 원격교육연수원 '교사를 당황하게 하는 아이들' 연수에서 강의, 서울시 교육청 생활지도컨설팅 장학지원단, 서울시교육연구정보원 진로진학정보센터 상담교사로 활동하였으며, 현재도 생활교육 관련 강의를 계속 하고 있습니다. 그리고 서울시교육청 장학자료(다문화편견예방, 진로, 심성수련, 수업기술, 상담자원봉사자교육, 학습기술향상, 초등학부모 행복교육)를 집필했습니다. 집필한 인정교과서로 『즐거운 초등진로 1, 2, 3』(2012, 삼양미디어)이 있습니다. 현재 서울당곡초등학교에 근무하고 계십니다.

이정희

이정희 선생님은 서울교육대학교, 연세대학교 교육대학원에서 상담교육을 전공했습니다(교육학석사). 전문상담교사(1급), 청소년상담사(2급) 자격이 있으며, 한국청소년상담원 원장상(품성계발, 2004)을 수상하였으며, 서울시교육청 우수교사 학습연구년 대상자(2013)로 선정되었고, 서울시 교육청, 서울교육연수원, 아이스크림 원격교육연수원 '교사를 당황하게 하는 아이들' 과 티처빌 원격연수원에서 강의, 서울시 교육청 생활지도 컨설팅 장학지원단으로 활동하였으며, 현재도 생활교육 관련 강의를 계속 하고 있습니다. 그리고 서울시교육청 장학자료(학교폭력예방, 심성수련, 학습부진심리영역, 진로, 학습기술향상, 교사감정코칭 프로그램 개발, 초등학부모 행복교육)를 집필했습니다. 집필한 책으로 진로인정교과인 『진로와 직업(5~6학년)』, 『상담으로 풀어가는 교실이야기』(공저, 교육과학사), 『교실 밖의 아이들』(공저, 교육과학사), 『교사를 위한 상담기술』(공역, 시그마프레스)이 있습니다. 현재 서울토성초등학교에 근무하고 계십니다.

한영진

한영진 선생님은 서울교육대학교, 공주대학교 대학원(교육심리 전공), 숙명여자대학교 대학원에서 아동복지학을 전공했습니다(문학박사). 전문상담교사, 가족코치사, 사회복지사(2급) 자격이 있으며, 숙명여자대학교, 단국대학교 대학원 등에서 강의(부모교육, 아동발달, 상담심리, 집단상담, 가족상담), 서울을 비롯한 전국교육연수원에서 상담 및 생활지도 관련 강의를 했으며, 현재도 생활교육 관련 강의를 계속 하고 있습니다. 그리고 서울시교육청 장학자료(학교폭력예방, 심성수련, 학부모상담, 학습부진심리영역, 초등학부모 행복교육)를 집필했습니다. 집필한 책으로 『성경적 태교』(공저, 2005, 양서원), 『성경적 자녀양육』(공저, 2005, 양서원), 『父慈子孝』(2007, 한국학술정보)가 있습니다. 현재 서울화계초등학교 수석교사로 근무하고 계십니다.

개정판

교사를 당황하게 하는 아이들 1

〈대인관계 · 태도 편〉

2009년 7월 15일 1판 1쇄 발행
2013년 4월 25일 1판 7쇄 발행
2013년 9월 25일 2판 1쇄 발행
2023년 1월 20일 2판 5쇄 발행

지은이 • 한영진 · 박미향 · 이정희 · 김민정
펴낸이 • 김 진 환
펴낸곳 • (주) 학지사

04031 서울특별시 마포구 양화로 15길 20 마인드월드빌딩 5층

대표전화 • 02) 330-5114 팩스 • 02) 324-2345

등록번호 • 제313-2006-000265호

홈페이지 • http://www.hakjisa.co.kr
페이스북 • https://www.facebook.com/hakjisabook

ISBN 978-89-997-0276-1 04370
978-89-997-0275-4 (set)

정가 16,000원